박문각

Contents

2026년 2~4월 주요 시사

상식 요모조모

TEST ZONE

최신시사상식 239집

초판인쇄: 2026. 4. 25.　**초판발행**: 2026. 5. 1.　**등록일자**: 2015. 4. 29.　**등록번호**: 제2019-000137호　**발행인**: 박 용　**편저자**: 시사상식편집부
교재주문: (02)6466-7202　**주소**: 06654 서울시 서초구 효령로 283 서경빌딩　**표지 디자인**: 정재완　**발행처**: (주)박문각출판
이메일: team3@pmg.co.kr　**홈페이지**: www.pmg.co.kr

정가 11,000원　ISBN 979-11-7649-061-0

사진 출처: 연합뉴스, 위키피디아

잠깐! 무슨 일이 있었지?
최신시사 뉴스 브리핑

중동전쟁 | KF–21 보라매 | 공소청·중수청 | 글로벌 관세 | 세계국채지수 |
고유가 피해지원금 | 노동절 | BTS | 2026 북중미 월드컵 | 터보퀀트 | 아르테미스 2호

미국-이란, 종전협상 '노딜'
세계 경제는 폭풍전야

#중동전쟁 #호르무즈 해협

2월 28일 미국과 이스라엘이 이란을 전격 공습하며 시작된 이란 전쟁이 한 달 넘게 이어지며 장기전이 된 가운데, 4월 8일 양측의 2주간 휴전이 합의되며 전환점을 맞았습니다. 하지만 파키스탄의 중재로 이뤄진 미국과 이란의 1차 종전협상이 노딜로 끝나면서 종전 여부는 불투명해졌고, 세계 경제는 국가 유가 급등에 따른 혼란세가 지속될 전망입니다.

더 알아보기 10p

25년 꿈의 결실?
보라매, 드디어 날개를 펼치다!

#단군 이래 최대 무기사업

국내 독자 기술로 개발된 4.5세대 전투기인 KF-21 「보라매」의 양산 1호기 출고식이 3월 25일 경남 사천 한국항공우주산업(KAI) 본사에서 열렸습니다. 이는 김대중 전 대통령이 지난 2001년 국산 전투기 개발을 선언한 지 25년 만입니다. 공군은 2032년까지 총 120대를 실전 배치해 노후화된 F-4, F-5 전투기를 완전 대체하는 것을 목표로 하고 있습니다.

더 알아보기 23p

수사는 중수청, 기소는 공소청!
검찰청 폐지 카운트다운

#검찰개혁 #공소청 #중수청

검찰개혁의 후속 입법인 공소청과 중수청 설치법이 각각 3월 20일과 21일 국회를 통과했습니다. 해당 법안의 핵심은 검사의 직접 수사 개시는 물론, 검사가 중수청 등의 수사에 관여할 가능성을 원천적으로 차단하는 것입니다. 두 법안은 오는 10월 2일부터 시행되며, 이에 따라 현재의 검찰청은 78년 만에 폐지될 예정입니다.

더 알아보기 25p

전 세계에 관세 폭탄
이제 상호관세 아닌 글로벌 관세?

#상호관세 #무역법 122조 #글로벌 관세

도널드 트럼프 미국 대통령이 미 연방대법원의 위법 판결로 중단된 상호관세 대신 전 세계에 부과하기로 한 「글로벌 관세」가 2월 24일 0시 1분부터 발효됐습니다. 글로벌 관세는 10%의 관세율이 우선 적용되고, 이후 추가 절차를 거쳐 15%로 올라갈 것이라는 전망입니다.

더 알아보기 32p

韓 채권, 글로벌 무대 입성
외국 자금 몰려온다?

#세계 3대 채권지수 #FTSE 러셀

한국 국채가 4월 1일부터 세계국채지수(WGBI)에 편입되면서, 앞으로 8개월 동안(11월까지) 순차적으로 편입 절차가 이뤄질 예정입니다. WGBI는 추종 자금이 2조 5000억~3조 달러로 추정되는 세계 최대의 채권지수로, 전 세계 투자기관들이 국채를 사들일 때 지표가 되는 지수입니다.

더 알아보기 36p

중동발 유가 쇼크에 26조 투입, 고유가 피해지원금은 무엇?

#추가경정예산 #고유가 피해지원금

국회가 4월 10일 중동전쟁에 따른 유가 상승 등에 대응하기 위해 정부가 제출한 26조 2000억 원 규모의 전쟁 추경안을 처리했습니다. 이번 추경의 핵심으로는 소득 하위 70%인 3256만 명에게 10만~60만 원의 고유가 피해지원금을 지급하는 4조 8000억 원 규모의 사업이 꼽힙니다.

더 알아보기 37p

63년 만에 공휴일 된 노동절, 이제 전 국민이 쉰다!

노동절을 공휴일로 지정하는 「공휴일에 관한 법률」 일부 개정법률 공포안이 4월 6일 국무회의를 통과하면서, 5월 1일 노동절이 법정 공휴일로 지정됐습니다. 이에 공무원·교사를 포함한 전 국민이 쉴 수 있게 됐는데, 이는 법 제정 후 63년 만입니다. 아울러 노동절은 지난해까지는 「근로자의 날」로 불렸으나, 올해부터는 노동절로 그 명칭이 복원됐습니다.

더 알아보기 49p

또 1위! BTS 〈스윔〉 빌보드 역사를 다시 쓰다

그룹 방탄소년단(BTS)의 정규 5집 타이틀곡 〈스윔(SWIM)〉이 3월 30일 빌보드 핫100 1위를 차지했습니다. BTS가 해당 차트에서 정상에 오른 것은 이번이 7번째인데, 이는 비틀스(20회)·슈프림스(12회)·비지스(9회)·롤링스톤(8회)에 이어 다섯 번째로 많은 기록이기도 합니다.

더 알아보기 57p

2026 북중미 월드컵, 드디어 판이 완성됐다!

#2026 북중미 월드컵 #홍명보호

2026년 FIFA 북중미 월드컵 본선 진출 48개국이 대륙 간 플레이오프(PO)를 끝으로 4월 1일 확정됐습니다. 홍명보 감독이 이끄는 한국 축구대표팀은 멕시코·남아공·체코와 함께 A조에 편성돼 조별리그를 치르게 됩니다. 특히 이번 북중미 월드컵은 참가팀이 기존 32개국에서 48개국으로 확대돼 치러지는 첫 월드컵입니다.

더 알아보기 62p

구글의 한 방에 출렁 6배 압축 위력에 패닉?

#제본스의 역설 #메모리반도체

구글 리서치가 3월 25일 새로운 인공지능(AI) 압축 알고리즘인 「터보퀀트(TurboQuant)」 기술을 발표하면서 글로벌 반도체 시장에 큰 충격을 일으켰습니다. 특히 일각에서 메모리 수요가 둔화될 것이라는 전망이 제기되면서 메모리 반도체를 생산하는 우리나라의 삼성전자와 SK하이닉스, 미국 마이크론 등의 주가가 급락하기도 했습니다.

더 알아보기 72p

54년 만에 다시 간 달 아르테미스는 어디까지?

#아폴로17호 #오리온 #K-라드큐브

달 탐사를 위한 유인 우주탐사선 아르테미스 2호가 10일간의 임무를 마치고 4월 10일 무사히 지구로 귀환했습니다. 아르테미스 2호는 1972년 12월 아폴로 17호 이후 54년 만에 달에 다녀온 인류라는 기록과, 아폴로 13호를 넘어 지구에서 가장 먼 곳까지 여행한 기록도 남기게 됐습니다. 또한 유인우주선 오리온에 탑승한 4명의 우주비행사는 달 뒷면을 육안으로 직접 관측한 최초의 인류라는 기록을 썼습니다.

더 알아보기 70p

Infographics

국외도피사범 송환 현황 | 노동생산성 지수 | 월평균 근로일수, 근로시간, 임금총액 | 헌혈인구 및 개인헌혈 비율 |
국세 수입 실적 | 양도소득세 부과 현황 | 소득만족도

❶ 국외도피사범 송환 현황

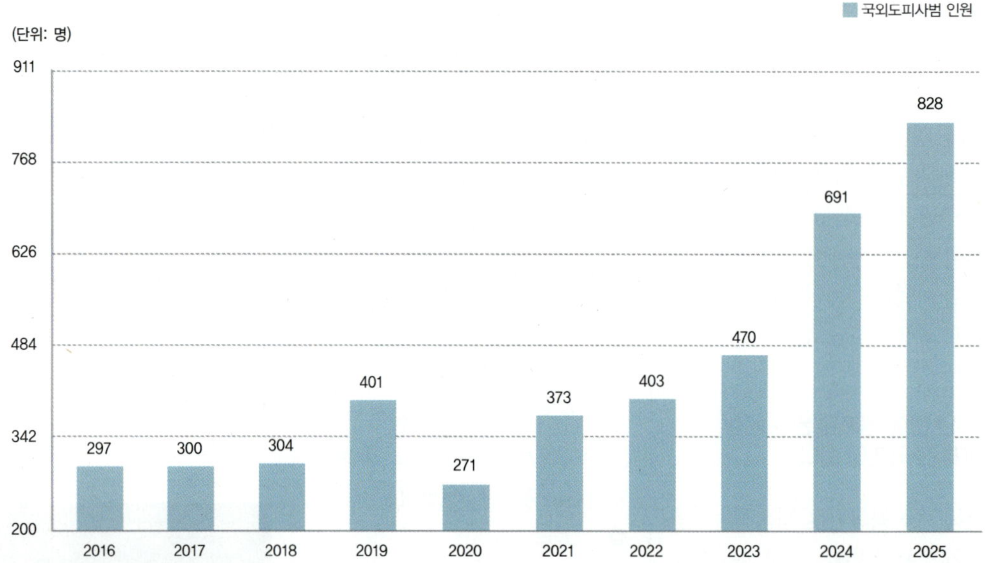

출처: 경찰청(국제공조1과)

지표분석

2015년 이후 최근 11년간 총 4,554명의 국외도피사범을 국내로 송환하였으며 2025년에는 828명을 송환했다. 1990년
대에는 송환자가 10명 이하였으나, 2001년 이후 지속적으로 증가 중이다. 2001년 이후 송환자가 증가한 이유는 지속적
으로 증파한 해외 경찰주재관이 재외공관에 근무하면서 각국 경찰과 긴밀한 협조체제를 구축한 데 따른 것이다. 2025
년은 총 828명 송환으로, 2020년 대비 557명(206%) 증가했다.

❷ 노동생산성 지수

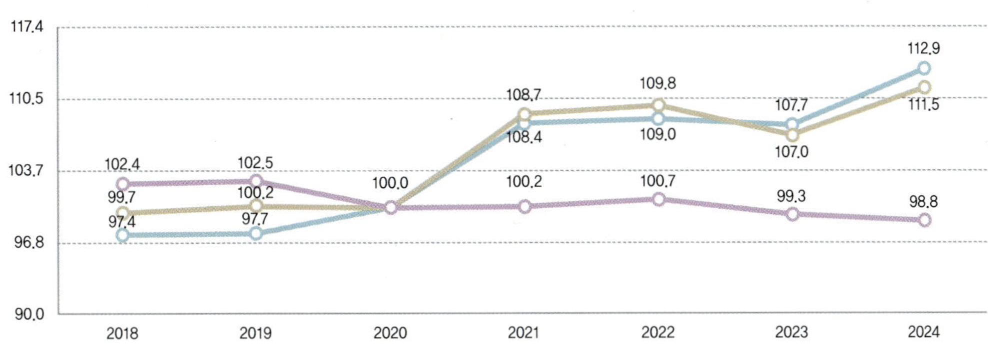

출처: 한국생산성본부 생산성 통계DB

🏔 지표분석

2024년 제조업 노동생산성지수는 112.9로 전년 대비 5.2 증가했다. 노동생산성이 증가(향상)한 것은 동일한 투입으로 더 많은 산출물(생산량 또는 부가가치)을 얻거나, 또는 동일한 산출물을 보다 적은 투입으로 얻는 것을 의미한다. 2024년의 산출량은 111.5, 노동투입량은 98.8로 전년 대비 산출량은 조금 늘고, 노동투입량은 소폭 감소했다.

❸ 월평균 근로일수, 근로시간, 임금총액

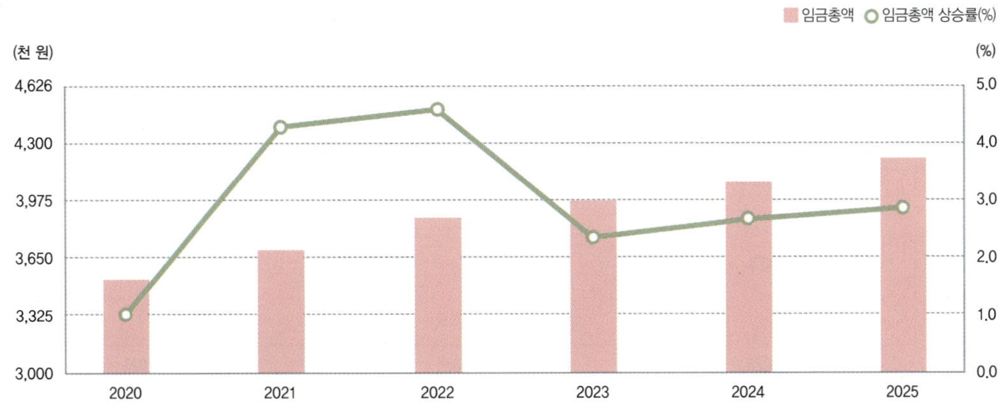

출처: 고용노동부 「사업체 노동력조사」

🏔 지표분석

2025년 전체 근로자 월평균 근로일수는 19.1일로 전년 대비 증감차는 −0.1이다. 근로시간은 153.8시간으로 전년 대비 0.7시간 줄었다. 2025년 임금총액은 4,205천 원으로 전년 대비 3.1% 상승했다.

❹ 헌혈인구 및 개인헌혈 비율

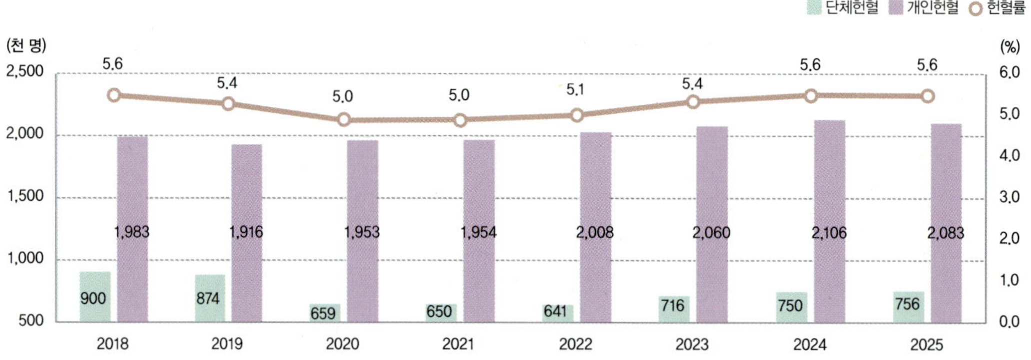

출처: 대한적십자사 「혈액사업통계연보」

지표분석

2018년 연간 헌혈자 수는 전년 대비 1.6%, 2019년에는 전년 대비 3.2% 감소했다. 이후 코로나19 영향으로 헌혈자 수가 감소했으나, 2022~2024년까지 다시 증가 추세를 보이고 있다. 2006년은 개인과 단체(군부대, 학생 등) 간의 헌혈 점유율이 역전되었고, 이후 개인헌혈률 비율이 지속적으로 우위를 유지하여 2025년 현재 개인 헌혈률이 73.4%를 차지하고 있다.

❺ 국세 수입 실적

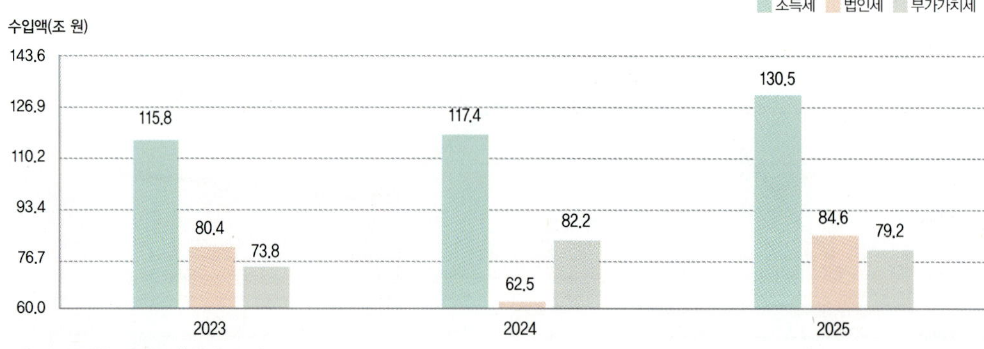

출처: 국세청·관세청 「징수보고서」

지표분석

국세는 소득세, 법인세, 상속세와 증여세, 부가가치세, 개별소비세, 증권거래세, 인지세, 교통에너지환경세, 관세, 교육세, 종합부동산세, 주세, 농어촌특별세를 말한다. 2025년 국세 실적은 373.9조 원으로 2024년 국세 실적(336.5조 원) 대비 11.1%(37.4조 원) 증가했고, 2025년 예산(372.1조 원) 대비로는 0.5%(1.8조 원) 증가했다.

❻ 양도소득세 부과 현황

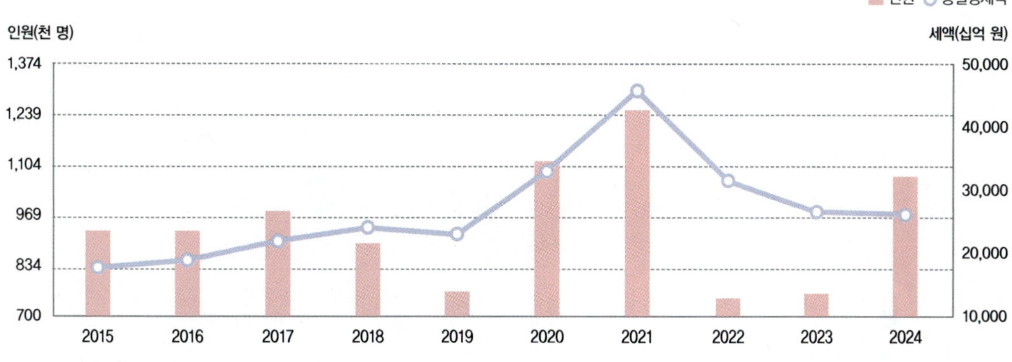

출처: 국세청(내부행정자료)

🔺 지표분석

양도소득세는 개인이 부동산, 주식, 파생상품 등 과세대상 자산을 매도, 교환, 현물출자함에 따라 발생하는 소득에 부과되는 세금이다. 2024년도 양도소득세 과세인원(신고 및 결정 건수)은 1,074천 명으로, 전년에 비해 311천 건(40.8%)이 증가했다.

2024년도 양도소득세 과액은 100조 원으로 전년에 비해 1조 원(1.3%) 증가했고, 양도소득세 총결정세액은 27조 원으로 전년에 비해 0.1조 원(0.5%) 감소했다.

❼ 소득만족도

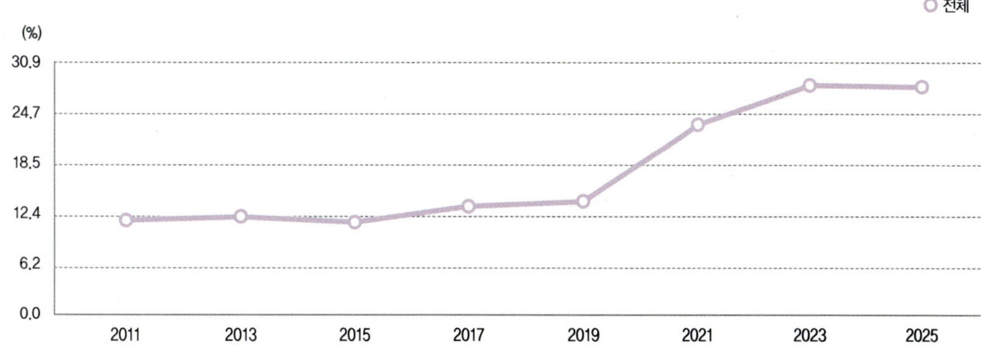

출처: 국가데이터처, 「사회조사」

🔺 지표분석

소득만족도는 소득이 있는 사람들 중 본인의 소득에 대해 「매우 만족」 또는 「약간 만족」이라고 응답한 사람들의 비율로, 19세 이상 인구를 대상으로 한 것이다. 한국인의 소득만족도는 큰 변화 없이 10% 초반대로 조사되다가 2021년 이후 증가하여 2025년 기준 28%를 기록했다. 이는 국민 10명 중 2~3명 정도만 자신의 소득에 만족하는 셈이다.

"승자는 없다"
美·이스라엘
vs 이란 전쟁

▲ 미국·이스라엘의 공습으로 파괴된 이란 테헤란의 건물들(3월 4일), 출처: 위키피디아(CC BY 4.0/ Tasnim News Agency)

2월 28일 미국과 이스라엘이 이란을 전격 공습하며 시작된 이란 전쟁이 한 달 넘게 이어지며 장기화된 가운데, 4월 8일 미국과 이란의 2주간 휴전이 합의되면서 전환점을 맞았다. 하지만 4월 11일 양측의 첫 종전협상이 아무런 성과 없이 종료됐고, 이후 이란의 호르무즈 해협 재봉쇄와 이에 대한 미국의 역봉쇄까지 단행되며 종전은 다시 불투명해졌다.

미국은 개전 초기 이란 핵심 지도부를 정밀 타격하고 방공망 등 주요 군사 인프라를 무력화하며 승세를 굳히는 듯했으나, 예상보다 거센 이란의 반격이 이어지면서 장기전으로 흐르게 됐다. 특히 이란의 호르무즈 해협 봉쇄와 중동 에너지 시설 공습은 국제 유가 급등으로 이어지며 세계 경제에도 큰 혼란을 일으키고 있다. 여기에 미국이 동맹국들과의 사전 협의 없이 전쟁을 개시하고 이들 국가들이 미국에 대한 지원을 거부하면서, 이번 전쟁으로 미국과 오랜 동맹국들의 관계에도 균열이 일고 있다는 평가다.

한편, 원유의 70%가량을 중동에 의존하고 있는 우리나라는 이번 유가 급등 상황 속에서 코스피가 43년 역사상 최악의 하락폭을 기록하고 원화 가치가 17년 만에 최저치로 추락하는 등의 큰 충격을 받기도 했다.

美·이스라엘의 이란 공습-전쟁 발발 개전 후 주요 전황은?

미국과 이스라엘이 2월 28일 각각 「장대한 분노」, 「사자의 포효」라 명명한 군사작전을 단행, 이란의 수도 테헤란을 비롯해 이란 수뇌부가 집결한 시설 3곳을 동시에 폭격했다. 트럼프 대통령은 이날 트루스소셜을 통해 아야톨라 알리 하메네이(※ 시사인물 참조) 이란 최고지도자가 해당 폭격으로 살해됐다고 공식 발표했는데, 이는 이란에 대한 공격을 개시한 지 15시간여 만이었다. 이후 이란 당국도 하메네이의 사망을 공식 확인하고 40일의 국가 애도기간을 선포했다.

한편, 트럼프 대통령은 이란 공격 직후 소셜미디어에 올린 8분가량의 영상 메시지에서 이번 공습의 이유로 이란의 핵 위협, 지역 안보, 인권 탄압 등의 다양한 명분을 제시했다. (☞ 17p Q1.) 아울러 이란 국민의 반정부 시위를 독려하며, 이란의 차기 지도자를 미국에 우호적인 인물로 세워야 한다며 개입 의지를 드러냈다.

✎ 월스트리트저널 등 미국 언론은 트럼프 대통령의 이란 공습이 이란과의 핵협상이 난관에 부닥친 데 따른 것이라고 분석했다. 미국과 이란은 올해 들어 3차례의 핵협상을 진행했으나, 이란의 우라늄 농축 등을 둘러싼 이견으로 합의에 이르지 못했다. 이 밖에도 오는 11월 중간선거를 앞두고 지지율 하락에 직면한 트럼프 대통령이 대외로 시선을 돌리기 위해 이란 공습을 단행한 것이라는 분석도 있다.

미국 vs 이란 갈등의 역사

미국과 이란은 친미 성향인 팔레비 왕조(1925~1979년) 때만 해도 굳건한 동맹관계였으나, 이란이 1979년 이슬람혁명으로 팔레비 왕조를 축출하고 이슬람공화국을 수립하면서부터 갈등이 시작됐다. 특히 같은 해 11월부터 1981년 1월까지 444일간 이란 주재 미국대사관 인질 사태로 양국은 1980년 외교관계를 단절하며 앙숙 관계가 됐다. (☞ 17p Q2.)

이후 2002년 조지 W 부시 행정부가 이란을 북한·이라크와 함께 「악의 축」으로 규정하고 이란의 미신고 핵시설 존재가 드러나면서 이란 핵갈등이 본격화됐다. 그러다 2015년 포괄적 공동행동계획(JCPOA)이 합의되면서 양국 갈등은 진정세로 접어드는 듯 보였으나, 2018년 당시 도널드 트럼프 행정부가 해당 합의를 일방적으로 파기하면서 양국 관계는 다시 경색됐다. 이후 이란은 2019년부터 핵 프로그램을 재가동했으며, 2021년에는 우라늄 농축도를 준무기급인 60%까지 올리며 국제사회를 긴장시켰다. 그리고 지난해 트럼프 2기 행정부가 들어서면서 양국 관계는 더욱 악화됐는데, 지난해 6월에는 미 역사상 최초의 이란 본토 타격이 이뤄지기도 했다.

미국의 중동 개입 역사

이라크	• 걸프전(1990~1991): 쿠웨이트를 침공한 이라크를 공격해 쿠웨이트 수복 • 이라크전(2003~2011): 9·11테러 일으킨 알카에다 지원과 대량살상무기 보유를 이유로 침공 → 사담 후세인 체포했으나, 이후 권력 부재로 혼란 가중
이란	• 이란–이라크 전쟁(1980~1988): 이란의 상대방 이라크에 대규모 군사 지원 • 한밤의 망치 작전(2026): 이란의 핵시설 3곳 공습
아프가니스탄	9·11테러를 일으킨 알카에다 지원 이유로 침공해 탈레반 정권 전복 → 권력 공백으로 혼란 가중 상황에서 2021년 철수 → 탈레반 정권 복귀

美, 이란 초등학교 폭격으로 170여 명 사망

미국·이스라엘이 2월 28일 이란을 공습한 가운데, 이란 남부 호르모즈간주 미나브에 위치한 여자 초등학교가 수업 중 미사일 공격을 받아 최소 175명이 사망했다. 사건 초기 이란은 미국과 이스라엘의 공격이라고 주장했으나 미 국방부는 사실관계 확인을 유보했으며, 특히 트럼프 대통령은 이란을 공격 배후로 지목하는 발언을 하기도 했다. 하지만 해당 폭격에 사용된 미사일이

미군의 토마호크일 가능성이 제기되면서 미국 책임론이 부상했다. 이후 유엔은 3월 17일 해당 사건에 대한 조사를 개시했는데, 이 조사 결과에 따라 국제인도법 위반 및 전쟁범죄 논쟁으로 확대될 것으로 보인다.

▲ 3월 3일, 이란 미나브학교 공습 희생자들을 위한 장례 행렬(출처: 위키피디아)

이란혁명수비대(IRGC)

이란 정규군과 함께 양대 조직을 형성하고 있는 최정예 부대로, 1979년 이슬람 혁명 당시 1대 최고지도자 아야톨라 루홀라 호메이니가 기존의 정규군을 견제하고 이슬람 체제를 수호하기 위해 창설했다. 이후 2대 최고지도자 알리 하메네이의 후원과 함께 군사·정치·경제 분야의 핵심 세력으로 성장했다. IRGC는 육군, 해군, 공군, 특수전 및 해외 작전을 담당하는 정예부대인 쿠드스, 민병대 조직 바시즈 등 5개 단위로 구성돼 있다. 현역 병력 규모는 15만~19만 명인데, 바시즈를 포함한 별도 병력까지 포함하면 60만 명에 이른다. 여기에 이들의 경제활동 규모가 이란 국내총생산(GDP)의 약 40%에 육박한다는 분석이 있을 정도로 이란의 경제 전반도 장악하고 있다.

모즈타바, 이란 최고지도자 선출

이란 최고지도자를 선출하는 헌법기구인 전문가회의가 3월 9일 하메네이의 차남 모즈타바 하메네이(Mojtaba Khamenei·56, ※시사인물 참조)를 제3대 최고지도자로 선출했다고 밝혔다. 모즈타바는 이란 체제의 핵심인 이란혁명수비대(IRGC)를 약 20년간 막후에서 움직이는 등 권력 핵심부에서 영향력을 행사해 온 인물이다. 이에 모즈타바 선출이 미국에 대한 강력한 저항 메시지이자 이란 신정체제의 건재함을 보여주기 위한 것이라는 분석이 나오면서 장기전 전망이 제기됐다. (☞ 17p Q3.) 실제로 모즈타바는 3월 12일 취임 후 첫 성명에서 호르무즈 해협 봉쇄와 중동 내 미군기지 공격을 이어나갈 것이라며 강경 기조를 나타냈다.

레바논 헤즈볼라·예멘 후티 참전

레바논 남부에 근거지를 둔 이슬람 무장단체 헤즈볼라가 3월 1일 이스라엘 북부 도시 하이파 일대를 미사일과 드론으로 공격하면서, 이번 전쟁이 「저항의 축」 전체로 번질 수 있다는 우려가 나왔다. 이후 3월 28일에는 예멘의 친이란 무장단체 후티 반군이 이스라엘에 탄도미사일을 발사하며 공식 참전하면서, 페르시아만(아라비아만)을 중심으로 전개돼 왔던 전장이 홍해로까지 확대되게 됐다. 특히 후티 반군이 전 세계 해상 원유 수송량의 10%가 통과하는 바브엘만데브 해협을 봉쇄할 경우 호르무즈 해협의 주요 우회로마저 막혀 국제유가 급등이 더욱 심화될 수 있다는 우려가 높아졌다. (☞ 17p Q4.)

바브엘만데브 해협은 북쪽으로는 수에즈 운하와 연결돼 중동과 유럽, 아시아를 이어주는 핵심 길목으로, 이곳이 봉쇄되면 중동 원유는 남아프리카공화국 희망봉으로 돌아가야 한다. 이에 기존 항로보다 약 9000km 늘어나고 운송 기간도 최대 2주가량 길어져 운임과 보험료 급등이 불가피한데, 실제 후티는 지난 2023년 10월 가자 전쟁 이후에도 이곳을 봉쇄해 해상교통을 마비시킨 바 있다.

저항의 축

이란이 지원하는 반(反)이스라엘 무장단체들을 이르는 용어로, ▷팔레스타인 하마스 ▷레바논 헤즈볼라 ▷이라크 시아파 무장정파(민병대) ▷예멘 후티 반군 등이 포함된다.

쿠르드족 참전 반대, 말 바꾼 트럼프

트럼프 대통령이 3월 5일 쿠르드족의 이란전 개입에 전적으로 찬성한다는 입장을 밝히면서 지상전 전개 우려를 높였으나, 불과 2일 만인 7일 쿠르드족의 개입을 원하지 않는다며 입장을 바꿨다. 앞서 3월 4일 이라크 쿠르드족 전투부대가 이란 국경을 넘어 지상전을 앞두고 있다는 외신 보도가 나왔다. 이에 전쟁 장기화를 우려해 지상군 투입을 꺼리는 트럼프 행정부가 쿠르드족으로 대리전을 행하려는 의도라는 분석이 나왔다.

쿠르드족

이란·이라크·튀르키예·시리아 등에 뿔뿔이 흩어져 있는 세계 최대의 유랑민족으로, 「중동의 집시」로도 불린다. 현재 인구는 3000~4000만 명에 이르며, 종교는 대부분 이슬람교 수니파다. 이 가운데 이란계 쿠르드족은 오랜 기간 정부의 탄압을 받아 반(反)이란 세력의 핵심으로 꼽힌다. 한편 쿠르드족은 과거 전쟁에서도 미국에 적극 협력했지만, 당시 보상으로 거론되던 독립국가 설립이나 자치권 확대 등은 얻지 못했다.

이란, 호르무즈 해협 봉쇄와 기뢰 부설

이란은 개전 이후 세계 원유 수송량의 약 30%가 지나는 호르무즈 해협을 봉쇄하고 민간 선박을 잇달아 습격하는 등의 보복 공격을 이어갔다. 호르무즈 해협은 중동 산유국들의 원유와 LNG가 아시아와 유럽 등으로 향하는 핵심 해상 운송로여서 국제 유가와 해상운임 급등 전망이 나왔는데, 특히 중동 원유에 70%가량을 의존하는 우리나라도 비상상황에 처하게 됐다. (☞ 17p Q5.) 여기에 3월 10일에는 이란이 호르무즈 해협에 기뢰를 부설하고 있다는 외신의 보도가 이어졌는데, 「바다의 지뢰」라 불리는 기뢰(機雷)는 유조선이나 군함이 접근하면 자동 폭발하는 폭발물이다. 기뢰는 한번 부설되면 제거가 어려운 데다 해류에 따라 움직일 수 있어 위치 파악도 힘들다. 무엇보다 호르무즈 해협에서 선박 통행이 가능한 가장 폭이 좁은 지점이 3.2km 정도에 불과해 기뢰 부설 시 선박 운항은 사실상 불가능해지게 된다.

✎ 미국 CNN이 3월 17일 이란이 호르무즈 해협을 사실상 봉쇄했으나 중국 위안화로 거래하는 원유를 실은 선박을 통과시키는 조건으로 8개국과 협의중이라고 보도했다. 전쟁 이후 호르무즈 해협을 통과한 선박의 국적은 대부분 중국으로 인도, 파키스탄, 튀르키예 선박도 일부 포함됐다. 이에 중국이 페트로 위안(위안화 표시 원유 선물 거래) 지위를 확보할 수 있다는 전망까지 나오기도 했다.

호르무즈 해협(Hormuz Strait)

이란과 아라비아반도 사이의 페르시아만과 오만만을 잇는 좁은 해협으로, 세계 LNG의 약 3분의 1, 석유의 약 6분의 1이 통과하는 「에너지 동맥」이다. 따라서 해협이 봉쇄되면 전 세계 주요 제조업 공급망에 큰 영향을 미치게 된다. 이곳의 평균 너비는 약 50km인데, 폭이 가장 좁은 곳은 33km이며 선박 통행이 가능한 항로는 양방향에서 각 3km에 불과하다. 이에 호르무즈 해협은 세계에서 가장 중요하면서도 대표적인 에너지 유통 병목지점으로 꼽힌다. 이란은 호르무즈 해협이 자신들의 영해에 있다는 이유로 통제권을 주장해 왔으며, 실제로 미국 또는 주변국과 분쟁이 발생할 때면 해협 봉쇄를 위협 카드로 꺼내들어 왔다.

▲ 호르무즈 해협과 바브엘만데브 해협

美, 하르그섬 군사시설 공격

미국 중부사령부(CENTCOM)가 3월 14일 이란의 핵심 원유 수출기지인 하르그섬의 해군 기뢰 저장시설 등 90여 개의 군사 목표물을 정밀 타격한 가운데, 석유 인프라는 공격 대상에서 제외했다고 밝혔다. 그동안 미국과 이스라엘은 이란 전역을 공습하면서도 하르그섬은 공격 대상에서 제외했는데, 이는 이곳이 파괴될 경우 국제 유가 등 경제적 여파가 매우 큰 데 따른 것이다. 그럼에도 하르그섬을 공격한 것은 이란이 봉쇄한 호르무즈 해협의 통항 재개를 위한 군사적 압박 목적으로 분석됐다.

하르그섬(Kharg Island)

페르시아만에 위치한 이란의 섬으로, 이란 본토에서 약 25km 떨어져 있다. 이곳의 면적은 약 20km² 정도로 작지만, 이란 원유 수출의 약 90%를 처리하는 핵심 터미널이 위치해 있어 석유산업의 핵심 거점으로 꼽힌다. 하르그섬은 연간 780억 달러(약 117조 원)의 에너지 수익을 창출하는 이란의 경제 근간이며, 이 섬이 마비될 경우 이란 경제 전체는 물론 세계 원유시장에도 큰 영향을 미친다. 이에 이곳은 이란의 전쟁 시 상대국들에게 매우 중요한 목표가 돼 왔는데, 대표적으로 1980~1988년 이뤄진 이란-이라크 전쟁 때는 이라크의 하르그섬 집중 공습이 이뤄진 바 있다.

트럼프, 한국 등 5개국에 호르무즈 군함 파견 요구

트럼프 대통령이 3월 14일 트루스소셜을 통해 한국, 일본, 중국, 영국, 프랑스 등 5개국에 이란이 사실상 봉쇄 중인 호르무즈 해협으로 군함을 보내줄 것을 요구했다. (☞ 17p Q6.) 이처럼 트럼프 대통령이 지목한 5개국 중 중국을 제외한 4개국은 미국의 동맹국이다.

그러나 대부분의 주요 동맹국들이 잇따라 파병에 선을 긋거나 답변을 미루는 모습을 보이자, 트럼프 대통령은 3월 17일 트루스소셜을 통해 강한 불만을 표출한 데 이어 미국의 북대서양조약기구(NATO·나토) 탈퇴를 강력하게 검토하고 있다고 밝혔다.

이스라엘, 이란 2인자 라리자니 제거

이란의 안보수장 격인 알리 라리자니 최고국가안보회의 사무총장(SNSC)이 3월 17일 이스라엘군의 표적 공습으로 사망했다. 라리자니는 지난 1월 이란 반정부 시위 정국을 거치면서 이란 실권자로 부상한 인물로, 이번 미·이스라엘과의 전시 체제에서 사실상 최고 의사결정자 역할을 해 왔다. 무엇보다 그가 강경 군부와 온건파 간 중재 역할을 해온 인물이라는 점에서 전쟁 장기화 전망은 더욱 높아지게 됐다.

알리 라리자니(Ali Larijani, 1958~2026)

2005~2007년 최고국가안보회의 사무총장에 올라 알리 하메네이 최고지도자에게 외교 안보 분야를 자문하는 최측근이 된 인물이다. 2008년부터 2020년까지는 국회의장을 맡았고, 이란 이슬람혁명수비대(IRGC)에서 지휘관으로 복무하기도 했다. 실용보수, 온건보수 성향으로 평가받았던 그는 2025년 말부터 2026년 초까지 지속된 이란 반정부 시위 당시에는 유혈 진압을 단행하기도 했다.

美-이란, 2주 휴전 간신히 합의
첫 종전협상 노딜로 종전 불투명

미국과 이란이 4월 7일 파키스탄이 제안한 2주 휴전안과 호르무즈 개방을 수용하면서, 한 달 넘게 이어지며 장기전 양상으로 흘렀던 미국·이스라엘-이란 전쟁이 협상 국면으로 급격히 전환됐다. 트럼프 대통령은 이날 트루스소셜을 통해 이란의 호르무즈 해협 개방을 조건으로 대(對)이란 공격을 2주간 중단한다고 밝혔고, 이란 최고국가안보회의 역시 성명을 통해 미국이 이란이 제시한 10개 항 종전안을 전부 수용했다고 밝혔다. 그리고 이번 2주간 휴전을 중재한 파키스탄은 해당 합의가 레바논을 포함한 중동 전역으로 확대된다고 밝혔다. 이러한 휴전 합의는 전쟁 개시 38일 만인데, 다만 이란의 핵 프로그램과 호르무즈 해협 문제를 둘러싼 양쪽의 입장 차가 여전히 크다는 점에서 종전까지는 난항이 예상됐다. 특히 이스라엘이 휴전 첫날인 4월 8일 레바논 전역에 광범위한 공습을 단행하며 휴전은 시작부터 위기를 맞았고, 이란은 이스라엘의 레바논 공습을 이유로 호르무즈 해협을 다시 봉쇄했다.

이란이 요구한 10개 항은?

▷미국의 불가침 원칙 보장 ▷이란의 호르무즈 해협 통제 지속 ▷이란의 우라늄 농축 권리 인정 ▷대이란 제재 해제 ▷이란과 거래하는 외국 기관에 대한 제재 해제 ▷이란 관련 유엔 안전보장이사회 및 국제원자력기구(IAEA) 결의안 폐지 ▷이란에 전쟁 피해 배상금 지급 ▷중동 지역에서의 미군 전투병력 철수 ▷레바논 등 모든 전선에서의 휴전 약속

첫 종전협상은 노딜

미국과 이란이 4월 11~12일 파키스탄 수도 이슬라마바드에서 이란 측이 요구한 10개 항 제안서를 기반으로 협상을 시작했으나, 농축 우라늄 폐기와 호르무즈 해협 재개 등 핵심 쟁점에서 이견을 보이며 합의에 이르지 못했다. (☞ 17p Q7.) 이날 미국은 JD 밴스 부통령을 대표로 하는 협상단을 파견했으며, 이란은 모하마드 바게르 갈리바프 이란 의회의장이 대표단을 이끌었다.

미국·이란 종전협상 주요 쟁점은?

미국 주장	쟁점	이란 주장
우라늄 농축 완전 중단, 기존 농축 우라늄 전량 반출	핵무기	우라늄 농축 권리 인정, 자국 내 농축 활동 유지
즉각 개방, 미국 중심으로 해협 안보 관리	호르무즈 해협	최종 합의 타결 후 개방, 이란이 해협 통제

美, 호르무즈 역봉쇄

이란과의 대면 종전협상이 노딜로 마무리되자, 도널드 트럼프 대통령은 4월 12일 이란의 호르무즈 해협 봉쇄에 맞서 이란 항구를 출입하는 모든 해상교통을 봉쇄하는 「호르무즈 역(逆)봉쇄」 작전에 착수한다고 밝혔다. 이는 이란의 원유 수출을 차단해 압박 강도를 강화, 협상력을 높이겠다는 의도로 분석된다. 이란은 전쟁 발발 뒤 호르무즈 해협을 지나는 일부 유조선에 최대 200만 달러(약 30억 원)씩의 통행료를 받는 대가로 이들의 통행을 허용한 것으로 전해지며, 하루 평균 185만 배럴의 원유를 이곳을 통해 수출해 왔다. 하지만 미국의 호르무즈 봉쇄 조치는 글로벌 에너지 시장의 불안을 더욱 높여 세계 경제에 충격을 키울 것이라는 우려가 나온다.

미국의 호르무즈 봉쇄는 어떻게?

시간	4월 13일 오전 10시(미국 동부시간 기준) 시작
대상	• 이란 항구를 출입하는 모든 해상교통 • 이란 외 항구가 출발·도착지인 선박은 항행 허용
목적	이란 원유 수출 차단, 이란산 원유 수입하는 국가들에 대한 압박

이란, 호르무즈 해협 하루 만에 재봉쇄

이란 이슬람혁명수비대(IRGC)가 4월 18일 저녁부터 호르무즈 해협을 재봉쇄했다고 발표했다. IRGC는 미국이 이란 선박과 항구에 대한 봉쇄를 해제하지 않았다며, 지난 4월 8일부터 시행하기로 한 2주간의 휴전을 위반한 데 대한 조치라고 주장했다. 앞서 전날인 4월 17일 아바스 아라그치 이란 외무장관은 이스라엘과 레바논의 휴전 발표 이후 「남은 휴전 기간 호르무즈 해협을 통과하는 모든 상선의 항해를 전면 허용한다」고 선언한 바 있다. 이에 따라 호르무즈가 일시적으로 열렸을 때 유조선 10여 척이 해협을 통과한 것으로 알려졌다. 하지만 이날 이란 군부가 재봉쇄를 발표한 이후 유조선과 컨테이너선 등이 영국해사무역기구(UKMTO)에 잇달아 피격 사실을 보고했다.

종전되더라도 끝이 아니다?
전 세계 에너지 위기는 지속 전망

이번 전쟁이 종전에 이르더라도 이란의 호르무즈 해협 개방 여부가 불투명한 데다, 전쟁 기간 파괴된 에너지 시설 정비로 인해 전 세계의 에너지 위기는 상당 기간 계속될 것이라는 전망이 나온다. 실제로 이번 전쟁에서 카타르, 사우디아라비아, 아랍에미리트(UAE) 등 중동 주요국의 에너지 시설들은 이란의 공습을 받아 큰 피해를 입었다. 대표적으로 카타르 북부 라스라판 산업도시 내 LNG 생산시설은 공습 피해로 인해 한국 등과 맺은 LNG 장기계약에 대해 「불가항력(Force Majeure)」을 선언하기도 했다.

여기에 중동 산유국들이 전쟁을 계기로 원유 감산에 나서면서 이를 원래대로 되돌리는 데도 상당한 시일이 걸릴 것이라는 전망이 나온다. 무엇보다 가장 큰 문제는 호르무즈 해협 개방 여부로, 이란이 종전 이후에도 봉쇄를 지속한다거나 통행세를 받게 될 경우 이곳을 통한 운송은 전쟁 전처럼 활발해지기 어려울 수 있다.

한국, 이란전쟁으로 가장 큰 피해 입었다?

미국 싱크탱크 전략국제문제연구소(CSIS)가 4월 2일 〈이란 분쟁이 한국에 미친 영향: 수치로 보는 분석〉을 통해 이번 중동 분쟁의 비교전국 가운데 한국을 최대 피해국으로 지목했다. CSIS는 「한국은 다양한 핵심 자원에서도 호르무즈 의존도가 높다」고 밝혔는데, 호르무즈 해협이 사실상 막히면서 에너지와 산업용 원자재 조달에 직접적인 부담이 발생했다는 분석이다. 보고서에 따르면 한국의 높은 중동 의존도는 이번 전쟁에서 한국을 최대 피해국으로 만든 요인으로 꼽힌다. 실제로 한국은 원유 수입량의 70%를 중동에 의존하고 있으며, 반도체 공정에 필요한 헬륨의 64.7%를 카타르에서 들여오고 있다.

미국·이스라엘 vs 이란 전쟁 주요 일지

2. 28.	미국－이스라엘, 이란 공습 작전 개시 → 아야톨라 알리 하메네이 최고지도자 폭사
3. 1.	레바논 헤즈볼라, 이스라엘 공격 → 전쟁 참전
9.	이란, 새 최고지도자로 모즈타바 하메네이 선출
13.	美, 이란 석유 수출기지인 하르그섬 공습(석유 인프라는 공격 제외)
18.	• 이스라엘, 이란 최대 가스전 사우스파르스 공격 • 이란, 카타르 최대 LNG 수출기지 라스라판 공격
28.	예멘 후티 반군, 참전 공식화 → 홍해로 전장 확대
4. 1.	트럼프 미 대통령, 「이란을 석기 시대로 돌려놓을 것」 경고
7.	美－이란, 2주 휴전 합의 발표
8.	이스라엘, 레바논 공습 → 이란, 호르무즈 해협 다시 봉쇄
11~12.	美－이란, 첫 종전협상 → 성과 없이 종료
12.	트럼프, 호르무즈 해협 역봉쇄 선언

🔍 핵심만 짚(Zip)기

▶ 미국과 이스라엘이 2월 28일 이란의 핵 위협과 안보 문제 등을 이유로 이란을 공습하면서, 이란의 최고지도자 알리 하메네이가 사망했다. 이후 이란에서는 하메네이의 아들 모즈타바가 새로운 최고지도자로 선출되는 등 체제 유지와 강경 노선이 강화됐다.

▶ 미국은 개전 초기 이란 핵심 지도부를 정밀 타격하고 주요 군사 인프라를 무력화하며 승세를 보이는 듯했다. 하지만 이란의 거센 반격과 호르무즈 해협 봉쇄가 이어지면서 장기전이 됐고, 국제 유가와 물류에 큰 충격이 이어지고 있다. 여기에 레바논 헤즈볼라와 예멘 후티 반군이 이란 전쟁에 가세하면서 전장은 「저항의 축」으로까지 확대됐고, 특히 후티의 홍해 봉쇄 우려로 에너지 위기감은 더욱 고조됐다.

▶ 미국과 이란이 4월 7일 파키스탄이 제안한 2주 휴전안과 호르무즈 개방을 수용하면서, 전쟁 개시 38일 만에 협상 국면으로 급격히 전환됐다. 다만 핵 프로그램과 호르무즈 해협 문제 등을 둘러싼 양쪽의 이견이 워낙 커 난항이 예상됐다. 실제로 4월 11일 진행된 미국과 이란의 첫 종전협상이 아무런 성과 없이 종료되면서 종전 여부는 불투명해지게 됐다.

▶ 한편, 이번 전쟁이 종전되더라도 이란의 호르무즈 해협 개방 여부가 불투명한 데다 전쟁 기간 파괴된 에너지 시설 정비로 인해 전 세계의 에너지 위기는 장기간 계속될 것이라는 전망이 높다.

❓ 해당 이슈 관련 예상 질문들

Q1 도널드 트럼프 대통령이 2월 28일 이란 공습 직후 내세운 공격의 명분은?

Q2 이란 팔레비 왕조 때만 해도 굳건한 동맹관계였던 미국과 이란의 관계가 악화된 이유는?

Q3 모즈타바 하메네이가 이란의 3대 최고지도자로 선출된 것은 어떤 의미를 지니는가?

Q4 이번 이란 전쟁에서 레바논 헤즈볼라와 예멘 후티반군의 참전에 따른 영향은?

Q5 이란의 호르무즈 해협 봉쇄에 따른 영향은?

Q6 트럼프 대통령이 3월 14일 호르무즈 해협으로 군함을 보내줄 것을 요구한 5개국은?

Q7 4월 11~12일 진행된 미국과 이란의 첫 종전협상이 노딜로 끝나는 데 있어 가장 큰 쟁점이 된 사항은?

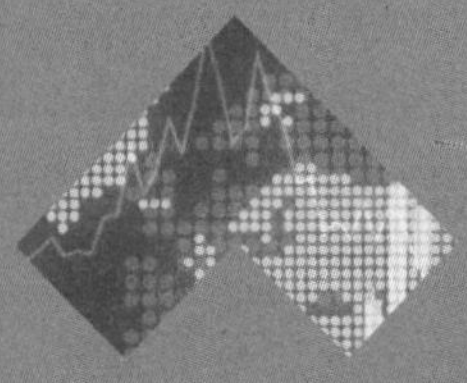

최신 주요 시사

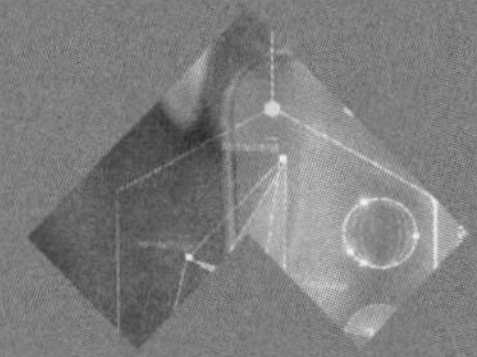

최신시사상식 239집

최신 주요 시사

2월 / 3월 / 4월

정치시사 / 경제시사 / 사회시사 / 문화시사

스포츠시사 / 과학시사 / 시시비비(是是非非)

시사용어 / 시사인물

트럼프, 「미주 카르텔 대응연합」 창설
중남미 17개국과 미주 지역 범죄 대응

- 도널드 트럼프 미국 대통령이 3월 7일 열린 「미주의 방패(Shield of the Americas)」 행사에서 미주 지역 범죄 카르텔에 맞서 미국과 중남미 국가들이 군사력을 동원해 공동 대응하기 위한 「미주 카르텔 대응연합(Americas Counter Cartel Coalition)」을 출범시켰다.
- 이날 행사에는 아르헨티나, 볼리비아, 칠레, 코스타리카, 도미니카공화국, 에콰도르, 엘살바도르, 가이아나, 온두라스, 파나마, 파라과이, 트리니다드토바고 등 12개국 정상이 참여해 연합체 가입 의사를 밝혔다. 바하마, 벨리즈, 과테말라, 자메이카, 페루 등 5개국 정상은 이번 행사에는 참여하지 않았지만 연합체에는 가입했다.

연합체 구성과 설립 이유는? 트럼프 대통령이 이날 서명한 포고문에 따르면 미국과 가입국들은 범죄 카르텔이 영토를 통제하거나 자금과 자원에 접근하지 못하도록 협력해야 한다. 또 미국이 범죄 카르텔 소탕을 위해 가입국들의 군대를 훈련시키고 필요시 동원할 수 있다는 내용도 적시됐다. 아울러 미국과 동맹국들이 서반구 외부에서 유입되는 적대적 세력의 영향력을 차단해야 한다는 내용도 포고문에 포함됐다.

이번 연합체는 서반구 전역의 카르텔과 조직범죄에 대한 군사적 대응을 목적으로 하는 것으로, 중남미에서 미국의 지배력을 강화하고자 하는 「돈로 독트린」 기조가 반영된 것이다. 트럼프 대통령은 지난해 집권 이후 카르텔을 미국의 핵심 안보 위협으로 규정하고 카리브해 일대에서 군사작전을 확대해 왔다. 대표적으로 지난 1월 베네수엘라 군사작전을 전개해 니콜라스 마두로 대통령을 축출했으며, 2월에는 멕시코 정부가 중남미 최대 마약 카르텔 지도자인 네메시오 오세게라(일명 엘 멘초, ※ 시사인물 참조)를 사살하는 데 협력하기도 했다.

미주 카르텔 대응연합 개요

목적	중남미 범죄 카르텔 소탕을 위한 지역 안보 및 군사협력
참여국	미국 및 중남미 17개국
권한	범죄 카르텔 자금·지역 검거 등 통제 회원 국가에 대한 미국의 훈련과 동원

> **돈로 독트린(Donroe Doctrine)** 서반구에서 미국 중심 패권주의와 고립주의를 강화하는 트럼프 행정부의 대외 정책을 말한다. 이는 1823년 미국 제5대 대통령 제임스 먼로(1758~1831)가 아메리카 대륙에서 미국의 패권을 강조하며 천명했던 「먼로 독트린(Monroe Doctrine)」과 도널드 트럼프 대통령의 이름을 합친 것이다. 먼로 독트린이 유럽 열강의 아메리카 대륙 개입에 반대하는 정책이라면, 돈로 독트린은 중국과 러시아의 서반구(미주 대륙)에서의 영향력 확대를 억제하고 이 지역에서 미국의 단일 패권을 회복하고자 하는 것을 핵심으로 한다.

마크롱, 「핵탄두 늘릴 것」 전격 선언
냉전 종식 30년 만에 증강-유럽 자체 핵우산 구축

- 에마뉘엘 마크롱 프랑스 대통령이 3월 2일 유럽 안보를 위해 핵무기 보유량을 늘리겠다고 공식 발표했다. 마크롱 대통령은 핵전력 확대 배경으로 ▷러시아의 우크라이나 침공 ▷중국의 군사력 증강 ▷미국의 안보 우선순위 변경 등을 이유로 들었다.

- 프랑스는 영국이 유럽연합(EU)을 탈퇴한 이후 EU 내 유일한 핵 보유국으로, 프랑스가 핵전력 증강에 나서는 것은 냉전 종식 이후 30여 년 만이다. 프랑스는 1990년대 초까지 약 540기의 핵탄두를 보유했지만, 냉전이 종식된 이후에는 자발적으로 감축해 현재 약 290기를 갖고 있다.

- 한편, 마크롱 대통령은 프랑스의 새 핵교리에 영국·독일·폴란드 등 8개국이 동참한다며 핵무기 증강이 유럽 자체 「핵우산」 계획의 일환임을 명확히 했다. 유럽은 제2차 세계대전 이후 북대서양조약기구(NATO·나토)를 통해 미국이 제공하는 핵우산에 의존하고 있다. 하지만 지난해 도널드 트럼프 2기 행정부 출범 이후 미국과의 동맹관계가 흔들린 뒤에는 핵무장을 포함해 독자 방위 역량을 꾸준히 논의해 왔다.

💡 핵우산은 핵무기를 보유한 국가가 핵을 보유하지 않은 동맹국가의 안전을 보장하는 것을 이르는 말이다. 이는 동맹국 간 신뢰를 바탕으로 핵을 보유하지 않은 국가가 적대국으로부터 핵무기 공격을 받을 경우, 핵보유 동맹국이 그 적대국을 핵무기로 공격한다는 전제가 깔려 있다.

이스라엘, 「팔레스타인 테러범의 기본 형량은 사형」 법안 통과
국제사회·인권단체 일제히 규탄

- 이스라엘 의회(크네세트)가 테러 혐의로 유죄 판결을 받은 팔레스타인인에게 사형을 기본 형량으로 적용하는 법안을 3월 30일 통과시켰다.

- 해당 법안에 따르면 이스라엘의 점령지인 요르단강 서안지구의 군사법원은 테러 공격으로 이스라엘 시민을 살해한 팔레스타인인에게 기본 형량으로 사형을 선고해야 한다. 사형 집행은 선고 후 90일 이내에 하고, 피고인의 항소권을 보장하지 않는다. 판결의 경우 판사 과반의 동의만으로 가능하며, 사면이나 감형은 금지된다.

- 그러나 이 법이 유대인 정착민 등 이스라엘인이 팔레스타인인을 살해하는 데는 적용되지 않고, 사실상 팔레스타인인만을 겨냥한 것이라는 점에서 국제사회는 물론 이스라엘 내부에서도 거센 논란을 일으키고 있다. 여기에 이스라엘이 1962년 나치 전범 아돌프 아이히만의 교수형 이후 60년 넘게 사형을 집행한 적이 없다는 점도 논란이 되고 있다.

> **아돌프 아이히만(Adolf Eichmann, 1906~1962)** 독일 나치스 친위대 대령이었던 인물로, 2차 세계대전 중 수백만의 유대인을 학살한 혐의로 1960년 5월 이스라엘 비밀경찰에 의해 아르헨티나에서 체포됐다. 이후 이스라엘 예루살렘에서 아이히만 재판이 진행됐으며, 1961년 12월 교수형을 선고받고 사형에 처해졌다. 특히 독일 출신의 정치철학자 한나 아렌트가 1963년 출간한 《예루살렘의 아이히만》에 나오는 「악의 평범성」과도 관련해 유명한데, 악의 평범성은 나치에 의한 유대인 대학살(홀로코스트)은 상부의 명령에 순응한 지극히 평범한 사람들에 의해 자행됐음을 설명하는 개념이다.

헝가리 총선, 16년 만에 정권 교체
오르반 총리 대패-정책 노선 변화 전망

- 4월 12일 실시된 헝가리 총선에서 오르반 빅토르 총리가 이끄는 집권 여당 피데스가 참패하며, 2010년 집권 이후 「유럽의 트럼프」로 불리며 러시아와 밀착해 온 오르반 총리가 16년 만에 권좌에서 물러나게 됐다.
- 오르반 총리는 집권 이후 미국·러시아에 밀착하며 대러시아 제재, 우크라이나 지원 등의 유럽연합(EU) 정책에 제동을 걸어온 인물이다. 이번 선거에서도 블라디미르 푸틴 러시아 대통령과 도널드 트럼프 미국 대통령은 공개적으로 오르반을 지지했다. 특히 선거 직전에는 JD 밴스 미국 부통령이 헝가리를 직접 방문하면서 이번 총선은 미국·러시아와 EU 간 대리전으로도 주목받았다.
- 총선 결과 「유럽 복귀」를 전면에 내세우며 반(反)오르반 노선을 주창한 야당 티서(Tisza)가 전체 199석 중 138석을 확보하는 압승을 거뒀고, 여당인 피데스는 55석을 확보하는 데 그치며 참패했다. 이에 그간 EU와 지속적으로 대립해 왔던 헝가리의 정책 노선에 변화가 전망되는데, 특히 헝가리의 반대로 난항을 겪었던 EU의 우크라이나 지원정책이 새로운 국면을 맞게 될 것이라는 예측이 제기된다.

北, 김정은 국무위원장 재추대
서열 2위 최룡해 퇴진 등 북한 권력 재편

- 북한이 3월 23일 최고인민회의 제15기 1차 회의를 열고 김정은 국무위원장을 재추대하는 안건을 만장일치로 통과시켰다. 국무위원장은 북한 헌법상 국가를 대표하는 최고지도자다.
- 최고인민회의는 북한의 명목상 최고 주권기관이자 입법기구로, 헌법 개정과 법률 제·개정 권한을 갖지만 실제로는 노동당 결정을 추인하는 역할을 하는 것으로 평가된다. 김 위원장은 앞서 지난 2월 22일 열린 9차 당대회에서는 노동당 총비서로 재추대된 바 있다.
- 아울러 이번 회의에서는 핵심 권력의 구도 변화도 확인됐다. 대표적으로 그간 북한 권력서열 2위 대우를 받아온 최룡해가 최고인민회의 상임위원장에서 물러나고, 김 위원장의 최측근으로 꼽히는 조용원 당중앙위 상무위원이 상임위원장에 선출됐다.

💡 3월 24일 조선중앙통신에 따르면 전날인 23일 국무위원장으로 재추대된 김정은 국무위원장이 최고인민회의 제15기 제1차 회의 시정연설을 통해 「한국을 가장 적대적인 국가로 공인한다」고 밝혔다. 다만 통신은 남북 관계를 「적대적 두 국가 관계」로 명시하기 위한 헌법 개정이 이뤄졌는지의 여부에 대해서는 언급하지 않았다. 앞서 2023년 12월 열린 노동당 전원회의에서 김 위원장은 남북관계를 「적대적 두 국가」로 공식 선언한 바 있다.

한·브라질 정상회담, 「전략적 동반자 관계」 격상
룰라 대통령, 21년 만의 국빈 방한

- 이재명 대통령과 루이스 이나시우 룰라 다 시우바 브라질 대통령이 2월 23일 청와대에서 정상회담을 가진 뒤 공동언론 발표를 통해, 양국 관계를 수교 67년 만에 「전략적 동반자 관계」로 격상하기로 했다고 밝혔다. 룰라 대통령의 국빈 방한은 2005년 첫 임기 당시 이후 21년 만이다.
- 또한 두 정상은 정치, 경제, 실질 협력, 민간교류 등 포괄적 분야에서 양국 관계를 이끌어 갈 로드

맵인 「한-브라질 4개년 행동계획」도 채택했다. 아울러 양국은 이번 정상회담을 계기로 중소기업·보건규제·농업 등의 분야에서 10개의 양해각서(MOU)도 체결했다.

> **루이스 이나시우 룰라 다 시우바(Luiz Inacio Lula da Silva)** 브라질 역사상 첫 3선 대통령으로, 2003년 1월 대통령으로 공식 취임한 뒤 2006년 말 재선에 성공했으며, 이후 2022년 대선에서도 승리했다. 그는 2003년 첫 집권 이후 실용주의·중도 좌파의 기치를 내걸고 분배와 성장 정책을 고루 구사하며 브라질 경제를 회생시켰다는 평가를 받았다.

한불 정상회담, 「글로벌 전략적 동반자 관계」 격상
마크롱 대통령, 취임 후 첫 방한

- 이재명 대통령과 에마뉘엘 마크롱 프랑스 대통령이 4월 3일 청와대에서 정상회담을 가진 뒤 공동 언론 발표를 통해 양국 관계를 「글로벌 전략적 동반자 관계」로 격상하기로 했다고 밝혔다. 마크롱 대통령은 2017년 취임 후 처음으로 방한했는데, 프랑스 대통령이 국빈 방한한 것은 2015년 이후 11년 만이다.
- 양국은 관계 격상에 따라 경제 협력을 강화하고 교역 및 투자 규모를 더 확대해 나간다는 방침을 밝혔다. 구체적으로 지난해 양국 교역액이 150억 달러(22조 6000억 원)에 달해 역대 최대치를 기록했는데, 이를 2030년까지 200억 달러로 높인다는 계획이다. 여기에 양국은 정상회담을 계기로 ▷문화기술협력협정 ▷워킹홀리데이협정 ▷군사비밀정보보호협정 등 3개의 협정을 개정하고 11개의 양해각서(MOU)도 체결했다.

KF-21 「보라매」 양산 1호기 출고
하반기부터 한국 공군에 인도

- 국내 독자 기술로 개발된 4.5세대 전투기인 KF-21 「보라매」의 양산 1호기 출고식이 3월 25일 경남 사천 한국항공우주산업(KAI) 본사에서 열렸다. 이는 김대중 전 대통령이 지난 2001년 국산 전투기 개발을 선언한 지 25년 만이다.
- KF-21은 「단군 이래 최대 무기사업」으로 불리는 한국형 전투기(KF-X, Korea Fighter eXperimenta) 개발사업을 통해 만든 4.5세대 초음속 전투기다.
- 전 세계에서 4.5세대 이상 초음속 전투기 개발에 성공한 국가는 미국, 중국, 러시아, 일본, 프랑스, 스웨덴, 유럽 컨소시엄(영국·독일·이탈리아·스페인)에 이어 한국이 여덟 번째다. 특히 제2차 세계대전 직후 독립한 국가 중에서 초음속 전투기를 독자적으로 개발·생산한 유일한 나라라는 점에서 큰 의미를 갖는다.

▲ KF-21 보라매

KF-21 양산 1호기 출고까지 KF-21은 지난 2001년 3월 김대중 전 대통령이 공군사관학교 졸업식에서 국산 전투기 개발을 공식 지시하고, 이후 2002년 합동참모본부가 연구 개발 검토에 착수하면서 시작됐다. 하지만 초기에는 경제성 문제로 7차례나 사업 타당성 조사를 받는 등 14년간 사업이 표류했다. 이 과정에서 기술 이전을 약속한 미국이 입장을 바꾸면서 자체 개발로 선회했고, 공동 개발국으로 참여한 인도네시아의 분담금 미납이라는 돌발 상황도 이어졌다.

그러다 문재인 정부가 들어선 2021년 첫 시제기가 탄생했으며, 이후 42개월간 1600여 회의 비행시험 등 기체 성능 검증 끝에 첫 양산기 출고가 이뤄지게 됐다. 이날 출고된 KF-21 양산 1호기는 성능 확인 과정을 거쳐 오는 9월 공군에 실전 배치될 예정이다. 이후 KF-21은 2028년까지 총 40대가 초도 양산되고, 공대지 능력강화 모델이 2029~2032년까지 80대 추가 양산될 계획이다. 공군은 2032년까지 총 120대를 실전 배치해 노후화된 F-4, F-5 전투기를 완전 대체하는 것을 목표로 하고 있다.

한국형 전투기 KF-21의 주요 제원	
폭/길이/높이	11.2m/16.9m/4.7m
최대 추력	4만 4000파운드(쌍발엔진)
최고 속도	마하 1.81(시속 2200km)
항속거리	2900km
무장 탑재량	7.7t
최대 이륙 중량	2만 5600kg

李 대통령, 「사법개혁 3법」 국무회의 의결
재판소원·법왜곡죄는 3월 12일부터 시행

- 이재명 대통령이 3월 5일 국무회의에서 지난 2월 더불어민주당 주도로 국회를 통과한 ▷법원조직법 개정안(대법관 증원법) ▷형법 개정안(법왜곡죄 신설법) ▷헌법재판소법 개정안(재판소원제 도입법) 등 「사법개혁 3법」을 심의·의결했다.
- 이후 3월 12일 0시 전자관보를 통해 사법개혁 3법이 정식 공포되면서, 재판소원제와 법왜곡죄가 공포 즉시 시행됐다. 대법관 증원법의 경우 공포 후 2년이 지나 시행되므로, 2028년 3월부터 3년에 걸쳐 이뤄지게 된다.

「사법개혁 3법」 주요 내용

대법관 증원법　현행 14명인 대법관 수를 2028년부터 3년간 매년 4명씩 순차적으로 늘려 26명으로 증원하는 것을 골자로 한다. 이러한 대법원 재판부 구성의 변화는 1987년 이후 처음이다. 이에 따라 이재명 대통령을 포함해 앞으로 모든 대통령은 임기 내 21~22명의 대법관을 임명하게 된다.

법왜곡죄 신설법　형사사건에 관여하는 판검사, 수사관 등이 타인에게 위법·부당하게 이익을 주거나 권익을 해할 목적으로 재판·수사 중인 사건에 관해 법을 왜곡할 경우 10년 이하의 징역과 자격정지에 처하는 것을 골자로 한다. 여기서 「법왜곡 행위」는 ▷법령의 적용 요건이 충족되지 않음을 알면서도 적용하거나 적용돼야 할 법령임을 알면서도 적용하지 않아 의도적으로 재판·수사 결과에 영향을 미친 경우 ▷사건에 관한 증거를 인멸, 은닉, 위조·변조하거나 위조·변조된 증거임을 알면서도 사용한 경우 ▷폭행·협박·위계 등의 방법으로 위법하게 증거를 수집하거나 적법한 증거가 존재하지 않음을 알면서도 범죄사실을 인정한 경우 등이다. 다만 법령 해석의 합리적 범위 내에서 내려진 재량적 판단은 예외로 두도록 했다.

💡 법왜곡죄 고발 1호 대상은 조희대 대법원장과 박영재 전 법원행정처장(대법관)으로, 이는 이재명 대통령 공직선거법 위반 사건 파기환송과 관련된 것이다. 대법원 전원합의체는 지난해 5월 1일 이 대통령(당시 민주당 대선후보)의 공직선거법 위반사건을 유죄 취지로 파기환송했는데, 이는 대법원으로 사건이 배당된 지 불과 9일 만에 이뤄진 판결이라는 점에서 대선을 앞두고 큰 논란을 일으킨 바 있다.

재판소원제 도입법 법원의 재판을 헌법재판소의 헌법소원심판 청구 대상에 포함하는 내용을 골자로 한다. 법원의 확정 판결 가운데 ▷헌재의 결정에 반하는 취지로 재판해 기본권을 침해하는 경우 ▷헌법·법률이 정한 적법한 절차를 거치지 않아 기본권을 침해한 경우 ▷헌법·법률을 위반함으로써 기본권을 침해한 것이 명백한 경우 헌법소원심판을 청구할 수 있다. 청구기간은 확정 판결로부터 30일 이내다.

💡 다만 헌재가 법원 재판을 기본권 침해 원인으로 판단하면 법원은 헌재 결정 취지에 따라 다시 재판해야 한다는 점에서, 일각에서는 사실상 4심제라는 비판이 있다.

사법개혁 3법 주요 내용

대법관 증원법	현행 14명인 대법관 수를 3년간 매년 4명씩 순차적으로 늘려 26명으로 증원 → 2028년부터 3년간 시행
법왜곡죄 신설법	형사사건에 관여하는 판검사 등이 타인에게 위법·부당하게 이익을 주거나 권익을 해할 목적으로 재판·수사 중인 사건에 관해 법을 왜곡할 경우 처벌 → 법률 공포 즉시 시행
재판소원제 도입법	법원 재판을 헌법소원심판 청구 대상에 포함. 대법원 판결도 헌재가 위헌 여부 결정 가능 → 법률 공포 즉시 시행

사법개혁 3법에 대한 찬반 논란

입장	대법관 증원법	법왜곡죄 신설법	재판소원제 도입법
찬성	대법관 구성 다양화와 재판 적체 해소 가능	법조계의 신뢰 저하시키는 재판이나 수사에 대한 자정 효과	판사의 잘못된 판결로 기본권 침해 시 구제장치 필요
반대	대법원 인력 집중으로 하급심 약화 및 상고사건 증가	법왜곡의 의미가 모호해 재판·수사 위축시킬 우려	사실상 4심제로, 판결 확정 지연과 법률 비용 증가의 문제

공소청·중수청 설치법, 국회 통과
검찰청은 10월 폐지

- 검찰개혁의 후속 입법인 공소청과 중대범죄수사청(중수청) 설치법이 각각 3월 20일과 21일 국회를 통과했다. 이는 지난해 9월 민주당 주도로 검찰청을 폐지하고 검찰의 수사와 기소 기능을 각각 중수청과 공소청으로 분리하는 내용의 정부조직법 개정안을 처리한 데 이은 후속 입법이다.
- 두 법안은 당초 정부안에서 일부 수정돼 본회의에 상정된 것으로, 앞서 1월 12일 1차 입법예고 이후 당내 이견으로 수정 작업이 이어졌고 2월 22일 의원총회에서 당론으로 채택됐다. 이후 2월 24일 수정안을 재입법예고한 뒤 법사위 소위와 전체회의를 거쳐 당정청 협의를 통해 최종안이 마련된 바 있다.
- 공소청·중수청 법안의 핵심은 검사의 직접 수사 개시는 물론, 검사가 중수청 등 수사에 관여할 가능성을 원천적으로 차단하는 것이다. 두 법안은 오는 10월 2일부터 시행되며, 이에 따라 현재의 검찰청은 78년 만에 폐지될 예정이다.

공소청 설치법 공소청법은 검찰의 특별사법경찰(특사경) 관리에 대한 지휘·감독권을 폐지하고, 검사의 직무 권한을 법률로 제한하는 내용을 핵심으로 한다. 구체적으로 공소청은 수사·기소 분리 원칙에 따라 기소만 전담하며, 공소청·광역공소청·지방공소청의 3단계 체계로 운영된다.

공소청 검사의 직무는 ▷공소 제기 여부 결정 및 그 유지 ▷영장 청구 ▷범죄 수사에 관한 사법경찰 관리와의 협의·지원 등으로 규정됐으며, 그 외의 경우에는 법률에 따라 정하도록 명시했다. 앞서 정부안에 있던 중수청에 대한 입건 요청권, 특별사법경찰(특사경)에 대한 지휘·감독권, 검사의 영장 집행·지휘권 등은 모두 삭제됐다. 여기에 검사 직무 수행 시 헌법과 법률에 따른 기본권 보호, 적법 절차 준수, 정치적 중립 의무 등을 규정한 「권한남용 금지」 조항도 명시됐다.

그리고 공소청의 장(長) 명칭은 「검찰총장」으로 하고 임기는 2년 단임으로 규정했다. 또 파면을 징계 사유로 명시해 일정한 경우 징계 절차를 통한 파면이 가능하도록 명시했다. 이 밖에 정부가 기존 검찰 인력을 중수청 등 국가기관으로 인사 발령할 근거도 마련했다.

> **특별사법경찰관(특사경)** 식품·보건·안전사고 등 전문성이 필요한 영역의 수사를 위해 행정공무원에게 수사권을 부여한 것으로 1956년 「사법경찰관 직무법」이 제정되면서 도입됐다. 특사경은 법에서 정한 중앙부처나 지자체 가운데 소속 기관장의 제청과 지검장의 지명으로 임명된다. 이들은 강제 수사와 소환조사, 통신 및 계좌 조회, 긴급체포, 체포영장 신청, 지명수배, 압수수색 등 경찰에 버금가는 수사권을 부여받는다.

중수청 설치법 중수청은 행정안전부 장관 소속 기관으로 설치되고, 주요 수사 대상은 ▷부패 ▷경제 ▷방위산업 ▷마약 ▷내란·외환 ▷사이버범죄 등 6대 범죄다. 여기에 공소청·경찰·고위공직자범죄수사처(공수처)·법원 공무원이 재직 중 저지른 범죄 등도 중수청의 수사 범위에 포함됐다.

중수청 수사관은 특정직 공무원으로, 1~9급까지 단일 직급 체계를 갖는다. 이는 공개 채용이 원칙이지만, 직무 관련 학식과 경험·기술 등이 있는 자의 경우 경력 채용을 할 수 있도록 했다. 중수청은 행안부 장관 소속이지만 구체적 사건에 관해서는 중수청장만 장관의 지휘·감독을 받는다. 중수청장은 중수청 사무를 총괄하며 중수청 직원을 지휘·감독하는데, 그 자격은 수사·법률 등 업무 15년 이상 재직으로 변호사 자격은 요하지 않는다.

중수청·공소청 개요

중대범죄수사청(행정안전부 소속)		공소청(법무부 소속)	
기본 역할	중대범죄 수사	기본 역할	기소 및 공소 유지
중대범죄 수사 범위	부패, 경제, 방위사업, 마약, 국가보호(내란 및 외환죄 등), 사이버범죄 등 6대 범죄	조직 구조	공소청-광역공소청-지방공소청 등 3단 구성
인력 구조	1~9급 수사관 단일 체제		
정부안과의 차이점	수사 개시할 때 공소청에 통보할 의무 삭제	정부안과의 차이점	특사경에 대한 지휘·감독권 폐지, 권한남용 금지조항 신설

향후 최대 쟁점은 「보완수사권」 민주당은 오는 6월 지방선거 이후 형사소송법 개정 과정에서 보완수사권에 대한 논의를 이어간다는 방침이어서 향후 보완수사권이 핵심 쟁점이 될 전망이다. 이는 형사소송법으로 중수청 등 타 수사기관이 송치하는 사건에 대한 공소청 검사의 보완수사 절차를 구체화하려는 것이다.

특히 검사가 수사기관에 보완수사를 요구할 수 있는 「보완수사요구권」과 직접 사건을 가져와 보완수사를 하는 「보완수사권」 중 어느 범위까지 허용될 것인지가 핵심 쟁점이다. 보완수사권은 검사가 피의자·피해자를 직접 조사하거나 증거를 수집하는 권한이며, 보완수사요구권은 검사가 경찰에게 부족한 부분을 다시 수사하도록 지시하는 권한이다. 여당 일각에서는 보완수사권이 수사·기소 분리원칙에 배치된다며 전면 폐지를 주장하고 있으나, 검찰 내부에서는 경찰의 무제한 수사권한에 대한 통제 등을 들어 보완수사권이 필요하다는 입장이다.

아울러 검사의 특사경 지휘 권한도 형사소송법 개정 과정에서 재차 논란이 될 가능성이 있는데, 이는 현행 형사소송법이 「특별사법경찰관은 모든 수사에 관해 검사 지휘를 받는다」고 규정하고 있기 때문이다.

공소청·중수청법 시행에 따른 변화는?

Q 검사의 역할은 어떻게 달라지는가?

A 검찰의 영장 집행 지휘권이 사라지면서, 공소청 검사는 경찰과 중수청이 작성한 기록만 검토한 뒤 법원에 영장을 청구하는 역할만 하게 된다. 즉, 검사가 수색이나 체포 등 강제수사 현장을 지휘할 수단이 폐지된다.

Q 특사경에 대한 검찰의 수사지휘권 폐지에 따른 변화는?

A 현재 특사경은 내사 단계부터 영장 청구, 기소에 이르기까지 검찰의 지휘와 조력을 받고 있으나, 앞으로는 소속 기관장이나 지방자치단체장의 지휘에 따르게 된다. 다만 현행 형사소송법에는 검사의 특사경 지휘권이 여전히 규정돼 있다. 이에 특사경 지휘권은 이후에 있을 형사소송법 개정 논의 과정에서 검사의 보완수사권 존치 문제 등과 함께 논의될 것으로 전망된다.

Q 중수청의 수사 대상 범죄는?

A 중수청은 부패, 경제, 방위산업, 마약, 내란·외환, 사이버범죄 등 6대 범죄 수사를 전담한다. 여기에 법왜곡죄 사건과 공소청·경찰·공수처·법원 공무원이 재직 중 저지른 범죄도 수사 범위에 포함됐다.

Q 기존 검찰청 직원은 어디로 배치되게 되는가?

A 정부안은 검찰청 검사와 직원을 공소청으로 자동 전환하는 것으로 규정했으나, 최종안에서는 「중수청 등 다른 국가기관의 공무원으로 임용할 수 있다」는 단서를 추가했다. 이에 경찰, 공수처 등 어느 기관으로도 재배치가 가능해지게 됐다.

Q 향후 최대 쟁점인 보완수사권 논의는?

A 민주당은 6월 지방선거 이후 형사소송법 개정 과정에서 보완수사권에 대한 논의를 이어간다는 방침이다. 여당은 보완수사권이 사실상 직접 수사권이라며 수사·기소 분리 원칙에 배치된다는 입장이지만, 검찰은 경찰의 무제한 수사 권한 통제 등을 들어 보완수사권을 내줄 수 없다며 반발하고 있다.

「윤석열 검찰 조작기소 의혹」 국조계획서, 국회 본회의 통과

- 국회가 3월 22일 「윤석열 정권 정치검찰 조작기소 의혹사건」 진상규명 국정조사특별위원회가 제출한 국정조사 계획서를 의결했다.
- 계획서에 따르면 이번 국조의 조사 범위는 ▷대장동 개발비리 의혹 사건 ▷위례 신도시 개발비리 의혹 사건 ▷김용 전 민주연구원 부원장의 금품 수수 의혹 사건 ▷쌍방울 대북송금 사건 ▷부동산 등 통계 조작 의혹 사건 ▷서해 공무원 피격 사건 ▷윤석열 전 대통령 명예훼손을 의도한 허위보도 의혹 사건 등에 대한 검찰의 수사·기소 과정으로, 5월 8일까지 진행된다.
- 국조특위는 민주당 11명, 국민의힘 7명, 조국혁신당과 진보당 각 1명 등 20명으로 구성됐으며, 위원장은 민주당 서영교 의원이 맡았다.

> **국정조사(國政調查)** 국회에서 재적의원 4분의 1 이상의 요구가 있을 때 특별위원회 또는 상임위원회로 하여금 국정의 특정사안에 관하여 조사를 시행하는 제도를 말한다. 의장은 조사요구서가 제출되면 지체 없이 본회의에 보고하고 각 교섭단체 대표의원과 협의하여 조사를 할 특별위원회를 구성하거나 해당 상임위원회에 회부해 조사를 실시할 위원회를 확정한다. 조사위원회는 조사의 목적, 조사할 사안의 범위와 조사방법, 조사에 필요한 기간 및 소요경비 등을 기재한 조사계획서를 본회의에 제출하여 승인을 받아 조사를 시행하게 된다.

정부가 4월 6일 이재명 대통령 주재로 열린 국무회의에서 지난 3일 국회에 발의된 헌법개정안의 공고안을 심의·의결했다. 이는 앞서 우원식 국회의장과 국민의힘을 제외한 여야 6당 국회의원 전원이 공동 발의한 것으로, ▷5·18 민주화운동과 부마민주항쟁의 민주 이념을 헌법 전문에 수록하고 ▷국가의 지역 균형발전 의무를 지방자치의 장에 명시하고 ▷대통령의 비상계엄 선포에 대한 국회 승인권을 도입하고 ▷국회의 계엄해제요구권을 계엄해제권으로 격상하는 내용이 담겼다.

💡 우리나라의 헌법 개정은 국회 재적의원 과반수 또는 대통령이 발의해 국회의 의결과 국민투표를 거쳐 확정된다. 이때 대통령의 임기 연장 또는 중임 변경을 위한 헌법 개정은 그 헌법 개정 제안 당시의 대통령에 대해서는 효력이 없다. 현행 대한민국 헌법은 9차 개정 헌법으로. 이는 1988년 2월부터 효력이 발생해 현재에 이르고 있다.

개헌안 향후 절차는? 헌법 제130조에 따라 대통령은 제안된 개헌안을 20일 이상 공고해야 하고, 이후 공고일로부터 60일 이내에 국회 본회의 의결이 필요하다. 개헌안 의결 정족수는 재적의원 3분의 2 이상으로, 현재 재적의원 295명 기준 197명의 찬성이 필요하다. 6개 정당은 6·3 지방선거와 개헌 국민투표를 동시에 실시한다는 계획인데, 그렇게 되기 위해서는 5월 4일부터 10일 사이에 본회의 의결이 이뤄져야 한다.

개헌안 주요 내용

구분	기존	개헌안
전문	4·19 민주이념을 계승	4·19혁명, 부마민주항쟁 및 5·18민주화운동의 민주이념을 계승
제77조4항	계엄 선포 시 대통령은 지체 없이 국회에 통고	계엄 선포 시 대통령은 지체 없이 국회에 통고해야 하고 승인 받아야. 승인 부결 또는 계엄 선포 48시간 내 승인이 이뤄지지 않으면 즉시 효력 상실
제77조5항	계엄 해제 요구 시 대통령은 이를 해제해야	계엄 해제 의결 시 계엄은 즉시 효력 상실

6·3 지선서 광역 중대선거구제 첫 도입
비례대표는 10→14%로 증가

6·3 지방선거에 앞서 중대선거구제 확대 도입과 시도의회 광역의원 비례대표 확대를 골자로 한 정치개혁 법안이 4월 18일 국회 본회의를 통과했다. 국회는 이날 국회 정치개혁특별위원회(정개특위)에서 여야가 합의한 공직선거법·정당법·정치자금법 개정안 등을 상정해 통과시켰다.

💡 6·3 지방선거는 오는 6월 3일 시행 예정인 대한민국의 9번째 전국동시지방선거로, 18세 이상의 대한민국 국민에게 선거권과 피선거권이 주어진다.

해당 법률 통과, 어떤 변화? 이날 국회를 통과한 선거법 개정안은 기존에 10%이던 광역의회 비례대표 비율을 14%로 높였다. 이에 비례대표 광역의원 정수는 최대 29명 늘어날 전망인데, 비례대표 정수 확대는 1995년 이후 30여 년 만이다. 또 전남광주통합특별시 광역의원 선거구 중 4곳을 3~4인이 선출되도록 하는 중대선거구제 지역으로 설정했는데, 광역의원 선거에서 중대선거구제를 도입하는 것은 이번이 처음이다. 아울러 기초의원 선거 중 3~5인을 선출하도록 하는 중대선거구제 시범지역도 11곳에서 27곳으로 늘었는데, 이는 지난 지선에서 중대선거구제를 시범 실시한 서울·경기 등 11

개 선거구에 16개 선거구를 추가 지정한 것이다.

이 밖에 시도당 하부조직의 원활한 운영을 위해 당원협의회나 지역위원회에 사무소 1개소를 둘 수 있도록 하는 정당법 개정안도 통과되면서, 국회의원이 아닌 원외 위원장들도 사무소를 합법적으로 운영할 수 있게 됐다. 다만 이를 두고서는 2004년 폐지된 지구당 부활 수순이 아니냐는 지적이 나오고 있다.

6·3 지방선거 정치개혁 법안 주요 내용

- 광역의원 비례대표 비율: 10 → 14%로 상향
- 광주 동남갑, 북갑, 북을, 광산을 등 4곳에 광역의원 중대선거구제 도입
- 기초의원 중대선거구: 11곳 → 27곳으로 확대
- 당협·지역위원회 사무소 설치 허용

> **지구당** 국민의 정치적 의사 형성을 위해 국회의원선거구 단위로 설치된 중앙 정당의 하부 조직으로, 과거 정당법에 규정돼 있던 조항이다. 본래 지구당은 지역 주민의 의견을 수렴해 중앙 정치에 반영한다는 취지로 설치됐다. 하지만 실상은 지역구국회의원 선거와 각종 정당 선거의 선거사무실로 사용된다는 비판이 이어졌고, 이에 2004년 3월 정당법이 개정되면서 폐지된 바 있다.

공무원 시험 지역인재 기회 확대
15년 이상 거주 땐 필기 3% 가점

- 인사혁신처가 3월 23일 행정안전부, 경찰청, 소방청과 함께 지역 거주자의 공직 채용 기회를 확대하는 등 공무원 채용제도 개선을 추진한다고 밝혔다. 이에 따르면 응시 지역에서 15년 이상 거주한 사람에게는 필기시험 과목별 만점의 3%가 가산되는데, 다만 가점으로 합격하는 인원이 선발 예정 인원의 10%를 초과할 수 없다.
- 또 기존에 직종·직급별로 달랐던 응시 자격 기준을 지역별 채용 시 해당 지역에 3년 이상 거주했거나 최종 시험일까지 거주 중인 사람, 지역 소재 학교에 재학 또는 졸업한 사람만 응시할 수 있도록 통일한다. 아울러 국가공무원 9급 공채 선발인원 대비 6% 수준이었던 지역 구분모집 인원은 2027년 8%, 2028년 10% 수준으로 확대한다.
- 이 밖에 공직사회 마약류 확산 방지를 위해 경찰·소방 등 특정직 공무원 채용에서만 실시하는 마약류 검사를 일반직 및 외무공무원 채용에도 확대한다.

납북 어부 간첩조작사건 연루 70대,
50년 만에 재심서 무죄

- 광주지법 순천지원 형사 1부가 4월 7일 납북 어부 간첩조작사건에 연루돼 반공법 위반 혐의로 기소됐던 신지우(75) 씨에 대한 재심에서 무죄를 선고했다. 이는 1975년 당시 25세의 방위병이었던 신 씨가 군법회의에서 유죄 판결을 받은 지 약 50년 만이다.
- 당시 방위병으로 근무하던 신 씨는 1970년대 초중반 납북됐다 귀환한 지인 신명구(74) 씨로부터 북한 찬양 발언을 듣고도 신고하지 않았다는 혐의 등으로 기소됐다. 수사기관은 영장 없이 신 씨를 체포한 뒤 폭행과 가혹행위를 통해 허위 자백을 받아냈으며, 결국 신 씨는 징역 6개월과 자격정지 6개월을 선고받았다.

- 한편, 이번 무죄 판결의 결정적 계기는 사건의 단초가 됐던 신명구 씨가 지난해 4월 재심에서 무죄를 확정받으면서 이뤄졌다. 당시 신명구 씨로부터 들은 말을 신고하지 않았다는 이유로 모두 28명이 처벌받았는데, 이 가운데 신지우 씨를 포함한 2명은 재심 무죄 판결을 받았고 다른 2명은 재심 신청 절차를 진행 중인 것으로 알려졌다.

李 대통령, 「호르무즈 항행 자유 보장 실질적으로 기여할 것」
호르무즈 통항 위한 영·프 주도 50개국 정상회의 참여

- 이재명 대통령이 4월 17일 미국과 이란 간 전쟁으로 봉쇄된 호르무즈 해협 해법을 논의하기 위해 영국·프랑스 주도로 열린 「호르무즈 해협 해상 항행의 자유 이니셔티브」 국제 화상 정상회의에 참석, 「해협 내 항행의 자유 보장을 위한 국제 공조에 실질적으로 기여하겠다」는 의지를 밝혔다.
- 이번 회의에는 한국을 비롯해 프랑스, 영국, 독일, 이탈리아, 캐나다, 호주, 네덜란드, 스웨덴, 뉴질랜드, 이라크, 싱가포르 등 약 50개국 정상과 대표들이 참석했다. 이 가운데 프랑스·영국·독일·이탈리아 정상은 파리 현지에서 직접 참석했으며, 이 대통령을 포함한 나머지 정상들은 화상으로 자리를 함께했다.
- 참석국들은 해당 회의를 통해 호르무즈 해협 관련 상황 평가를 공유하고, 종전 후 해협 내 안전과 신뢰를 확보하기 위한 외교적·군사적 협력을 강화해 나가자는 데 뜻을 모은 것으로 전해졌다.

※ 도널드 트럼프 미국 대통령은 앞서 한국과 일본, 영국, 프랑스, 중국 등에 이란이 차단한 호르무즈 해협 개방을 위한 군함 파견을 요구했으나 동맹국들은 파병에 응하지 않았다. 이후 트럼프 대통령이 이에 대한 강한 불만을 표시한 후 영국과 프랑스는 호르무즈 해협 통항을 위한 국제 연대를 주도하고 있다.

교황 레오 14세 vs 도널드 트럼프 미 대통령,
이란 전쟁 발발 후 갈등 격화

- 지난해 5월 가톨릭 역사상 첫 미국 출신 교황으로 즉위한 레오 14세가 지난 2월 말 이란 전쟁 발발 이후 연일 반전(反戰) 메시지를 내며 트럼프 행정부를 비판, 양측의 갈등이 격화되고 있다.
- 레오 14세는 지난 4월 10일 소셜미디어에 트럼프를 겨냥해 「점점 더 예측 불가능하고 공격적으로 변해 가는 전능의 망상」이라는 표현을 남겼다. 또 4월 16일에는 서아프리카 카메룬의 바멘다를 찾아 트럼프 대통령을 겨냥한 듯한 「폭군」 발언을 내놨다. 트럼프 대통령은 이와 같은 교황의 발언이 나올 때마다 거세게 반발하고 있는데, 최근에는 레오 14세를 향해 「범죄 문제에 나약하고 외교 정책에선 형편없다」는 비난을 가하기도 했다.
- 이처럼 사상 첫 미국 출신 교황과 미국 대통령이 맞붙는 초유의 사태가 벌어지면서, 오는 11월 중간선거를 앞두고 미국의 정치 판도에도 영향을 미칠 것이라는 분석이 나오고 있다. 무엇보다 이번 갈등이 미국 전체 유권자의 5분의 1을 차지하는 가톨릭 유권자에 미칠 영향이 주목되고 있다.

> **레오 14세(LEO XIV)** 2025년 4월 21일 선종한 전임 프란치스코 교황에 이어 선출된 제267대 교황이다. 본명은 로버트 프랜시스 프레보스트(Robert Francis Prevost). 미국 출신으로 페루에서 사목 활동을 해오다 2023년 프란치스코 교황에 의해 추기경에 서임된 바 있다. 레오 14세는 전반적으로 온건 성향이지만 환경, 빈곤, 이주민 문제 등에 높은 관심을 보이는 등 일부 사회 문제에 대해서는 진보적 입장을 취해 전임 프란치스코 교황과 유사하다고 평가된다.

트럼프 맞서 좌파 정상들 결집
4번째 민주주의 수호 회의 개최

- 페드로 산체스 스페인 총리와 이나시우 룰라 다시우바 브라질 대통령을 포함한 전 세계 주요 좌파 지도자들이 4월 18일 스페인 바르셀로나에 모여 민주주의 수호 회의를 가졌다.
- 민주주의 수호 회의는 2024년 산체스와 룰라를 주축으로 결성돼 첫 행사를 치른 뒤 올해가 4번째다. 이는 진보·좌파정권 통치 국가들의 협의체로, 그간 불평등 해소·다자주의·다양성·비폭력 등 진보적 의제를 논의하고 협력 강화를 모색해 왔다. 그런데 이번 회의는 도널드 트럼프 미국 행정부가 연초부터 베네수엘라와 이란을 잇따라 공격하며 국제 질서가 혼돈에 빠진 상황에서 열리면서, 회의에서는 「전쟁 반대」 구호 등이 언급된 것으로 전해졌다.
- 특히 이번 행사를 성사시킨 산체스 총리는 극우 세력이 급격히 확장되고 있는 유럽에서 좌파적 목소리를 공개적으로 내고 있는 몇 안 되는 정상으로 꼽힌다. 그는 최근 트럼프와 가장 노골적으로 대립각을 세우는 국가 지도자로, 앞서 2023년 시작된 이스라엘과 하마스의 전쟁부터 최근 이란 전쟁에 이르기까지 꾸준히 반미·반이스라엘 목소리를 내고 있다.

이스라엘군의 레바논 예수상 훼손 파문
이스라엘, 병사 2명에 「전투보직 해임·30일 구금」 조치

- 팔레스타인 언론인 유니스 티라위가 4월 19일 소셜미디어 엑스에 레바논 남부에서 작전 중인 이스라엘군 병사가 예수상의 머리 부분을 망치 또는 도끼로 추정되는 둔기로 내리치는 사진을 공개하면서 큰 파문이 일었다.
- 이스라엘은 해당 사건의 파문이 확산되자 물의를 일으킨 병사에 대해 적절한 조치를 취하고 예수 그리스도상 복구를 지원하겠다고 사과했으며, 베냐민 네타냐후 총리도 직접 나서 성물 파괴 행위를 강도 높게 규탄했다.
- 이스라엘은 친(親)이란 레바논 무장정파 헤즈볼라 소탕을 이유로 최근 레바논 남부를 침공했는데, 레바논과 10일간의 휴전을 합의한 이후에도 적대행위를 이어가고 있다. 여기에 지난 3월에는 예루살렘 성묘교회 내 가톨릭 미사를 안전을 이유로 통제했다가 미국을 포함한 국제사회의 거센 반발을 받은 바 있다.

트럼프 행정부, 글로벌 관세 10% 발효
미국 무역법 122조에 근거-150일간 부과

- 도널드 트럼프 미국 대통령이 미 연방대법원의 위법 판결로 중단된 상호관세 대신 전 세계에 부과하기로 한 10%의「글로벌 관세」가 2월 24일 0시 1분(미 동부시간, 한국시간 24일 오후 2시 1분)부터 발효됐다.
- 글로벌 관세는 앞서 2월 20일 연방대법원 판결 직후 트럼프 대통령이 서명 및 발표한 포고문 내용과 같이 10%의 관세율이 우선 적용되고, 이후 추가 절차를 거쳐 15%로 올라갈 전망이다. 트럼프 대통령은 글로벌 관세 10% 부과 포고문을 발표한 다음 날에 세율을 15%로 올리겠다고 밝힌 바 있다.
- 미국 무역법 122조에 근거한 글로벌 관세는 7월 24일까지 150일간 부과된다. 다만 연장 시 의회 승인이 필요한데, 야당 민주당과 집권 공화당 모두 연장에 부정적이라는 점에서 지속 여부는 불투명하다는 전망이다.

💡 1974년 제정된 무역법 122조는 심각한 국제수지 적자나 달러 가치 하락에 대응해 대통령이 최대 15%의 긴급 관세를 150일간 부과할 수 있도록 규정하고 있다.

글로벌 관세, 향후 전망은? 트럼프 행정부는 무역법 122조에 기반해 2월 24일부터 전 세계에 일괄 적용하기 시작한 글로벌 관세를 법정 최장기간인 150일간 유지하고, 그 사이 무역법 301조와 무역확장법 232조 등을 활용해 새로운 관세 체제로 재편한다는 계획이다. 무역법 301조는 미국이 다른 나라

무역법 301조와 무역확장법 232조 주요 내용

구분	무역법 301조	무역확장법 232조
발동 요건	불공정 무역 관행	국가안보 위협
사전조사 기간	12개월 이내	270일 이내
대상	특정 교역국	특정 수입품
관세율 상한	없음	없음

의 불공정한 무역 관행에 대응해 제재할 수 있도록 한 법이며, 무역확장법 232조는 미국이 국가안보를 이유로 특정 수입품에 관세나 수입 제한을 할 수 있도록 한 것이다.
다만 미국 내 24개 주 정부가 3월 5일 트럼프 행정부의 10% 글로벌 관세에 대한 무효 소송을 제기하면서, 이 역시 상호관세처럼 소송 결과에 따라 향방이 좌우될 것이라는 전망이다.

美 법원, 상호관세 환급 명령 미국 국제무역법원(USCIT) 소속 리처드 이턴 원로판사가 3월 4일 트럼프 행정부에 미 대법원이 무효로 한 국제비상경제권한법(IEEPA)상 상호관세를 수입업자들에게 돌려주는 절차를 시작하라는 명령을 내렸다. 이는 미 연방대법원이 지난 2월 20일 상호관세 무효 판결을 내린 이후 처음 나온 후속 조치다. 이번 명령에 따라 미국 관세국경보호국(CBP)은 IEEPA에 따른 관세 징수를 중단하고, 이미 청산 절차가 완료된 관세에 대해서는 재청산을 통해 환급해야 한다.

💡 4월 14일 미국 관세국경보호청(CBP)에 따르면 CBP는 국제비상경제권한법(IEEPA)에 따라 부과된 관세를 환급하기 위해 미국 전자통관시스템인 자동상업환경(ACE) 내에 통관항목 통합관리 및 처리(CAPE) 기능을 개발해 20일부터 가동한다. 우선은 1단계 절차만 가동되는데 정산이 아직 완료되지 않았거나, 완료 80일 이내의 특정 항목들로 신고 대상이 제한된다. CBP는 일반적으로 추가 검토가 필요한 경우가 아니라면 신고서 접수 60~90일 이내에 환급금이 지급될 것으로 예상된다고 설명했다.

> **상호관세(Reciprocal Tariff)** 트럼프 행정부는 지난해 4월 2일 다른 나라의 관세 및 비관세 무역장벽에 따라 미국 기업이 받는 차별을 해소한다는 명목으로 상호관세 조치를 발표했다. 이는 전 세계를 대상으로 하는 기본관세 10%와 이른바 최악 국가에 대한 개별관세로 구성됐다. 우리나라의 경우 지난해 7월 30일 미국에 3500억 달러(약 487조 원)를 투자하는 등의 조건으로 15%의 대미관세가 합의된 바 있다. 그러나 미 연방대법원이 지난 2월 20일 트럼프 정부가 추진한 국가별 상호관세에 위법 판결을 내리면서 상호관세는 발표 325일 만에 원칙적으로 무효가 됐다.

美, 무역법 301조 조사 개시
한국 등 16개국 추가 관세 목적

- 미국 무역대표부(USTR)가 3월 11일 한국·중국·일본 등 전 세계 16국에 대해 「무역법 301조(Section 301)」에 따른 조사에 착수한다고 밝혔다. 이는 트럼프 행정부가 연방대법원 판결로 무효화된 상호관세를 대체할 새로운 관세 부과 절차에 본격 착수한 데 따른 것이다.
- 1974년 제정된 무역법 301조는 미국의 무역을 제한하거나 부담을 주는 외국 정부의 불합리하거나 차별적인 정책에 대해 미국 정부가 관세 부과, 수입 쿼터 등의 보복 조치를 취할 수 있도록 한 규정을 말한다.

해당 조사는 왜? 도널드 트럼프 미국 대통령은 앞서 2월 20일 「국제비상경제권한법(IEEPA)」에 따른 국가별 상호관세는 무효라는 연방대법원의 판결이 나오자, 곧바로 무역법 122조에 따라 전 세계 모든 무역 상대국에 10%의 관세를 부과하고 무역법 301조 조사를 시작하겠다고 밝힌 바 있다.
제이미슨 그리어 USTR 대표는 이번 조사가 지속적으로 대규모 무역 흑자를 내는 나라들에 초점을 맞추고 있다고 밝혔다. 이번 조사 대상국에는 한국을 비롯해 중국, 유럽연합(EU), 싱가포르, 스위스, 노르웨이, 인도네시아, 말레이시아, 캄보디아, 태국, 베트남, 대만, 방글라데시, 멕시코, 일본, 인도 등 16개국이 포함됐다. 특히 USTR은 연방관보에 게시한 공고문에서 한국에 대해 「구조적 과잉 생산을 통해 지속적인 무역흑자를 거둔 증거가 존재한다」고 명시했다.

무역법 301조는 무엇? 1974년 제정된 무역법의 조항으로, 외국 정부의 무역 관행이 미국의 이익을 해치거나 국제무역 규범을 위반할 경우 미국 정부가 취할 수 있는 조치를 규정한 무역법 301~309조를 통칭하는 표현이다. 이는 미국이 세계무역기구(WTO)의 분쟁 해결 절차 등을 거치지 않고 독자적으로 보복할 수 있는 통상 무기로 꼽히는데, 조사는 미국 무역대표부(USTR)가 담당한다. 특히 301조는 관세율 상한이 없는 데다 국가별·품목별로 세밀하게 조정할 수 있어 특정 교역국을 압박하는 외교적 수단으로도 활용된다. 이는 4년마다 재검토가 의무화돼 있지만, 미국 기업들이 관세 유지를 주장하면 연장할 수 있어 사실상 영구적으로 유지될 수 있다. 다만 유지를 위해서는 대상국의 불공정 관행 입증, 기업 의견 수렴, 경제 분석, 공청회 등 준사법적 절차를 반드시 거쳐야 한다.
한편, 트럼프 대통령은 집권 1기이던 2017년 8월 지식재산권 침해와 강압적인 기술 이전 요구 문제를 들어 중국을 대상으로 301조를 처음 발동했으며, 이는 조사 개시로부터 11개월이 지난 2018년 7월에야 발효된 바 있다.

무역법 301조 vs 슈퍼 301조　무역법 301조는 1988년 제정된 종합무역법에 따른 이른바 「슈퍼 301조」와는 다른 개념으로, 슈퍼 301조는 USTR이 불공정 무역국을 직권으로 지정하고 협상을 강제할 수 있도록 한 내용이다. 슈퍼 301조는 1989~1990년 2년간 한시적으로 운영됐다가 폐기됐으나, 이후 빌 클린턴 행정부가 행정명령으로 세 차례 부활시키며 강력한 통상 압박 수단으로 활용됐다. 우리나라의 경우 1989년 자동차·반도체·농산물 시장 개방을 둘러싼 갈등으로 슈퍼 301조 적용 가능성이 제기됐으나 협상을 통해 이를 피한 바 있다.

구분	일반 301조	슈퍼 301조
근거 법률	1974년 무역법 301조	1988년 종합무역법
도입 취지	외국의 불공정하고 차별적 무역 관행에 대한 보복 조치	일반 301조의 절차 지연 문제 보완
상시 여부	상시 조항	한시 조항(행정명령으로 부활 가능)

美, 철강 완제품 관세 25% 일괄 부과
가전 수출 한국 기업에 부담 전망

- 도널드 트럼프 미국 행정부가 4월 2일 철강·알루미늄·구리 함량이 높은 파생제품에 대해 제품 가격 기준 25%의 관세를 일률적으로 부과하겠다고 밝혔다. 기존에는 제품에 포함된 철강 등의 함량 비중에 비례해 최대 50%의 관세를 부과했지만, 앞으로는 파생 완제품 가격에 25%의 관세를 일괄 적용하는 방식으로 단순화하겠다는 것이다.
- 이에 따라 세탁기와 냉장고 등 가전제품을 수출하는 한국 기업들이 영향을 받을 것으로 관측된다. 한편, 이번 관세 조정 조치는 4월 6일 오전 0시 1분(미 동부시간)부터 적용에 들어갔다.

철강 관세 조정 포고령 주요 내용　트럼프 대통령이 서명한 포고령에 따르면 철강·알루미늄·구리 함량이 전체 중량의 15%를 넘는 제품에 25% 관세가 일률 적용되며, 이들 금속 함량이 15% 이하인 완제품에는 해당 품목관세가 면제된다. 철강·알루미늄·구리에 대한 품목 관세는 50%가 유지되는데, 다만 해외업체의 저가 신고를 통한 관세 회피를 막기 위해 관세 부과 기준을 수출 신고가격이 아닌 미국 내 최종 구매가격으로 바꾸기로 했다. 아울러 미국산 철강·알루미늄·구리를 사용해 해외에서 생산된 제품에는 10% 관세가 적용되며, 일부 산업·전력망 장비에는 2027년까지 15%의 별도 관세가 부과된다.

한편, 트럼프 대통령은 이날 미국에서 생산되지 않은 의약품에 100% 관세를 부과하는 포고령에도 서명했다. 다만 미국과 별도의 무역합의를 체결한 한국·일본·유럽에는 15%, 영국에는 10%의 차등 관세율이 적용되며, 기업 규모에 따라 최대 180일의 유예기간이 주어진다.

미국 철강 완제품 관세 조정은?

품목	기존	변경
철강·알루미늄·구리 함량이 전체 중량의 15% 초과 제품	함량 비중에 따라 최대 50% 관세	25% 관세 일괄 적용
철강·알루미늄·구리 함량이 전체 중량의 15% 이하 제품		관세 면제
외국에서 제조됐으나 미국산 철강·알루미늄·구리로 제작된 제품	관세 면제	10% 관세
철강·알루미늄·구리	품목 관세 50% 유지	

대미투자특별법 국회 통과
한미 관세협상 후속 조치

대미 관세협상 후속 조치의 일환인 「한미 전략적 투자 관리를 위한 특별법」(대미투자특별법)이 3월 12일 국회 본회의를 통과했다. 이는 지난해 11월 한미 양국이 총 3500억 달러 규모의 전략적 투자에 관한 양해각서(MOU)에 서명하고, 더불어민주당이 특별법을 발의한 지 106일 만이다.

대미투자특별법 주요 내용 자본금 2조 원 규모의 「한미전략투자공사」를 설립해, 총 3500억 달러 규모의 전략적 투자 가운데 1500억 달러는 조선업 전용으로, 2000억 달러는 양국 경제 및 국가안보 이익을 증진하는 분야에 투자한다. 공사에는 한미전략투자기금이 설치되는데, 기금 재원은 공사 출연금, 위탁기관 사전 동의를 얻은 위탁자산, 한미전략투자채권 발행을 통해 조성한 자금 등으로 마련하도록 했다. 기금은 추후 미국 정부가 지정한 투자기구에 대한 출자와 투자, 조선 협력 투자지원을 위한 대출·보증 등에 사용될 예정이다. 한미전략투자운영위원회의 대미 투자 결정 시에는 「상업적 합리성」을 기준으로 고려하도록 규정했으며, 합리성이 충분히 확보되지 않은 대미투자를 추진할 경우에는 국회의 사전 동의를 거치도록 명시했다. 공사 사장의 임기는 3년으로, 그 자격은 금융이나 전략적 산업 분야에서 10년 이상 종사한 경험이 있는 자로 제한했다.

카타르, 한국 등에 LNG 장기계약 불가항력 선언
靑, 「연말까지 안정적 공급 가능」

- 카타르 국영 에너지 기업인 카타르에너지가 3월 24일 한국, 이탈리아, 벨기에, 중국 등과 맺은 액화천연가스(LNG) 장기계약에 대해 「불가항력(Force Majeure)」을 선언했다.
- 불가항력 선언은 전쟁이나 천재지변 등 통제 불가능한 사태로 계약을 정상적으로 이행할 수 없을 때, 배상 등의 법적 책임을 면하기 위해 해당 상황을 고지하는 것이다. 카타르의 해당 조치는 최근 이란의 미사일 공격으로 카타르 북부 라스라판 산업도시 내 LNG 생산시설이 큰 피해를 입은 데 따른 것이다.
- 한국은 카타르에서 LNG를 가장 많이 수입하는 나라 중 하나로 연간 900만~1000만t의 LNG를 카타르에서 들여오는데, 이는 국내 전체 LNG 수입량의 25~30%를 차지한다. 이에 따라 해당 조치가 실제 적용될 경우 계약 물량 공급이 장기간 차질을 빚을 가능성이 있다.

美 SEC, 「비트코인은 주식 아닌 디지털 상품」
가상자산 규제 불확실성 해소 기대

- 미국 증권거래위원회(SEC)가 3월 17일 비트코인과 이더리움 등 주요 가상자산을 연방 증권법상 규제 대상인 「증권」이 아닌, 「디지털 상품」으로 판단하는 유권 해석을 내렸다.
- 이는 대부분의 가상자산을 증권으로 간주해 온 전임 조 바이든 행정부 시절 SEC의 판단을 뒤집는 조치다. 시장에서는 가상자산 규제의 불확실성이 상당 부분 해소되는 계기가 돼 관련 생태계가 더욱 확대될 것이라는 평가가 나온다.

SEC의 해석, 그 이유는? SEC는 가상자산을 디지털 상품으로 분류한 데 대해 전통적 증권의 성립 요건인 「타인의 경영 노력에 따른 수익 기대」라는 특성이 가상자산에는 존재하지 않는다는 점을 근거로 들었다. 그러면서 SEC는 가상자산을 「기능적인 암호화 시스템의 프로그래밍 운용 및 수급에 연동돼 그에 따라 가치가 결정되는 암호자산」이라고 정의했다.

여기에 SEC는 가상자산을 ▷디지털 상품 ▷디지털 수집품 ▷디지털 도구 ▷스테이블코인 ▷디지털 증권 등으로 구분했다. 이 가운데 비트코인과 유사한 디지털 상품과 결제형 스테이블코인 등은 「증권이 아닌 자산」으로 분류했다. 또 대체불가토큰(NFT)이나 밈코인처럼 수집 목적이 강한 자산은 「디지털 수집품」으로 구분하고 증권 규제 대상에서 제외했다.

가상자산에 대한 미국 법령해석 지침안

유형	SEC 지위	예시
디지털 상품	증권 아님	비트코인, 이더리움, 리플, 솔라나 등
디지털 수집품	증권 아님	크립토펑크, 팬토큰 등
디지털 도구	증권 아님	멤버십 토큰, 이벤트 티켓 토큰 등
스테이블코인	원칙적으로 증권 아님	달러 기반 중앙화 스테이블코인 등
디지털 증권	증권 맞음	토큰화 주식, 토큰화 채권

中, 올해 성장률 35년 만에 4%대로 하향
국방비는 처음으로 400조 원 돌파

- 리창(李强) 중국 국무원 총리가 3월 5일 베이징 인민대회당에서 열린 전국인민대표회의(전인대) 업무보고에서 올해 성장률 목표치를 4.5~5.0%로 제시했다.
- 중국이 성장률 목표를 5.0% 미만으로 잡은 것은 톈안먼(天安門) 사태 영향으로 4.5%를 제시했던 1991년 이래 35년 만에 가장 낮은 것이다. 중국은 코로나19 이후인 2023년부터 지난해까지 3년 연속 「5% 안팎」의 성장률 목표를 제시했고, 실제 성장률은 각각 5.2%, 5.0%, 5.0%를 기록했다.
- 한편, 국방비 예산의 경우 지난해 대비 7.0% 늘어난 1조 9096억 위안(약 405조 원)으로 책정됐다. 이는 최근 2년간 7.2%를 기록한 것에 비해서는 0.2%p 낮아진 수준이지만, 금액면에서 한화 기준 400조 원을 돌파한 것은 이번이 처음이다.

> **전국인민대표회의(전인대)** 중국 헌법상 국회 기능을 하는 명목상 최고 국가권력기관으로, 당과 국무원(정부)의 결정을 추인하는 형식적 의사결정기구다. 전인대는 헌법 개정과 기본적인 법률의 제정, 국가 주석과 부주석의 선출, 총리(주석 지명)와 부총리(총리 지명) 임명, 경제계획과 국가예산의 승인, 전쟁과 평화문제의 결정, 그밖의 주요직권을 행사한다. 전인대가 열리지 않는 기간에는 상설기관인 상무위원회가 전인대의 소집, 법률의 해석 및 제정 등 전인대가 위임한 각종 기능과 권한을 행사한다.

韓, 4월 1일부터 세계국채지수 편입
외환·금융 안정 전망

- 한국 국채가 4월 1일부터 세계국채지수(WGBI)에 편입되면서, 앞으로 8개월 동안(11월까지) 순차적으로 편입 절차가 이뤄진다. WGBI는 추종 자금이 2조 5000억~3조 달러로 추정되는 세계 최대의 채권지수로, 편입국은 한국을 포함해 26개국이다. 한국 국채의 WGBI 예상 편입 비중은 지난해 10월 기준 2.08%로, 이는 전체 편입 국가 중 9번째로 큰 규모에 해당한다.

- WGBI를 관리하는 영국 파이낸셜타임스 스톡익스체인지(FTSE) 러셀은 지난 2022년 9월 한국을 관찰대상국에 등재했었다.

세계국채지수(WGBI·World Government Bond Index)　블룸버그-버클레이즈 글로벌 종합지수와 JP모던 신흥국 국채지수와 함께 세계 3대 채권지수 중 하나로, 영국 런던증권거래소(LSE) 파이낸셜타임스 스톡익스체인지(FTSE) 러셀이 발표한다. 이는 전 세계 투자기관들이 국채를 사들일 때 지표가 되는 지수로, WGBI 편입을 위해서는 ▷발행 잔액 500억 달러(액면가 기준) 이상 ▷신용등급 스탠더드앤드푸어스(S&P) 기준 A- 이상 ▷외국인 투자자의 시장접근성 요건을 갖춰야 한다.
현재 26개 나라의 국채가 WGBI에 편입돼 있는데, 각국별 지수 비중은 해당국 국채 시가총액 비중에 따라 업데이트되며 미국이 가장 큰 비중(41.3%)을 차지하고 있다. WGBI에 편입되면 외국계 자금이 국내 채권시장에 유입돼 국채 금리 안정을 꾀할 수 있고, 국채의 신뢰도가 높아지는 효과를 얻을 수 있다. 반면 외국인 채권 자금이 증가하면 위기가 발생했을 때 자금이 급격히 빠져나가면서 시장 변동성이 확대될 수 있다.

전쟁 추경 26.2조 국회 통과
소득 하위 70%에 고유가 피해지원금 지급

- 국회가 4월 10일 중동전쟁(미국·이스라엘 vs 이란)에 따른 유가 상승 등에 대응하기 위해 정부가 제출한 26조 2000억 원 규모의 전쟁 추가경정예산(추경)안을 처리했다.
- 이는 정부가 제출한 원안의 총액과 같은 것으로, 국회 심사 과정에서 7900억 원이 각각 삭감·증액된 결과다. 이번 추경의 핵심은 소득 하위 70%인 3256만 명에게 10만~60만 원의 고유가 피해지원금을 지급하는 4조 8000억 원 규모의 사업이 꼽힌다.
- 이번 추경으로 2026년도 정부의 총지출은 본예산(727조 9000억 원) 대비 11.8% 늘어난 753조 원으로 확정됐다. 그리고 총수입은 본예산(675조 2000억 원)보다 7.5% 증가한 700조 6000억 원이 됐다.

추경안 주요 내용

고유가 피해지원금 지급　소득 하위 70%에 해당하는 국민 3577만 명에게 10만~60만 원을 지급하는 고유가 피해지원금은 정부안대로 4조 8000억 원이 반영됐다. 지원금은 소득수준(기초생활수급자, 차상위계층, 소득 하위 70% 가구)과 수도권 및 비수도권, 인구감소지역 여부에 따라 차등적으로 지급된다. 그리고 석유 최고가격제(※ 시사용어 참조) 지원을 위한 예산도 정부안(4조 2000억 원)이 유지됐는데, 이는 석유 최고가격제 시행에 따른 정유사의 손실 등을 보전하는 데 사용된다.
한편, 정부가 4월 12일 발표한 「고유가 피해지원금 지급 계획」에 따르면 기초생활수급자·차상위계층·한부모가족 등 321만 명을 대상으로 한 1인당 45만~60만 원의 1차 지원금이 4월 27일부터 5월 8일까지 지급된다. 이어 5월 초·중순까지 건강보험료 납부액과 재산, 맞벌이 여부 등을 따져 취약계층이 아닌 소득 하위 70%(3256만 명)를 선정, 5월 18일부터 7월 3일까지 1인당 10만~25만 원의 2차 지원금이 지급된다. 피해지원금은 신용·체크카드 충전, 선불카드, 지역사랑상품권(지역화폐) 등으로 받을 수 있으며, 8월 31일까지 다 쓰지 않은 지원금은 소멸돼 국고로 반환된다.

고유가 피해지원금 지원 액수

구분	1차 지급(4월 27일~5월 8일)		2차 지급(5월 18일~7월 3일)
	차상위계층·한부모가정	기초생활수급자	소득 하위 70%(1차 지급 대상자 제외)
수도권	45만 원	55만 원	10만 원
비수도권	50만 원	60만 원	15만 원
인구감소지역			20만 원
인구감소지역(특별)			25만 원

K-패스 지원 확대 및 나프타 예산 증액 K-패스(모두의 카드) 환급 지원사업은 정부안(877억 원)보다 1000억 원을 증액했는데, 이에 따라 K-패스 환급형은 환급률을 50%로 높이고, 정액형은 반값 할인을 제공한다. 여기에 중동사태로 수급이 불안해진 나프타(석유화학산업 기초 원료) 수급 안정화를 위한 예산도 정부안보다 2000억 원이 증액돼 총 6743억 원이 됐다. 이와 함께 ▷농기계 유가 연동보조금 신설 ▷농림·어업인 면세경유 유가연동보조금 상향 ▷연안여객선 유류비 부담 완화 ▷무기질 비료 지원 확대 등을 위해 2000억 원을 추가 반영키로 했다.

기타 국민의힘이 시급성이 낮다며 감액을 요구한 체납관리단 및 농지조사원 단기일자리 사업, 관광객 유치 사업 등은 일부 감액·변경되거나 원안대로 통과됐다. 그리고 ▷중소기업 모태조합 출자 ▷K-콘텐츠 펀드 출자 ▷내일배움카드 일반 사업 ▷국민문화활동 지원 등과 관련한 예산 항목 일부는 긴급성이 상대적으로 낮다는 판단으로 감액이 이뤄졌다.

추경에 포함된 주요 사업은?

구분	주요 내용
고유가 피해지원금	소득 하위 70%에 1인당 10만~60만 원 지급(4조 8000억 원)
K-패스 지원 확대	• 환급형 기본 환급률 20 → 30% • 정액형은 가격을 절반 이상 낮춘 「3만 원 반값 패스」 출시
나프타 수급 지원	수입 비용 일부 지원
농어민 유가연동보조금	시설 농가 및 어업인 대상

韓-싱가포르, FTA 개선협상 개시 합의
SMR 공동 개발도 협력

- 이재명 대통령이 3월 2일 로렌스 웡 싱가포르 총리와 정상회담을 갖고 「한·싱가포르 자유무역협정(FTA) 개선협상 개시 합의 공동선언문」을 발표했다. 싱가포르는 한국의 아세안(ASEAN) 첫 FTA 체결국으로, 양국 간 FTA는 2006년 발효돼 올해로 20주년을 맞았다.
- 선언문에는 공급망, 녹색 경제, 무역 원활화, 항공 MRO(유지·보수·운영) 등 4개 분야 FTA를 개선해 양국 간 통상 협력을 선진화하자는 내용이 명시됐다. 또 양국은 과학기술 분야 협력 등을 위한 양해각서(MOU) 5건을 체결했으며, 특히 미래 전원으로 꼽히는 소형모듈원자로(SMR) 분야의 협력을 확대하기로 했다.

> **소형모듈원자로(SMR·Small Modular Reactor)** 발전용량이 300MW급 정도인 소형 원자력발전소로, 차세대 원전으로 주목받고 있다. 대형 원전에 비해 건설 기간이 짧아 비용을 절감할 수 있고, 모든 장비가 원자로 안에 들어가 있어 상대적으로 안전한 것이 특징이다. 그러나 발전 단가에 대해서는 논란이 있으며 크기만 작아진 원전이라는 비판도 있다.

정부, 엘리엇 ISDS 취소소송 승소
1600억 배상 책임 소멸

- 법무부가 2월 23일 미국계 헤지펀드 엘리엇 매니지먼트를 상대로 한 국제투자분쟁(ISDS) 중재판정 취소소송에서 승소했다고 밝혔다. 이는 삼성물산과 제일모직 합병 과정에서 의결권을 행사했던 국민연금공단을 두고 「국가배상 책임 주체인 국가기관이 아니다」라는 정부의 주장이 수용된 데 따른 것이다.
- 이번 판결로 정부의 배상 책임을 인정한 기존의 원 중재판정은 더는 유지될 수 없게 됐으며, 사건은 다시 중재절차로 환송됐다. 이에 정부는 약 1600억 원(올 2월 기준)에 이르는 배상 책임을 면하게 됐다.
- 우리 정부는 앞서 지난해 11월 외국계 사모펀드 론스타와의 외환은행 매각 관련 ISDS 중재판정 취소신청 사건에서도 승소하며 약 4000억 원 규모의 배상 책임에서 벗어난 바 있다.

> **국제투자분쟁(ISDS·Investor State Dispute Settlement)** 외국인 투자자가 투자한 국가에서 부당한 대우, 급격한 정책 변화 등을 이유로 손해를 입었을 때 국제 소송을 제기해 구제를 받을 수 있도록 한 제도. 국제투자분쟁해결센터(ICSID)에서 절차를 진행하며 총 3명으로 구성된 중재판정부에서 다수결로 판정을 내린다. 판정은 단심제로 진행되며, 협정 위반 판정이 결정되면 투자 대상국 정부는 투자자에게 배상금을 지급해야 한다.

엘리엇 소송은 무엇? 엘리엇은 2015년 이재용 삼성전자 회장의 경영권 승계 과정에서 삼성물산과 제일모직의 합병 비율이 삼성물산에 불리했는데도, 주요 주주였던 국민연금공단이 이에 찬성해 삼성물산 주주에게 손해를 끼쳤다며 2018년 7월 한미 자유무역협정(FTA)에 근거해 ISDS를 제기했다. 이에 2023년 6월 국제상설중재재판소(PCA)는 한국 정부가 엘리엇에 약 1556억 원(약 1억 782만 달러)을 지급해야 한다는 판정을 내렸으나, 우리 정부는 같은 해 7월 중재지인 영국 법원에 중재판정 취소소송을 제기했다. 이후 1심인 영국 고등법원은 2024년 8월 한국 정부의 소를 각하했지만, 2심인 영국 항소법원은 한국 정부의 항소를 받아들여 사건을 다시 1심 법원인 고등법원으로 환송했다.

정부, 쉰들러와의 ISDS 분쟁도 완승 국제상설중재재판소(PCA) 중재판정부가 3월 14일 쉰들러가 지난 2018년 대한민국을 상대로 제기한 국제투자분쟁(ISDS) 사건에 대해 만장일치로 대한민국 전부 승소를 판결했다. 이로 인해 쉰들러가 중재 절차에서 주장한 3250억 원 상당의 손해배상 청구는 모두 기각됐고, 우리 정부의 소송비용 약 96억 원도 쉰들러 측으로부터 돌려받게 됐다. 쉰들러는 2013~2015년 진행된 현대엘리베이터 유상증자 과정에서 정부가 조사·감독 의무를 소홀히 해 손해를 입었다며 2018년 ISDS를 제기했는데, 당시 쉰들러는 현대엘리베이터의 2대 주주였다.

💡 우리 정부의 쉰들러에 대한 승소는 ▷지난해 11월 외국계 사모펀드 론스타와의 외환은행 매각 관련 소송(4000억 원 규모)에서의 승소 ▷지난 2월 미국계 헤지펀드 엘리엇 매니지먼트와의 소송(1600억 원 상당) 승소에 이은 3연승이다.

기업의 자사주 소각 의무화
3차 상법 개정안 통과

- 국회가 2월 25일 기업이 보유한 자사주(자기 주식)의 원칙적 소각을 의무화하는 3차 상법 개정안을 가결했다. 다만 임직원 보상, 우리사주 등 일정한 요건에 해당하면 자사주를 보유·처분할 수 있지만, 이 경우 매년 주총에서 승인을 받아야 한다.

- 이번 3차 상법 개정안에 앞서 더불어민주당은 기업의 이사 충실 의무 대상을 회사에서 주주로 확대(1차 상법 개정)하고, 집중투표제 의무화와 감사위원 분리 선출을 확대(2차 개정)하는 내용의 법안을 통과시킨 바 있다.

> **자사주 소각(Retirement (cancellation) of shares)** 회사가 자사의 주식을 취득해 소각하는 것으로, 발행주식수를 줄여 주당가치를 높이는 방법을 통해 주주 이익을 꾀하는 기법이다. 자사주를 매입해 소각하는 경우 본질적으로 기업의 가치는 불변이지만, 주식수가 줄어들어 1주당 가치는 높아지게 된다. 특히 자사주 소각은 주가관리 효과가 자사주 매입보다 높은 것이 일반적인데, 이는 주식수가 줄기 때문에 물량 부담이 없어지고 자사주 펀드처럼 나중에 매물로 나올 염려도 없기 때문이다.

1·2·3차 상법 개정안 주요 내용

1차(2025년 7월 3일 통과)	• 이사의 충실의무 대상을 주주로 확대 • 전자투표 상장사 도입 및 대규모 상장사 의무화
2차(2025년 8월 25일 통과)	• 집중투표제 의무화 • 감사위원 분리선출 확대
3차(2026년 2월 25일 통과)	• 자사주 취득 시 1년 내 소각 원칙 • 기존 자사주 1년 6개월 내 소각(6개월 유예기간) • 임직원 보상, 우리사주 등 주주총회 승인 시 예외

공정위, 과징금 고시 개정안 행정예고
담합 과징금 하한선 20배로 상향

- 공정거래위원회가 3월 9일 담합이 적발되면 과징금으로 관련 매출액의 10% 이상을 부과하는 등의 내용을 담은 「과징금 부과 세부기준 등에 관한 고시」 개정안을 30일까지 행정예고했다.
- 지금까지는 과징금 액수가 매출액의 0.5%부터 시작했지만, 이번 예고안에 따라 부과 하한선이 20배로 높아지게 됐다. 이러한 조치는 과징금이 법 위반으로 얻게 되는 부당 이득을 넘어설 수 있도록 해 제재 실효성을 높이려는 취지다.

> **담합(談合)** 사업자가 협약·협정·의결 또는 어떠한 방법으로 다른 사업자와 서로 짜고 물건의 가격이나 생산량 등을 조정하는 방법으로 제3의 업체에 대해 부당하게 경쟁을 제한하거나, 이를 통해 부당한 이익을 챙기는 행위를 말한다. 이는 「독점규제 및 공정거래에 관한 법률(공정거래법)」에 규정된 불법행위로, 정부에서는 담합 금지 및 처벌을 법으로 명시해 두고 있다.

공정위 고시 개정안 주요 내용

부과기준율 하한 상향 공정위는 우선 과징금 산정 시 적용되는 부과기준율 하한을 대폭 상향키로 했다. 담합의 경우 현재 중대성이 약한 위반에는 0.5%, 중대한 위반은 3.0%, 매우 중대하면 10.5% 등의 하한이 적용되고 있으나, 앞으로는 이를 각각 10%, 15%, 18%로 높인다. 부당지원과 사익편취 과징금 부과기준율 하한도 현행 20%에서 100%로 5배 상향하며, 상한도 160%에서 300%로 올리기로 했다.

과징금 감경 관련 조항 축소 과징금 감경 관련 조항도 축소하는데, 지금까지는 조사 및 심의 단계에서 협조하면 최대 20%까지 감경받을 수 있었으나 앞으로는 10%까지로 축소한다. 자진시정에 따른 감경률도 최대 30%에서 10%로 줄이고, 「가벼운 과실에 대한 감경(10%)」 규정은 삭제한다. 특히 공정위 조사에 협조해 감경받은 사업자가 향후 기존 진술을 번복할 경우 감경 혜택을 직권 취소할 수 있도록 하는 조항을 신설할 방침이다.

상습적 법 위반 시 과징금 강화 기존 1회 법 위반 전력 시 10%만 가중 처벌됐으나, 앞으로는 최대 50%까지 가중될 수 있으며 반복 위반 시 가중 비율이 최대 100%까지 높아진다. 특히 담합의 경우 과거 10년간 1회라도 과징금 부과 경력이 있으면 100% 가중하도록 했다.

공정거래위원회 과징금 실효성 강화 방안

과징금 부과기준율 하한 상향	• 담합 과징금 하한 관련 매출액: 0.5 → 10% • 부당지원 과징금 하한 제공금액: 20 → 100%
임의 감경 축소 및 삭제	• 조사 및 심의 협조 감경: 20 → 10% • 자진 시정 감경 최대: 30 → 10%
반복 위반 처벌 가중	• 5년 내 1회 위반 전력 시: 10 → 최대 50% • 법 위반 횟수에 따라 최대 100% 부과

정부, 돼지고기·고등어·암표 등 23개
민생물가 특별관리 품목 선정

- 정부가 3월 12일 「민생물가 특별관리 관계장관 태스크포스(TF) 회의」에서 「민생물가 특별관리 품목」 23개를 선정했다.
- 이들 품목은 최근 담합이나 암거래를 비롯해 시장 질서를 교란하는 행위가 당국에 적발됐거나 생산량 및 기상 변화로 수급이 불안정해 특별관리 대상으로 선정됐다. 23개 지정 품목 중 돼지고기·냉동육류·달걀·고등어·쌀·콩·마늘·수입과일·김·밀가루·전분당·식용유·가공식품 등 장바구니 물가와 관련된 먹거리 품목이 13개로 가장 많다.
- 정부는 특별관리 대상에 오른 품목들의 가격 변화를 집중 점검한다는 방침으로, 상반기 내로 구체적인 성과를 거둬 체감 물가를 안정시킨다는 목표다. 앞서 공정거래위원회가 담합 사건에 대해 엄벌을 예고하자, 식품업계는 설탕과 밀가루 가격을 4~6% 내린 바 있다.

물가 안정을 위해 정부가 선정한 23개 특별관리 품목

민생 핵심 먹거리	돼지고기, 냉동육류, 계란, 고등어, 쌀, 콩, 마늘, 김, 수입과일, 밀가루, 전분당, 식용유, 가공식품
민생 핵심 서비스	석유류, 아파트 관리비, 집합건물 상가 관리비, 통신비, 암표
민생 핵심 공산품	인쇄용지, 필수 생활용품, 교복, 생리용품, 의약품

다주택자 주담대 연장 4월 17일부터 금지
수도권 규제지역 1.7만 채 대상

- 금융위원회가 4월 17일부터 수도권·규제 지역 아파트를 보유한 다주택자의 아파트 주택담보대출(주담대)의 만기 연장을 금지하는 「2026년도 가계부채 관리 방안」을 발표했다.
- 다만 어린이집 등 공익 목적이 인정되거나 준공 후 미분양 주택 등 규제 적용이 곤란한 경우는 주택 산정에서 제외한다. 또 만기 연장 제한 대상이 되는 주택도 임차인 보호를 위해 임대차 계약이 남아 있거나 계약갱신청구권을 행사한 경우에는 계약 종료시점까지 만기 연장을 허용하는 등의 예외를 뒀다. 아울러 무주택자가 임차인이 있는 다주택자의 주택을 구입할 수 있도록 연말까지 토지거래허가 신청을 하고 허가일로부터 4개월 내에 계약을 체결하면 임대차 계약 종료일까지 실거주 의무가 유예된다.

- 금융감독원에 따르면 이번 조치로 담보대출 연장이 안 돼 만기 시 일시 상환 대상이 되는 주택 규모는 1만 7000가구(대출액 4조 1000억 원)로, 이 가운데 올해가 대출 만기인 물량은 약 1만 2000가구(2조 7000억 원)다.

다주택자 대출 만기 연장 예외적 허용은?(임차인 있는 경우)

발표일(4월 1일) 기준 체결된 임대차 계약이 있을 시	• 기존 임차인과의 연장계약: 연장계약의 종료일까지 만기 연장 • 후속 임차인과의 신규계약: 신규계약의 종료일까지 만기 연장
발표일 이후 갱신된 임대차 계약의 경우	• 대책 시행일 전일(4월 16일)까지 이뤄지는 묵시적 갱신: 갱신계약 종료일까지 만기 연장 • 7월 31일 전에 종료되는 임대차 계약에 대한 계약갱신청구권 행사 시: 갱신계약 종료일까지 만기 연장

정부, 로봇·AI 등 4대 메가특구 추진
수도권 집중 해소 「5극3특」 연계

- 이재명 대통령이 4월 15일 청와대에서 주재한 규제합리화위원회 첫 회의에서 「5극3특 지원을 위한 메가특구 추진방안」이 발표됐다. 메가특구는 5극3특과 연계해 지역경제 성장과 국가 전략산업 육성을 위한 대규모 핵심성장 거점을 이른다.
- 여기에 이 대통령은 첨단산업 분야의 규제를 「네거티브 방식」으로 바꿔 국제적 경쟁력을 갖춰야 한다고 강조했는데, 네거티브 규제는 법령·정책에서 금지한 항목만 빼고 나머지는 모두 허용하는 방식을 말한다.

> **5극3특** 수도권·동남권·대경권·중부권·호남권 등 5대 초광역권과 제주·강원·전북 3대 특별자치도로 전국을 재편, 수도권 집중 현상 등을 해결하려는 균형성장 전략을 말한다. 즉, 현재 수도권 1극 체제에서 벗어나 전국을 5개 초광역권(극)과 3개 특별자치도(특)로 재편하는 것이다.

4개 분야 메가특구 지정 윤창렬 국무조정실장과 김정관 산업통상부 장관은 ▷로봇 ▷재생에너지 ▷바이오 ▷인공지능(AI) 자율주행차 등 4개 분야의 메가특구를 지정해 재정·세제·연구개발(R&D) 등 종합 정책지원 패키지를 제공하겠다고 보고했다. 기존의 특구는 특정지역에 예외적 권한과 혜택을 부여하는 제도로, 현재 2400여 개 지역에서 80여 개의 특구가 운영되고 있다. 하지만 메가특구는 기존 특구와 달리 광역·초광역을 대상으로 소수의 핵심 전략산업에 대해 설정되며, 메가특구 지정 시 ▷메뉴판식 규제 특례 ▷수요응답형 규제 유예 ▷규제 샌드박스 등 각종 규제 특례와 지원이 집중적으로 제공된다.

메가특구 지정은 지자체·기업이 계획을 수립해 신청하면, 규제합리화위 등의 심의·의결을 거쳐 산업부 장관이 지정하는 방식으로 이뤄진다. 정부는 이를 위해 올해 안에 가칭 「메가특구특별법」을 국회와 협의해 제정한다는 방침이다.

메가특구 7대 통합 지원 패키지

분야	주요 지원 내용
재정	대규모 투자 시 성장엔진 특별보조금 신설 및 지원
금융	국민성장펀드·지역성장펀드 등 투자, 정책금융 대출금리 우대
세제	기회발전특구, 통합투자·고용·R&D 세액공제 등 활용해 세제 혜택 제공
인재	거점국립대 성장엔진 단과대 및 융합연구원 9개 신설, 산학융합지구 확대
인프라	첨단 국가산단, RE100 산단 등 권역별 거점 조성
기술·창업	지역별 성장엔진 통합패키지형 R&D 확대, 창업도시 10개 조성
제도	기업투자 원스톱 지원센터 운영, 인허가 신속처리시스템

국민성장펀드, 2차 메가프로젝트 선정
바이오·새만금·OLED 등에 10조 원 투입

금융위원회가 4월 14일 「국민성장펀드 제2차 전략위원회」를 열고 바이오·유기발광다이오드(OLED) 디스플레이·모빌리티·소버린 인공지능(AI) 등 6개 분야에 10조 원 이상을 투자하는 2차 메가프로젝트를 발표했다. 또 첨단산업 생태계 강화 차원에서 향후 5년간 50조 원 이상의 자금을 공급한다는 방침도 내놓았다.

2차 메가프로젝트 주요 내용 금융위가 선정한 2차 메가프로젝트는 ▷차세대 바이오·백신설비 구축 및 연구개발(R&D) 지원 ▷디스플레이 유기발광다이오드(OLED) 초격차 확보 ▷무인기 동체·전자장비 및 동력체계의 연구·제작과 양산 지원 ▷소버린 AI 경쟁력 강화 ▷지방 대규모 태양광 및 육상 풍력 발전 ▷새만금 첨단벨트의 로봇·수소·재생에너지 등 6개 분야다.

우선 바이오 산업은 임상 3상 절차를 진행 중인 기업에 지분투자나 대출 형태로 지원하며, 디스플레이 OLED의 경우 개별 기업의 단독 추진이 어려운 설비투자 자금을 지원한다. 소버린 AI는 국내 AI 생태계를 조성하기 위한 차원에서 진행되며, 최근 현대차 등이 대규모 투자안을 발표한 전북 새만금 첨단벨트의 로봇·수소·재생에너지 등 거점 구축사업에도 자금을 지원한다. 이 밖에 금융위는 첨단산업 생태계 지원 강화를 위해 연간 10조 원씩 5년간 50조 원의 자금을 직·간접투자 및 대출을 통해 제공한다. 이는 직접 투자 15조 원, 간접투자(펀드 방식)는 35조 원이 각각 투입될 예정이다.

2차 메가프로젝트 개요

지원 분야	주요 내용
차세대 바이오·백신	임상 3상 신약 개발 위한 설비 투자자금 지원
OLED 디스플레이	고부가가치 OLED 설비 구축
모빌리티·방산	무인기 생산설비 구축
소버린 AI	소버린 AI 모델과 민간 AI 데이터센터 구축 지원
에너지	지역별 태양광발전소, 육상 풍력단지 건설
새만금 첨단벨트	새만금에 로봇, AI, 수소 거점 지원

산업용 전기요금 체계, 49년 만에 개편
「낮에 내리고 밤에 올린다」 4월 16일부터 시행

기후에너지환경부가 4월 16일부터 산업용(을)과 전기차 충전용 전력을 중심으로 「계절·시간대별(계시별) 요금체계 개편안」을 시행한다고 14일 밝혔다. 산업용(을)은 시간당 계약전력이 300kW 이상인 기업(주로 대기업)이 적용받는 요금체계로, 전체 전력 소비의 약 46%를 차지한다. 개편은 낮 시간대 전기요금은 낮추고, 저녁 시간대는 높이는 방식으로 이뤄진다.

산업용(을) 전기요금 개편 어떻게? 우선 평일 오전 11~12시, 오후 1~3시 구간이 최고요금(최대부하)에서 중간요금(중간부하)으로 조정되고, 오후 6~9시 구간은 중간요금에서 최고요금으로 변경된다. 또 전력 사용량이 적은 봄·가을(3~5월, 9~10월) 주말과 공휴일 오전 11시~오후 2시에는 요금이 50% 할인된다. 기후부는 이번 개편으로 산업용(을) 요금제 적용 사업장 전기료가 1kWh당 1.7원이 줄어들 것으로 예상된다고 밝혔다. 다만 산업용(을) 요금제를 적용받는 사업장 514곳이 9월 30일까지 개편안 적용 유예를 신청했다고 설명했다.

한편, 산업용(갑)Ⅱ, 일반용(갑)Ⅱ, 일반용(을), 교육용(을) 등 계절·시간대별 요금이 적용되는 다른 종별은 6월 1일부터 개편안이 적용된다. 또 주택용에 대해서도 계절·시간대별 요금 적용 대상이 확대될 방침이다.

삼성전자, 1분기 영업이익 57.2조로 역대 최대
한국 기업 사상 최대 실적

- 삼성전자가 4월 7일 1분기 매출이 전년 같은 기간보다 68% 늘어난 133조 원, 영업이익은 755% 급증한 57조 2000억 원으로 잠정 집계됐다고 밝혔다.
- 이는 지난해 4분기 세웠던 종전 기록을 한 분기 만에 넘어선 데다, 증권가 전망치(40조 원 안팎)도 크게 웃도는 「어닝 서프라이즈」다. 아울러 분기 기준으로 한국 기업 최대이고, 전 세계 기업을 통틀어도 애플·엔비디아에 이어 세 번째(사우디 아람코 제외) 기록이기도 하다.
- 이러한 호실적은 인공지능(AI) 확산으로 HBM(고대역폭메모리)과 서버용 D램 수요가 지난해부터 급증하며 반도체 슈퍼사이클이 본격화한 데 따른 것이다. 삼성전자는 메모리와 파운드리를 동시에 보유한 종합 반도체 기업으로, 지난 2월에는 6세대 고대역폭메모리인 HBM4를 세계에서 가장 먼저 양산 출하에 성공하면서 기술 경쟁력도 회복한 바 있다.

> **반도체 슈퍼사이클** 수요 폭증 등에 따른 가격 및 수익성 급등으로 반도체 산업에서 4~5년 주기로 장기간 가격과 실적이 크게 오르는 초호황 국면을 이르는 말이다. 그동안 ▷1990년대 중반의 PC ▷2000년대 중반의 인터넷 ▷2010년대의 스마트폰 ▷2017~2018년의 AI와 사물인터넷 ▷2020~2021년 데이터센터 수요 증가 등의 상황에서 반도체 슈퍼사이클이 형성된 바 있다.
>
> **어닝 서프라이즈(Earning Surprise)** 어닝시즌에 발표된 실제 실적이 시장의 예상치를 훨씬 초과하는 것으로, 어닝시즌은 기업들의 실적 발표 시기를 말한다. 반면 영업 실적이 예상보다 낮아 주가 하락이 예상되는 것은 「어닝쇼크(Earning Shock)」라고 한다.

국가총부채 6500조 첫 돌파,
GDP의 2.5배

- 국제결제은행(BIS)의 3월 23일 발표에 따르면 지난해 9월 말 기준 한국의 비금융부문 신용은 6500조 5843억 원으로 집계, 국가총부채가 처음으로 6500조 원을 넘어섰다.
- BIS의 비금융 부문 신용은 자금순환 통계를 기반으로 정부·가계·기업 부채를 모두 합산한 개념으로, 국가 간 비교를 위해 활용된다. 특히 경제성장이나 자산가격 상승이 얼마나 부채에 의존하고 있는지를 보여주는 대표 지표다. 한국의 국내총생산(GDP) 대비 국가총부채 비율은 지난해 3분기 말 기준 248%로 나타났는데, 이는 부채 규모가 GDP의 약 2.5배 수준에 이른다는 의미다.
- 부문별로 보면 정부부채가 1250조 7746억 원으로 전년 동기 대비 9.8% 늘면서 가장 빠른 증가율을 나타냈다. 그리고 가계부채는 2342조 6728억 원, 기업부채는 2907조 1369억 원으로 각각 3.0%, 3.6% 늘었다.

韓 국민소득, 日·대만에 역전 당해
12년째 3만 달러대

- 한국은행이 3월 10일 공개한 「2025년 4분기(10~12월) 및 연간 국민소득(잠정)」 통계에 따르면 지난해 한국의 1인당 국민총소득(GNI)은 3만 6855달러(약 5427만 원)였다. 이는 전년(3만 6745달

러) 대비 0.3% 늘어난 것이지만, 3년 만에 일본(3만 8000달러, 추정치)과 대만(4만 585달러) 모두에 역전을 당한 것이다.

- 1인당 GNI는 한 국가의 국민이 국내외에서 벌어들인 소득을 총인구로 나눈 뒤 달러로 환산한 값이다. 이는 개별 국민의 실질적인 소득과 생활 수준을 보여주는 지표인데, 일반적으로 실질 GDP가 증가하면 1인당 GNI도 함께 올라간다.
- 한편, 한국의 1인당 GNI는 2014년 처음 3만 달러를 넘어선 뒤 12년째 3만 달러대에 머물고 있는 상태다.

한국의 1인당 GNI, 일본·대만에 밀린 이유는? 지난해 1인당 국민총소득(GNI)에서 한국이 일본·대만에 밀린 주된 이유로는 상대적으로 낮은 경제성장률과 원화 약세 현상이 꼽힌다. 우선 한국의 지난해 경제성장률은 코로나19가 확산된 2020년(−0.7%) 이후 가장 낮은 1.0%였다. 반면 대만의 지난해 성장률은 8.7%에 달했으며, 일본도 1.2%로 한국보다 높았다. 여기에 지난해 연평균 원−달러 환율은 1422원으로, 전년 대비 4.3% 오른 바 있다.

2025년 한국·일본·대만의 1인당 GNI 비교

한국	3만 6855달러
일본	3만 8000달러(추산치)
대만	4만 585달러

국내 남성 청년층 경제활동참가율, 25년 새 7.6%p 하락
OECD 국가 중 하락폭 최대

- 한국은행 조사국 고용연구팀이 4월 14일 발표한 「남성 청년층 경제활동참가율의 하락 추세 평가」 보고서에 따르면, 우리나라 남성 청년층(25~34세)의 경제활동참가율은 2000년 89.9%에서 2025년 82.3%로 낮아졌다.
- 이는 경제협력개발기구(OECD) 국가 중 가장 가파른 하락세로, 같은 기간 OECD 평균 남성 청년층 경제활동참가율은 93.2%에서 90.6%로 하락했다. 특히 같은 연령대의 여성 경제활동참가율이 지난해 77.1%로, OECD 평균(76.3%)을 소폭 상회하는 것과는 대조적이다.
- 한은은 이에 대해 고학력 여성의 경제활동참가율이 가파르게 상승하면서 일자리 경쟁이 치열해지고, 고령화와 정년 연장 등도 주요 배경으로 꼽았다. 이 밖에 산업구조 변화와 인공지능(AI)의 등장도 영향을 미친 것으로 분석했다.

노란봉투법, 3월 10일 시행
사용자 범위·노동쟁의 정의 등 확대

- 기업의 과도한 손해배상 청구를 제한하고 노동자의 교섭권을 확대하는 내용의 「노란봉투법」(노동조합 및 노동관계조정법 2·3조 개정 법률)이 3월 10일 시행됐다.
- 이에 앞서 2월 24일에는 노란봉투법의 구체적인 법 지침이 담긴 시행령과 해석지침이 국무회의에서 의결됐으며, 27일에는 고용노동부의 「원·하청 교섭 절차 매뉴얼」 발표가 이뤄졌다.
- 한편, 노동부는 교섭의 기준이 되는 사용자성 판단을 둘러싼 혼선을 최소화하기 위해 「단체교섭 판단지원위원회」를 운영한다. 이는 법률·현장 전문가 8명이 참여하는 정부 유권해석 자문기구로, 원·하청에서 반복적으로 제기될 수 있는 주요 쟁점에 대한 판단 기준과 방향성을 제시하게 된다.

노란봉투법은 무엇? 노란봉투법은 크게 노조법상 교섭 의무가 있는 사용자 범위와 노동쟁의 정의 확대(2조), 쟁의행위에 대한 손해배상 책임 개별화(3조)를 주요 내용으로 한다. 구체적으로 「근로계약 체결 당사자가 아니더라도 근로조건을 실질적·구체적으로 지배·결정할 수 있는 자」를 사용자로 인정하는 조항을 신설해 사용자의 범위를 넓혔다. 또 노동쟁의의 범위를 근로조건의 결정과 근로조건에 영향을 미치는 사업경영상의 결정 등으로 확장했다. 그리고 노조법 제3조에 다수의 신설 조항을 두어 파업 노동자에 대한 손해배상 청구를 합리적으로 제한했는데, 여기에는 ▷정당방위 조항 ▷남용 금지 조항 ▷책임 감경 규정 ▷신원보증인 면책 등이 포함된다.

노란봉투법 시행으로 달라지는 것들은?

사용자 범위 확대	근로조건을 실질적으로 지배·결정하는 자도 사용자로 인정
노동쟁의 대상 범위 확대	임금·근로조건뿐 아니라 구조조정·사업장 이전 등 경영상 결정도 쟁의 대상에 포함
단결권 보장 강화	노조에 근로자가 아닌 자가 일부 포함되어도 설립 신고 가능
합리적 손해배상 책임 범위 설정	불법행위에 대한 기여도·지위 등에 따라 책임 비율 산정, 법원에 배상액 감면 청구권 신설

노란봉투법 시행령 등 최종 확정(2. 25.) 정부는 앞서 2월 24일 국무회의에서 노란봉투법 적용의 기준이 되는 시행령과 해석지침을 최종 확정했다. 시행령에 따르면 원청 노조와 하청 노조가 다수일 때 「교섭창구 단일화」를 원칙으로 하되, 하청 노조 간에 이해관계나 특성이 다르면 원청 사업자와 따로 교섭할 수 있도록 했다. 또 해석지침에는 하청 노조가 원청에 교섭을 요구하려면 원청 기업이 하청 노동자의 인력 운용과 근로시간, 작업 방식 등을 결정하며 「구조적으로 통제」해야 한다는 내용이 담겼다. 아울러 지침에서 노동쟁의 대상이 되는 근로자 배치전환 범위도 구체화했는데, 일상적인 인사 발령은 쟁의 대상에서 제외하고 구조조정에 따른 배치전환임을 적시했다.

하지만 노란봉투법에 대해 경영계와 노동계 모두 반발하고 있어 향후 노사 간 소송이 적지 않을 것이라는 전망이다. 경영계는 사용자 범위가 지나치게 모호하고 광범위하다며 반발하고 있으며, 노동계는 교섭창구 단일화로 노동자의 교섭권이 제약될 수 있다는 비판을 내놓고 있다.

노동부, 「원·하청 교섭 절차 매뉴얼」 발표(2. 27) 김영훈 고용노동부 장관과 박수근 중앙노동위원회 위원장이 2월 27일 하청 노조가 원청 기업에 교섭을 요구할 때 원청 노조와 교섭 창구 단일화 절차를 거칠 필요가 없다는 내용 등을 담은 「원·하청 교섭 절차 매뉴얼」을 발표했다. 해당 매뉴얼은 노란봉투법 시행에 따른 각종 교섭 절차와 교섭 단위 결정, 사용자성 인정 관련 분쟁에서 구체적인 판단 기준이 된다. 매뉴얼은 복수의 하청 노조가 있을 때는 원칙적으로 교섭 창구를 단일화해 원청 기업과 교섭을 진행하도록 했다. 하지만 하청 노조끼리 창구 단일화가 불가능하다고 판단하면 노동위원회에 분리 교섭을 신청할 수 있다.

원-하청 교섭 절차 매뉴얼

교섭창구 단일화 절차
1. 하청노조, 원청 사용자에게 교섭 요구 → 사용자 불응 시 노동위원회가 사용자성 판단
2. 원청 사용자, 사업장 내 하청노조에 교섭 요구 사실 공고(7일)
3. 원청 사업장 내 다른 하청노조 교섭 참여 신청
4. 교섭 창구 단일화 절차 개시 → 교섭 대표 노조 확정

교섭창구 분리 절차
1. 하청 노조 또는 원청 기업이 교섭단위 분리 신청
2. 노동위원회가 사용자성, 분리 필요성 판단
3. 직무별, 상급 노조별, 하청 기업별 교섭단위 분리 결정 　① 하청 기업별 분리: 하청노조 1, 하청노조 2 　② 직무 등 유사 하청별 분리: A직무(하청노조 1~3), B직무(하청노조 4~5) 　③ 상급단체별 분리: A노총(하청노조 1), B노총(하청노조 2)
4. 교섭대표 노조가 원청 사용자와 교섭 진행

노란봉투법 시행 이후 주요 변동사항은?

노란봉투법 첫 노정협의체 가동 고용노동부가 3월 25일 보건복지부, 교육부, 성평등가족부 등 관계 부처가 노동계와 「돌봄 분야 노·정협의체」를 구성하기로 하고 첫 실무회의를 열었다고 밝혔다. 이는 노란봉투법 시행 이후 정부와 노동계가 만든 첫 공식 협의체다. 앞서 3월 10일 민주노총 돌봄 공동 교섭단은 노란봉투법 시행과 동시에 복지부 등 3개 부처에 직접 교섭을 요구한 바 있는데, 이는 정부가 위탁한 기관에서 공공 돌봄서비스에 종사자로 참여하는 경우 「정부가 사용자」라는 취지다.

노동위, 공공기관 4곳 원청 사용자성 첫 인정 충남지방노동위원회가 4월 2일 공공연대노동조합이 한국자산관리공사 등 4개 공공기관을 상대로 제기한 「교섭요구 사실의 공고에 대한 시정신청」에 대해 이들 공공기관의 사용자성을 인정하는 결정을 내렸다. 앞서 공공연대노조는 노란봉투법 시행 이후 한국자산관리공사·한국원자력안전원·한국원자력연구원·한국표준과학연구원 등 공공기관 4곳을 상대로 교섭을 요구했으나, 해당 기관들이 교섭요구 사실을 공고하지 않자 3월 13일 시정신청을 제기한 바 있다. 이는 해당 공공기관이 하청 노동자의 안전관리나 인력배치와 관련해 노조법상 실질적 사용자 지위에 있다고 인정한 것으로, 앞서 3월 10일 노란봉투법 시행 이후 노동위원회가 원청의 사용자성을 인정한 첫 사례다. 4개 공공기관은 이번 인용 결정에 따라 교섭요구 사실을 공고하고 교섭창구 단일화 절차를 거쳐 하청노동자와의 협상 절차에 들어가야 한다.

국가 암검진에 대장내시경 도입
45세 이상 10년마다 무료 검사

보건복지부가 2월 24일 대장암 검진 시 분변(대변) 잠혈 검사 대신 대장내시경 검사 도입을 추진하고, 폐암 국가검진 대상을 확대하는 내용 등을 담은 「제5차 암 관리 종합계획」을 발표했다. 정부는 이를 통해 6대 암의 조기 진단율을 2025년 57.7%에서 2030년 60%로 높이는 것을 목표로 세웠다.

제5차 암 관리 종합계획 주요 내용 대장암 조기 진단을 위해 2028년부터 국가 암검진에 대장내시경 검사를 도입한다. 현재는 50세 이상을 대상으로 「분변잠혈검사」라는 대변 검사를 매년 실시해 양성 판정이 나왔을 때만 대장내시경 검사를 무료로 받을 수 있다. 그러나 2028년부터는 45~74세 성인이라면 누구나 이상 증세가 없어도 10년마다 무료로 대장내시경 검사를 받을 수 있다.

또 현재 30갑년(하루 피운 담뱃값 수에 흡연기간을 곱한 값) 이상 흡연력이 있는 54~74세 고위험군을 대상으로 실시하고 있는 폐암 검진 대상자도 확대한다. 아울러 전국 13곳의 지역암센터는 명칭을 「권역암센터」로 바꾸고 시설과 인력 지원을 강화한다. 이 밖에 연명의료계획서 작성 시기는 현행 「말기」에서 「말기가 예견되는 시점」으로 개정을 추진한다.

💡 분변잠혈검사는 대변 속의 혈액 성분을 확인하는 검사로, 소화관 출혈이나 대장암의 조기 발견을 위한 선별검사로 널리 이용되고 있다. 해당 검사에서의 양성 결과는 대장 염증성질환, 종양성 질환, 치질 등의 대장질환과 관련이 있을 수 있다.

아동수당, 2030년까지
「8세→13세 미만」으로 단계적 확대

보건복지부가 3월 1일 아동수당 대상과 금액을 확대하는 「아동수당법 일부개정법률안」이 국회 본회의를 통과했다고 밝혔다. 개정안에는 현재 8세 미만인 아동수당 지급 대상을 2030년까지 13세 미만으로 단계적으로 확대하는 내용이 담겼다.

아동수당 확대, 어떻게? 아동수당 지급 대상은 올해 9세 미만을 시작으로 내년 10세 미만, 2028년 11세 미만, 2029년 12세 미만, 2030년 13세 미만 등 매년 한 살씩 지급 연령이 상향된다. 또 비수도권과 인구감소지역에 거주하는 아동에게는 월 2만 원 범위 내에서 아동수당이 추가 지급된다. 구체적으로 수도권 거주 아동은 현행대로 월 10만 원을 받지만, 비수도권 거주 아동은 월 10만 5000원을 받게 된다. 특히 인구감소지역 중 우대 지역에 거주하는 아동에게는 매월 11만 원, 인구감소지역 중 특별 지역에 거주하는 아동에게는 월 12만 원이 지급된다.

한편, 지급 대상 확대 및 지역 거주에 따른 추가 지원은 올해 1월분부터 소급해 4월부터 지급된다. 그리고 이미 지급이 종료됐던 2017년 1월생~2018년 3월생 아동에 대해서는 직권 신청 절차를 거쳐 순차적으로 소급분이 지급될 예정이다.

> **아동수당** 아동의 건강한 성장 환경을 조성하여 아동의 기본적 권리와 복지 증진 기여를 위해 도입된 제도로, 2018년 9월부터 시행됐다. 시행 초기에는 0세부터 만 6세 미만(0~71개월)의 아동이 있는 가구의 소득인정액이 선정기준액(2인 이상 전체 가구의 소득 하위 90% 수준) 이하인 경우 월 10만 원씩 지급했으나, 2019년부터 지급 대상이 「만 6세 미만의 모든 아이」로 확대되는 등 지속적으로 그 대상이 확대돼 왔다.

가습기살균제 특별법 개정안, 국회 통과
가습기살균제 참사 규정-국가책임 인정

- 국회가 3월 12일 본회의를 열고 「가습기살균제 피해구제를 위한 특별법」 개정안을 통과시켰다. 개정안은 가습기살균제 피해를 사회적 참사로 명확히 규정하고, 기존 피해구제 체계를 배상 체계로 전면 전환하는 내용을 골자로 한다.
- 이에 따라 기존 기후에너지환경부 소속 피해구제위원회는 국무총리 소속 배상심의위원회로 개편되며, 교육지원·치료휴가·계속치료비 지원 등 피해자 지원을 강화하는 내용도 담겼다. 또한 피해자에 대한 손해배상을 위해 정부출연금, 가습기살균제 사업자의 분담금 등을 주요 재원으로 하는 피해구제자금도 설치해 운영한다.
- 한편, 가습기살균제 특별법은 2017년 2월 제정돼 같은 해 8월 시행된 뒤 일부 개정됐지만 전부 개정은 이번이 처음으로, 개정안은 공포 후 6개월 뒤부터 시행된다.

> **가습기살균제 참사** 가습기살균제로 인한 폐손상 등으로 산모, 영유아 등이 사망하거나 폐질환에 걸린 사건으로 2011년 4월부터 수면 위로 드러나기 시작했다. 이후 가습기살균제의 위해성이 명백해졌음에도 기업에 대한 제재나 피해자에 대한 구제 대책은 제대로 이뤄지지 않았다. 검찰 수사는 사건 발생 5년이 지난 2016년에서야 전담수사팀이 구성돼, 최대 가해업체인 옥시 대표 등에 대한 처벌이 이뤄졌다. 이후 2017년 8월 「가습기살균제 피해구제를 위한 특별법」이 시행되면서, 기존 가습기살균제 피해 지원 대상에서 배제됐던 3·4단계 피해자들에 대한 구제로 확대된 바 있다.

노동절, 63년 만에 공휴일 지정
공무원·교사 등 전 국민 휴일

- 고용노동부와 인사혁신처가 4월 6일 노동절을 공휴일로 지정하는 「공휴일에 관한 법률」 일부 개정법률 공포안이 국무회의에서 의결됐다고 밝혔다. 이에 올해 5월 1일부터 노동절이 법정 공휴일로 지정돼 공무원·교사를 포함한 전 국민이 쉴 수 있게 됐는데, 이는 법 제정 후 63년 만이다.
- 노동절은 1923년부터 기념했지만 1963년 「근로자의 날 제정에 관한 법률」이 제정되면서 명칭이 「근로자의 날」로 바뀌었다. 1994년에는 유급 휴일로 법제화됐으나 적용 범위가 근로기준법상 「근로자」로 한정돼 공무원과 교사, 택배기사 등 특수고용 노동자는 휴일을 보장받지 못했다.
- 이러한 상황에서 노동부는 지난해 명칭을 「근로자의 날」에서 「노동절」로 환원한 데 이어 노동절의 공휴일 지정을 추진했고, 이번 법 개정으로 이어지게 됐다. 그리고 이번 개정으로 근로자 여부와 관계없이 모든 노동자가 노동절에 휴일을 적용받게 된다.

우리나라의 노동절 우리나라에서는 일제강점기였던 1923년 5월 1일 조선노동총연맹이 2000여 명의 노동자가 모인 가운데 「노동시간 단축, 임금 인상, 실업 방지」를 주장하며 최초의 행사를 개최했다. 해방 이후 정부는 1958년부터 대한노동조합총연맹(한국노총의 전신) 창립일인 3월 10일을 노동절로 정해 행사를 치러오다, 1963년 노동법 개정 과정에서 그 명칭을 「근로자의 날」로 바꾸어 기념하기 시작했다. 그러다 문민정부가 들어선 1994년부터 근로자의 날은 3월 10일에서 다시 5월 1일로 변경됐으나, 명칭의 경우 노동절로 바뀌지 않고 근로자의 날 그대로 유지되었다. 그러다 지난해 10월 26일 국회 본회의에서 「노동절 제정에 관한 법률」이 통과됨에 따라 올해부터 「근로자의 날」 명칭이 62년 만에 「노동절」로 복원된 바 있다.

노동절, 대체휴일 적용 불가　고용노동부가 올해부터 법정 공휴일이 된 5월 1일 노동절에는 다른 공휴일처럼 근로기준법상 대체휴일을 적용할 수 없다는 해석을 내놨다. 이에 따라 노동절에 평소처럼 출근하면 실제 일한 하루치 임금(100%)과 휴일가산수당(50%)에 유급휴일분(100%)까지 더해 최대 2.5배를 받을 수 있다.

이는 「관공서의 공휴일에 관한 규정」에 근거한 현충일·광복절 등과는 달리, 노동절은 「노동절 제정에 관한 법률」이라는 특별법에 의해 운용되는 데 따른 것이다. 일반 공휴일은 근로자 대표와 서면 합의하면 공휴일 당일에 일하고 대신 다른 날에 쉬는 휴일 대체가 가능하며, 사업주는 가산수당을 따로 지급할 필요가 없다. 하지만 노동절은 법률에서 5월 1일 특정한 날을 유급휴일로 정하고 있기 때문에 다른 날로 대체할 수 없다.

한편, 5인 미만 사업장이라도 노동절은 반드시 유급휴일로 보장해야 한다. 다만 5인 미만 사업장은 노동절에 근무하더라도 휴일가산수당이 붙지 않는데, 이는 근로기준법상 가산수당 규정은 5인 이상 사업장만 적용되기 때문이다.

교육부, 「서울대 10개 만들기」 우선 3곳부터 시행
거점국립대 3곳 통해 성장엔진·AI 지역인재 양성

- 교육부가 4월 15일 올 하반기 지방거점국립대 3곳을 선정해 지역 전략산업과 인공지능(AI) 육성을 위한 연구·교육 허브로 육성하는 내용의 「성장엔진 연계 지역인재 양성 방안」을 발표했다.
- 이는 이재명 정부의 국정과제인 「서울대 10개 만들기」의 첫 단계로, 지방국립대 3곳을 핀셋 지원하겠다는 것이다. 이를 위해 앞으로 5년간 선정된 국립대 3곳에는 각각 연 1000억 원의 예산이 추가 지원된다. 또 선정된 3개 대학 외 6개 거점국립대에도 대학당 연간 300억~400억 원의 지원이 이뤄지게 된다.

거점국립대 3곳 육성　3곳의 거점국립대에는 지역 성장엔진(전략산업)과 연계한 「브랜드 단과대학 및 특성화 융합연구원」이 설립되는데, 이는 학부와 대학원, 연구소를 하나로 묶어 지원하는 것이다. 여기에 대학 내에 기업 등이 함께 참여하는 연구 조직을 두고, 대학과 기업이 공동 운영하는 연구소에서 기술 개발부터 산업현장 적용까지 처리하는 「특성화 융합연구원」도 설립한다.

또 거점국립대 3곳은 「AI 거점대」로도 육성되는데, 이를 위해 대학총장 직속으로 AI 융합 교육 전담기구를 설치하고, AI 교육을 특정 학과가 아닌 대학 전반에 확산한다. 교육부는 3개 대학

「서울대 10개 만들기」 1차 방안 주요 내용

브랜드 단과대 및 융합연구원 설립	• 거점 국립대 3곳에 지역 전략산업 대표하는 「브랜드 단과대학」 육성 • 대학과 기업이 공동 운영하는 「특성화 융합연구원」 설립
지역별 AI 거점 육성	• 거점 국립대 3곳에 총장 직속의 AI 전담 기구 설치 • 전공별 AI 융합교과 개발 • 지역기업이 참여하는 산학 공동 AX 연구 센터 설립
지역대학 동반 성장 지원	거점국립대 인프라를 사립대·전문대 등과 공유하도록 함

에서 각각 브랜드 단과대를 통해 지역 전략산업에 필요한 인재 500명, AI 거점대를 통한 인재 500명 등 연간 총 3000명의 인재를 양성한다는 방침이다.

한편 교육부는 5월 초 3개 지원대학 선정계획을 공고하고 7월 초까지 각 대학의 신청서를 받게 되는데, 최종 선정 대학은 산업통상자원부가 권역별 성장엔진을 확정한 이후 발표될 예정이다.

3월 1일부터 반려동물 식당 출입 허용, 개·고양이에 한정 등 세부조건 충족 시에만 가능

- 식품의약품안전처가 개·고양이를 포함한 반려동물 출입이 가능한 음식점의 시설기준, 영업자 준수사항 등을 규정한 「식품위생법 시행규칙」이 시행됐다고 3월 1일 밝혔다. 이에 그동안 원칙적으로 불가했던 반려동물의 식당 동반 출입이 법적으로 허용되게 됐다. 다만 이는 모든 식당에 허용되는 것은 아니며 예방접종을 받은 개와 고양이에 한정되고, 전용 식기 확보 등 여러 세부 조건을 충족한 영업점에만 가능하다.
- 영업점이 충족시켜야 할 주요 조건은 ▷반려동물 동반 영업장임을 나타내는 안내문을 입구나 외부에 반드시 부착 ▷예방접종을 하지 않은 개와 고양이는 출입 금지 ▷동물의 식품취급시설 출입 금지 ▷반려동물용·손님용 물품 구분 등이다. 이와 같은 조건을 갖춘 뒤 사전검토 신청서류를 관할 지방자치단체에 제출하면, 담당 공무원이 현장을 방문해 확인하게 된다.

국가데이터처, 「국민 삶의 질 2025」 보고서 발간 40대 비만율·자살률 모두 악화

- 국가데이터처가 3월 5일 발표한 「국민 삶의 질 2025」 보고서에 따르면 2022~2024년 기준 한국인 삶의 만족도는 6.04점이었다. 이는 경제협력개발(OECD) 38개 회원국 중 33위 수준으로 전년(2021~2023년) 조사와 같았으며, 전체 조사 대상인 147개 국가 중에서는 58위로 나타났다.
- 특히 보고서에 따르면 40대의 자살률과 비만율은 급증한 반면, 사회단체 참여율과 삶의 만족도는 낮아지면서 다른 연령대보다 삶의 질이 전반적으로 악화된 것으로 나타났다.

「국민 삶의 질 2025」 주요 내용

고용·임금 등 경제적 지표 1인당 실질 국민총소득은 2024년 4381만 원으로 전년보다 3.5% 늘었지만, 소득불평등 수준을 보여주는 「상대적 빈곤율」이 같은 기간 0.4%p 상승해 15.3%를 기록했다. 상대적 빈곤율은 중위소득의 50% 미만인 계층이 전체 인구에서 차지하는 비율을 뜻하는 것으로, 2020년(15.1%) 이후 4년 만에 15%를 넘어선 것이다.

삶의 질 관련 지표 10만 명당 자살률은 2024년 기준 29.1명으로, 전년 대비 1.8명 늘었다. 이는 2년 연속 증가세로 역대 최고치인 2011년(31.7명) 이후 가장 높은 것인데, 2022년 기준으로 보면 OECD 회원국 중에서 가장 높은 것이다. 또 2025년 기준 사회적 고립도는 33.0%로, 코로나19 사태 이전인 2019년(27.7%)보다 높았다. 건강 지표인 비만율은 2024년 기준 38.1%로, 전년(37.2%)보다 0.9%포인트 상승하며 역대 최고 수준인 2020년(38.3%)에 근접했다.

40대의 위기 두드러져 40대 자살률은 전년보다 4.7명이 늘어나면서 전 연령대에서 가장 높은 상승폭을 기록했다. 또 40대 비만율은 2024년 기준 44.1%로 전년 대비 6.4%포인트 증가해 전 연령대 중 가장 큰 상승폭을 나타냈다. 아울러 사회단체 참여율 감소폭(-8.9%포인트)도 전 연령 중 가장 컸으며, 우울과 걱정의 정도를 나타내는 부정정서(10점 만점) 역시 2023년 3.1점에서 2024년 3.8점으로 크게 상승했다.

지난해 합계출산율 0.8명으로 반등
OECD 회원국 중에는 여전히 최하위권

- 국가데이터처가 2월 25일 발표한 「2025년 출생·사망통계(잠정)」에 따르면 지난해 합계출산율은 0.8명으로, 1년 전보다 0.05명 증가했다.
- 합계출산율은 여성 1명이 평생 낳을 것으로 예상되는 평균 출생아 수로, 합계출산율이 0.8명대를 기록한 것은 2021년 이후 4년 만이다. 다만 한국은 현재 경제협력개발기구(OECD) 회원국 중 유일하게 합계출산율이 1명을 넘지 않는 국가다.

합계출산율 주요 내용 합계출산율은 2023년 0.72명으로 역대 최저치를 기록한 뒤 2024년 0.75명, 지난해 0.8명으로 2년 연속 올랐다. 또 지난해 출생아 수는 1년 전보다 1만 6140명(6.8%) 늘어난 25만 4457명으로, 2010년 이후 가장 가파른 증가세를 보였다. 이러한 증가는 혼인 건수가 3년 연속 늘어난 데다 인구가 많은 2차 에코붐 세대(1991~1995년생)가 혼인·출산 연령대에 접어든 영향으로 분석된다.

하지만 한국은 합계출산율이 경제협력개발기구(OECD) 회원국 중 가장 낮은 데다 1명을 밑도는 유일한 나라다. 2023년 기준 OECD 38개국 평균 합계출산율은 1.43명이고, 합계출산율 최하위권에 속하는 일본과 이탈리아도 각각 1.2명으로 한국보다 0.4명 높다.

우리나라의 합계출산율 추이

연도	합계출산율
2015년	1.24명
2017년	1.05명
2019년	0.92명
2021년	0.81명
2023년	0.72명
2025년	0.80명

지난해 결혼 24만 건, 코로나19 이전 수준 회복
30대 초반 인구 증가와 결혼에 대한 인식 변화가 영향

- 국가데이터처가 3월 19일 발표한 「2025년 혼인·이혼 통계」에 따르면 지난해 혼인 건수는 24만 300건으로 전년 대비 8.1%(1만 8000건) 증가했다. 이는 1970년 통계 작성 이래 6번째로 높은 증가율이자 2018년(25만 7600건) 이후 7년 만의 최대치다.
- 이러한 증가는 2차 베이비붐 세대(1964~1974년 출생)의 자녀 세대인 2차 에코붐 세대(1991~1995년생)가 결혼 적령기인 30대 초반에 진입한 데다, 결혼에 대한 인식이 긍정적으로 바뀐 것 등이 이유로 꼽힌다. 실제로 30~34세 남성과 여성의 혼인율은 전년 대비 각각 13.5%(1만 2000건), 11.0%(1만 1000건) 증가했으며, 나이별 혼인율(해당 나이 인구 1000명당 혼인 건수)도 남성 53.6건, 여성 57.6건으로 모두 30대 초반에서 가장 높았다.
- 한편, 지난해 이혼 건수는 8만 8000건으로 전년 대비 3.3% 감소하면서 2020년 이후 6년째 감소세를 나타냈다. 다만 나이별 이혼 건수에서 남성(2만 400건·23.1%)과 여성(1만 4600건·16.6%) 모두 60세 이상에서 가장 많아 황혼 이혼 경향은 더욱 뚜렷해졌다.

한국인 행복지수 67위로 역대 최저
지난해보다 9계단 하락

- 유엔 지속가능발전해법네트워크와 영국 옥스퍼드대 웰빙연구센터, 여론조사기관 갤럽이 3월 19일 발표한 「2026년 세계 행복 보고서」에서 한국은 행복지수 6.040점(만점 10점)으로 67위를 기록했다. 이는 2012년 처음 행복 보고서가 발간된 이래 최저 수준으로, 한국은 재작년 52위에서 지난해 58위로 6계단 떨어진 데 이어 올해 다시 9계단 하락했다.
- 이번 보고서는 2023년부터 2025년까지 세계 147개국에서 표본집단을 대상으로 벌인 설문조사와 통계자료를 토대로 작성됐다. 행복 점수는 전반적 삶의 질에 대한 응답자의 주관적 평가를 담은 수치로, ▷1인당 국내총생산(GDP) ▷건강한 기대수명 ▷사회적 지원 ▷인생 선택의 자유 ▷관용 ▷부패 인식 등 6개 항목이 반영된다.
- 한편, 행복지수 상위는 올해도 북유럽 국가들이 차지했다. 핀란드는 7.764점으로 9년 연속 1위를 지켰으며 아이슬란드가 7.540점, 덴마크가 7.539점으로 뒤를 이었다.

WMO, 「2025년 지구 기후 현황 보고서」 발간
11년 연속 최고 더위 기록

- 세계기상기구(WMO)가 세계 기상의 날을 맞아 3월 23일 발표한 「2025년 전 지구 기후 현황 보고서(State of the Global Climate 2025)」에 따르면 2015~2025년까지의 최근 11년이 1850년 전 세계 관측 이래 가장 더운 11개 해였으며, 역대 가장 더웠던 해는 2024년이었다.
- 또 지구에서 방출되는 에너지를 흡수하는 온실가스 농도가 증가하며 2025년 지구 에너지 불균형은 1960년 관측 이래 최고치를 경신했는데, 해당 보고서에서 지구 에너지 불균형이 지표로 채택된 것은 이번이 처음이다. 지구 에너지 불균형은 지구가 태양으로부터 받는 에너지양과 지구가 우주로 방출하는 에너지양의 차이를 나타내는 수치로, 지구의 열이 외부로 빠져나가지 못하고 쌓일수록 높게 나타난다.
- 특히 잉여 에너지의 91%가 해양에 저장되며 해양 온난화가 빠르게 진행됐는데, 2025년 말 기준 전 지구 평균 해수면은 위성 관측이 시작된 1993년 1월보다 약 11cm 높은 것으로 나타났다. 또 2024년부터 2025년 8월까지 녹아내린 빙하의 규모는 관측 이래 역대 3번째로 많았다.

기상청, 「2025년 이상기후 보고서」 발간 기상청이 3월 26일 대통령 직속 국가기후위기대응위원회와 함께 발간한 「2025년 이상기후 보고서」를 통해 지난해 종합적인 기후재난이 발생했다고 밝혔다. 보고서에 따르면 지난해 기후위기의 대표적 사례는 역대 최대로 발생했던 대형 산불로, 지난해 3월 21일부터 26일까지 전국에서 대형 산불 5건이 동시에 발생했다. 여름의 경우 전국 평균기온이 25.7도로 여름철 최고 기록을 갈아치웠고, 폭염은 6월 말 이르게 시작돼 10월까지 이어졌다. 장마의 경우 짧았지만 집중호우는 강해졌는데, 가평·서산 등 15개 지점에서 시간당 100mm 이상의 폭우가 기록됐다. 반면 강원 영동은 여름 강수량이 평년의 34.2%(232.5mm)에 그치며 108년 만에 극심한 가뭄이 발생했다. 이로 인해 해당 지역의 저수율은 11.5%까지 떨어졌고 제한 급수까지 시행됐다.

공공기관 승용차 2부제, 4월 8일부터 시행
중동전쟁에 따른 자원안보 위기단계 격상

- 정부가 자원안보 위기단계를 「경계」 수준으로 높이면서 4월 8일 0시부터 공영주차장 승용차 5부제가 시행됐고, 공공기관 승용차에는 2부제가 적용됐다.
- 공영주차장 승용차 5부제는 차량 번호판 끝자리 숫자에 따라 요일별 출입이 제한되는 것으로, 예컨대 번호판 끝번호가 1·6번이면 월요일, 2·7번이면 화요일에 운휴하는 방식이다. 이는 지방정부와 공공기관이 설치·운영하는 노상주차장 및 노외 유료주차장 약 3만 곳(100만 면)이 대상이다.
- 그리고 공공기관 승용차 2부제는 번호판 끝자리에 따라 홀수일에는 홀수 차량, 짝수일에는 짝수 차량 운행만 가능하도록 한 것이다. 이는 앞서 3월 25일 차량 5부제가 시행된 지 14일 만에 홀짝제로 강화된 것이다.
- 한편, 해당 방안들은 중동전쟁 장기화로 에너지 수급 불확실성이 커진 데 따른 것으로, 국제유가가 배럴당 100달러를 넘긴 2011년 2월 이후 15년 만에 시행된 것이다.

자궁출혈 등 코로나19 백신 부작용 추가 인정
정식 피해 보상 신청 가능

- 4월 17일 질병관리청에 따르면 코로나19 예방접종 피해보상·재심위원회가 기존에 지원 대상이던 예방접종 피해 관련성 의심 질환을 보상 대상으로 전환하기로 했다. 이에 코로나19 백신을 맞은 뒤 이상 자궁출혈이나 안면신경 마비, 이명 등의 질환이 생겼다면 백신 부작용을 인정받아 피해 보상을 신청할 수 있다.
- 이번 조치로 기존 심의에서 관련성 의심 질환 판정을 받은 경우는 재심 신청을 할 수 있으며, 정식 피해 보상 대상이 되면 진료비 외에 정액 간병비 등도 지원받을 수 있다.

보상 대상에 추가된 질환은?　보상 대상에 추가된 질환은 ▷뇌정맥동혈전증(AZ·얀센) ▷모세혈관 누출증후군(AZ·얀센) ▷길랭–바레증후군(AZ·얀센) ▷면역 혈소판 감소증(AZ·얀센) ▷급성 파종성 뇌척수염(AZ) ▷정맥 혈전증(얀센) ▷다형홍반(화이자·모더나) ▷횡단성 척수염(AZ·얀센·화이자·모더나) ▷피부소혈관혈관염(얀센) ▷이명(AZ·얀센) ▷필러시술자 얼굴 부종(화이자·모더나) ▷안면신경 마비(AZ·얀센·화이자·모더나) ▷이상 자궁출혈(전체 백신) 등 13개다. 또 심근염과 심낭염의 경우 지금까지는 화이자·모더나 백신을 맞은 경우만 피해 보상을 받았지만, 노바백스 백신 접종자도 보상 대상에 포함된다.

항공기 내 보조배터리,
4월 20일부터 사용·충전 금지

- 국토교통부가 4월 20일부터 보조배터리 기내 반입 제한 및 사용 전면 금지 등을 골자로 한 새 규정이 시행된다고 8일 밝혔다.
- 새 규정에 따르면 160Wh 이하 보조배터리는 2개까지 가능하고, 이를 초과하는 배터리는 반입이 불가능하다. 보조배터리는 용량과 상관없이 모두 기내 반입만 가능하며, 위탁 수하물로는 보낼 수 없다. 또 이전까지는 보조배터리 충전만 금지(사용은 가능)했지만, 앞으로는 충전과 사용 모두가 금지된다.

해당 규정 신설, 왜?　이와 같은 규정 신설은 지난해 1월 보조배터리에서 시작된 에어부산 화재가 계기가 된 것이다. 이후 국내에서는 그해 3월부터 자체적으로 보조배터리 반입 개수를 제한하고, 기내 충전과 선반 보관을 금지해 왔다. 하지만 통일된 국제 기준이 없었고, 이에 국토부는 ICAO 위험물 패널 회의, ICAO 총회 등에서 보조배터리에 대한 국제기준 개정이 필요하다고 제안했다. 그리고 ICAO가 이를 채택하면서 규정이 신설됐고, 이에 국가와 항공사별로 달랐던 규정으로 인한 혼란이 줄어들 전망이다.

폴 토마스 앤더슨 〈원 배틀 애프터 어나더〉
작품상·감독상 등 아카데미 6관왕

- 폴 토마스 앤더슨(56) 감독의 〈원 배틀 애프터 어나더〉가 3월 15일 미국 로스앤젤레스(LA) 돌비 극장에서 열린 제98회 아카데미 시상식에서 작품상·감독상·남우조연상(숀 펜)·각색상·편집상· 캐스팅상 등 6관왕을 달성했다. 영화 〈원 배틀 애프터 어나더〉는 한때 지하조직 일원으로 활동하 다 정체를 숨긴 채 살고 있던 밥 퍼거슨이 위기에 처한 딸 샬린을 구하면서 벌어지는 이야기로, 이 민자 등 소수를 향한 연대와 사랑을 담아낸 작품이다.
- 이번 수상으로 폴 토마스 앤더슨 감독은 생애 첫 오스카 감독상을 차지했으며, 조연상을 수상한 숀 펜은 아카데미 역사상 연기상 3회 이 상을 수상한 8번째 배우에 이름을 올리 게 됐다. 숀 펜은 〈미스틱 러버〉(2004) 와 〈밀크〉(2009)로 남우주연상을 두 번 수상한 바 있다.
- 한편 오스카 사상 역대 최다 부문(16개) 후보에 오른 〈씨너스: 죄인들〉은 각본상· 음악상·촬영상·남우주연상(마이클 B. 조던) 등 4관왕에 올랐는데, 특히 흑인 배우가 남우주연상을 받은 것은 여섯 번째다.

제98회 아카데미상 주요 수상 부문

구분	수상자(작)
작품상	〈원 배틀 애프터 어나더〉
감독상	폴 토마스 앤더슨, 〈원 배틀 애프터 어나더〉
각본상	라이언 쿠글러, 〈씨너스: 죄인들〉
남우주연상	마이클 B. 조던, 〈씨너스: 죄인들〉
여우주연상	제시 버클리, 〈햄넷〉
남우조연상	숀 펜, 〈원 배틀 애프터 어나더〉
여우조연상	에이미 메디건, 〈웨폰〉
장편 애니메이션상	〈케이팝 데몬 헌터스〉

아카데미상(Acdemy Awards) 미국 영화업자와 미국 내 영화단체인 영화예술과학 아카데미협회에서 수여하는 미국 최 대의 영화상으로, 「오스카(Oscar)상」이라고도 불린다. 작품·감독·남녀주연·남녀조연·각본상 등 20여 개 부문에 대한 시상이 이뤄지며, 수상 작품은 아카데미 회원 전원의 투표로 최종 결정된다. 우리나라에서는 지난 2020년 제92회 아카 데미 시상식에서 봉준호 감독의 〈기생충〉이 작품상·감독상·각본상·국제장편영화상 등 4관왕을 수상하는 기록을 썼고, 2021년 시상식에서는 영화 〈미나리〉에 출연한 배우 윤여정이 한국 배우 최초로 여우조연상을 수상한 바 있다.

넷플릭스 〈케데헌〉, 오스카 2관왕 넷플릭스 애니메이션 〈케이팝 데몬 헌터스〉(케데헌)가 장편 애니메 이션상과 주제가상(골든)을 수상하며 2관왕에 올랐다. 이로써 공동연출을 맡은 매기 강 감독은 아 카데미에서 장편 애니메이션상을 받은 첫 번째 한국계 연출가가 됐다. 또한 K팝 장르 노래가 아카 데미 주제가상을 받은 첫 사례라는 기록도 남겼다.
한편, 〈골든〉은 앞서 제83회 골든글로브에서 최우수 주제가상을 차지한 데 이어 제68회 그래미어 워즈에서 베스트 송 리튼 포 비주얼 미디어 부문을 수상하며 K팝 장르 최초로 그래미상 수상의 영 예를 안은 바 있다.

BTS, 〈스윔〉으로 빌보드 「핫100」 1위
美 빌보드 통산 7번째 핫100 정상

- 그룹 방탄소년단(BTS)의 정규 5집 타이틀곡 〈스윔(SWIM)〉이 3월 30일 빌보드 「핫100」 1위를 차지했다. BTS가 해당 차트에서 정상에 오른 것은 이번이 일곱 번째다.
- BTS는 2020년 〈다이너마이트(Dynamite)〉로 K팝 가수 최초로 핫100 1위를 기록하며 통산 3주간 정상에 머문 바 있다. 이후 ▷〈새비지 러브(Savage Love)〉(2020) ▷〈라이프 고즈 온(Life Goes On)〉(2020) ▷〈버터(Butter)〉(2021) ▷〈퍼미션 투 댄스(Permission To Dance)〉(2021) ▷〈마이 유니버스(My Universe)〉(2021) 등으로 연이어 1위에 올랐다.
- 이번 〈스윔(SWIM)〉까지 포함해 BTS는 총 7곡의 핫100 1위를 보유하게 됐는데, 이는 비틀스(20곡)·슈프림스(12곡)·비지스(9곡)·롤링스톤스(8곡)에 이어 다섯 번째로 많은 기록이다. 여기에 4월 12일 공개된 빌보드200 최신 차트에 따르면 BTS의 정규 5집 〈아리랑(ARIRANG)〉이 K팝 가수 최초로 3주 연속 1위를 기록했다.

> **빌보드 핫100(The Billboard Hot 100)** 매주 발표되는 미국 빌보드의 싱글 인기 차트로, 「빌보드200」과 메인차트를 구성한다. 빌보드 차트는 크게 최고 인기곡을 선정하는 싱글 차트(핫100)와 음반 판매량에 따른 순위를 매긴 앨범 차트(빌보드200)로 구분된다. 1958년 8월부터 발표되고 있는 빌보드 핫100은 미국 스트리밍 데이터와 라디오 방송 점수(에어플레이), 판매량 데이터 등을 종합해 순위를 집계한다. 이에 반해 빌보드200은 실물 음반 및 디지털 앨범 등 앨범 판매량과 스트리밍 횟수를 앨범 판매량으로 환산한 수치를 기반으로 순위를 매기는 것으로, 핫100이 빌보드200보다 좀 더 대중적인 인기를 요한다고 할 수 있다.

BTS 광화문 공연, 넷플릭스 24개국 1위 넷플릭스에 따르면 3월 21일 BTS의 「BTS 컴백 라이브: 아리랑」이 전 세계 190여 개국 생중계로 총 1840만 명이 시청하며 24개국 주간 순위 1위에 올랐다. 이 공연은 넷플릭스 최초의 단일 가수 생중계로, 군 복무를 마친 BTS 일곱 멤버 모두가 3월 20일 다섯 번째 정규 앨범 〈아리랑(ARIRANG)〉을 발표하며 약 4년 만에 컴백을 알린 첫 무대다.

💡 이번 BTS의 광화문 공연은 넷플릭스 독점 중계로 진행되면서 공공성 논란이 제기됐다. 서울의 도심 광화문광장에서 열린 행사에 경찰·소방·지자체 등 공적 자원이 대거 투입된 만큼 보다 개방적인 중계가 필요하다는 지적이다. 반면, 글로벌 팬층을 고려할 때 BTS의 영향력과 콘텐츠 경쟁력을 감안한 전략적 선택이라는 옹호 의견도 있다. 특히 해외 시청자 접근성과 수익성, 플랫폼을 통한 콘텐츠 확산 효과 등도 고려할 필요가 있다는 주장이다.

로제 〈아파트〉, 英 브릿 어워즈 수상
K팝 사상 최초 기록

- 그룹 블랙핑크(BLACKPINK)의 로제가 2월 28일 영국 맨체스터에서 열린 제46회 브릿 어워즈에서 팝스타 브루노 마스와 협업한 노래 〈아파트(APT.)〉로 「올해의 인터내셔널 노래(International Song of the Year)」 부문 수상자로 선정됐다.
- 이 부문은 영국 외의 나라에서 나온 노래를 대상으로 하는데, K팝 가수가 이 시상식에서 상을 받은 것은 이번이 처음이다. 앞서 그룹 BTS(2021·2022년)와 블랙핑크(2023년)가 「올해의 인터내셔널 그룹」 부문에 후보에 올랐으나 수상에는 실패했다.

- 〈아파트〉는 로제가 2024년 10월 발매한 앨범의 선공개곡으로, 한국의 술자리 놀이 「아파트 게임」에서 아이디어를 얻은 곡이다. 이 곡은 미국 빌보드 핫100에서 K팝 여성가수 사상 최고 순위인 3위를 기록했으며, 영국 오피셜 싱글차트에서는 최고 2위에 오르는 등 전 세계적인 인기를 끌었다.

> **브릿 어워즈(The BRIT Awards)** 영국음반산업협회(BPI)가 주관하는 영국 최고 권위의 대중음악 시상식으로, 1977년 처음 시작됐다. 주요 시상 부문으로는 ▷올해의 아티스트(Artist of the Year) ▷올해의 앨범(Album of the Year) ▷최고의 팝 아티스트(Best Pop Act) ▷올해의 곡(Song of the Year) 등이 있으며, 영국을 비롯해 전 세계적으로 음악계에서 두각을 나타낸 아티스트를 대상으로 시상한다.

박찬욱 감독, 한국 영화인 최초로
칸영화제 심사위원장 위촉

- 박찬욱 감독이 5월 12일 개최되는 제79회 칸영화제 장편 경쟁 부문 심사위원장에 위촉됐다. 칸영화제 장편 경쟁 부문 심사위원장은 영화제 최고상인 황금종려상 수상작을 결정한다.
- 한국인이 칸영화제 심사위원장에 위촉된 것은 이번이 처음인데, 아시아 감독으로서도 지난 2006년 왕가위 감독 이후 20년 만의 기록이다.
- 앞서 한국 영화인으로는 ▷신상옥 감독(1994년) ▷이창동 감독(2009년) ▷배우 전도연(2014년) ▷박찬욱 감독(2017년) ▷배우 송강호(2021년) ▷홍상수 감독(2025년)이 심사위원으로 참여한 바 있다.

> **칸국제영화제(Cannes Film Festival)** 프랑스 국립영화센터가 1946년부터 프랑스 휴양도시 칸에서 개최하고 있는 국제 경쟁영화제다. 베를린영화제, 베니스영화제와 함께 「세계 3대 영화제」로 꼽히지만 그중에서도 가장 권위 있는 시상식으로 불린다. 시상은 최고상인 황금종려상을 비롯해 ▷심사위원대상 ▷심사위원상 ▷감독상 ▷각본상 ▷남우주연상 ▷여우주연상 등의 경쟁 부문과, ▷주목할 만한 시선 ▷황금카메라상 ▷시네파운데이션 등의 비경쟁 부문으로 나뉜다.

박찬욱 감독, 칸과의 인연은? 박찬욱 감독은 「깐느 박」으로 불릴 만큼 칸 국제영화제와 오랜 인연을 유지하고 있다. 박 감독은 2004년 영화 〈올드보이〉로 칸 경쟁 부문에 처음 진출해 심사위원대상을 받은 이후 2009년 영화 〈박쥐〉로 심사위원상, 2022년 영화 〈헤어질 결심〉으로 감독상을 수상했다.

영화 〈왕과 사는 남자〉, 역대 34번째 천만 영화
한국영화 관객수 탑2 기록(2026. 4. 11. 기준)

- 장항준 감독의 영화 〈왕과 사는 남자〉가 개봉 67일 만인 4월 11일 누적 관객수 1628만 명을 돌파하며 영화 〈명량〉(2014)에 이어 한국영화 역대 흥행 순위 2위에 올랐다.
- 〈왕과 사는 남자〉는 앞서 개봉 31일 만인 3월 6일 누적 관객수 1000만 명을 돌파하며 역대 개봉작으로는 34번째 천만 영화가 됐으며, 한국 영화 중에서는 24번째 천만 영화라는 기록을 세운 바 있다. 특히 사극 장르 영화가 천만 관객을 동원한 것은 ▷왕의 남자(2005) ▷광해, 왕이 된 남자(2012) ▷명량(2014)에 이어 12년 만이자 네 번째다.
- 〈왕과 사는 남자〉는 1457년 강원도 영월을 배경으로, 조선 전기 계유정난 이후 폐위된 단종(박지훈)과 그의 마지막을 지킨 마을 촌장 엄홍도(유해진)의 이야기를 그렸다.

한국의 역대 천만 영화

순위	제목	감독	개봉일	누적 관객 수
1	명량	김한민	2014. 7. 30.	1761만
2	왕과 사는 남자	장항준	2026. 2. 4.	집계 중(4월 11일 1628만 명 돌파)
3	극한직업	이병헌	2019. 1. 23.	1626만
4	신과함께: 죄와벌	김용화	2017. 12. 20.	1441만
5	국제시장	윤제균	2014. 12. 17.	1426만
6	베테랑	류승완	2015. 8. 5.	1341만
7	서울의 봄	김성수	2023. 11. 22.	1312만
8	괴물	봉준호	2006. 7. 27.	1301만
9	도둑들	최동훈	2012. 7. 25.	1298만
10	7번방의 선물	이환경	2013. 1. 23.	1281만
11	암살	최동훈	2015. 7. 22.	1271만
12	범죄도시2	이상용	2022. 5. 18.	1269만
13	광해, 왕이 된 남자	추창민	2012. 9. 13.	1232만
14	왕의 남자	이준익	2005. 12. 29.	1230만
15	신과함께: 인과연	김용화	2018. 8. 1.	1227만
16	택시운전사	장훈	2017. 8. 2.	1218만
17	파묘	장재현	2024. 2. 22.	1191만
18	태극기 휘날리며	강제규	2004. 2. 5.	1174만
19	부산행	연상호	2016. 7. 20.	1156만
20	해운대	윤제균	2009. 7. 22.	1145만
21	변호인	양우석	2013. 12. 18.	1137만
22	실미도	강우석	2003. 12. 24.	1108만
23	범죄도시3	이상용	2023. 5. 31.	1068만
24	기생충	봉준호	2019. 5. 30.	1030만

블랙핑크 제니,
타임 「2026 영향력 있는 100인」 선정

- 그룹 블랙핑크의 멤버 제니가 미국 시사주간지 타임이 4월 15일 발표한 「2026 세계에서 가장 영향력 있는 100인」에 선정(아티스트 부문), 한국인으로는 유일하게 포함됐다.
- 타임 100인은 정치·경제·문화·예술 등 각 분야에서 세계적인 영향력을 보여준 인물을 선정하는 대표 리스트다. 제니는 지난해 솔로앨범 〈루비〉로 K팝 여성 솔로 아티스트 최초로 빌보드 메인 싱글차트 핫100에 3곡을 동시 진입시키는 기록을 세운 바 있다.
- 한편 지도자 부문에서는 도널드 트럼프 대통령이 지난해에 이어 올해도 선정된 가운데, 마코 루비오 국무장관, 조란 맘다니 뉴욕시장, 스티븐 위트코프 중동특사 등의 미국 정치인들이 포함됐다. 외국 정부수반 중에서는 다카이치 사나에 일본 총리, 시진핑 중국 국가주석, 베냐민 네타냐후 이스라엘 총리, 클라우디아 셰인바움 멕시코 대통령, 마크 카니 캐나다 총리 등이 이름을 올렸다.

한강 《작별하지 않는다》, 전미도서비평가협회상 수상

- 소설가 한강(56)의 장편소설 《작별하지 않는다(We Do Not Part)》가 3월 26일 미국 뉴욕에서 열린 「전미도서비평가협회상(NBCC상)」에서 소설 부문 수상작으로 선정됐다. 미국에서 가장 권위 있는 문학상 중 하나로 꼽히는 NBBC상은 매년 영어로 쓰인 최고의 작품을 선정해 시·소설·논픽션·전기·자서전·비평 등 6개 부문에서 수상자를 발표한다.
- 국내 작가가 이 상을 받은 것은 2024년 김혜순 시인이 시집 《날개 환상통(Phantom Pain Wings)》으로 시 부문을 수상한 이후 두 번째이며, 소설 작품으로는 이번이 처음이다.
- 한편, 《작별하지 않는다》는 제주 4·3의 비극을 세 여성의 시선으로 풀어낸 작품으로, 한국 작가 최초로 프랑스 메디치 외국문학상(2023)을 수상한 데 이어 프랑스 에밀 기메 아시아문학상(2024)과 일본 요미우리문학상(2025) 등을 수상한 바 있다.

한강의 주요 수상 기록 한강은 2005년 《몽고반점》으로 당시 최연소 나이(첫 1970년대생 작가)로 이상문학상 대상을 수상한 것을 시작으로, ▷《바람이 분다, 가라》(동리문학상) ▷《소년이 온다》(만해문학상) ▷《눈 한 송이가 녹는 동안》(황순원문학상) 등을 연이어 수상했다. 그러다 2016년에는 소설 《채식주의자》로 세계 3대 문학상인 맨부커상 인터내셔널 부문(현 부커국제상)을 한국인 최초로 수상하며 큰 주목을 받았다. 특히 2024년에는 한국인 최초로 노벨문학상을 수상하며 한국 문학사에 큰 족적을 남겼다.

남양주 봉선사 동종, 63년 만에 국보 승격 예고

- 국가유산청이 3월 4일 경기 남양주 봉선사의 15세기 동종(銅鍾·구리로 만든 종)을 국보로 지정할 예정이라고 밝혔다. 봉선사 동종은 1963년 국가지정문화유산 보물로 지정된 바 있어, 63년 만에 국보로 승격된다.
- 봉선사 동종은 조선 제8대 왕 예종(재위 1468~1469)이 부왕(父王) 세조(재위 1455~1468)의 명복을 빌고자 봉선사를 지은 뒤 봉안한 것이다. 1469년 높이 약 2.3m로 제작된 동종은 중국 동종의 양식을 부분적으로 수용했으나, 한국 특유의 문양 요소를 더해 조선 전기 동종의 양식을 완성한 작품으로 평가된다.
- 제작 당시의 봉안처인 봉선사 종각에 그대로 남아있는 동종은 종의 제작 배경과 제작자 등을 기록한 주종기(鑄鍾記)도 연구 가치가 높다.

▲ 남양주 봉선사 동종
(출처: 국가유산청)

> **국가지정문화유산(國家指定文化遺産)** 국가유산청장이 「문화유산법」 제23조부터 제26조까지의 규정에 따라 지정한 문화유산으로 보물, 국보, 사적, 국가민속문화유산이 포함된다. ▷보물은 건조물, 전적, 서적, 고문서, 회화, 조각, 공예품, 고고자료, 무구 등의 유형문화유산 중 중요한 것을 말한다. ▷국보는 보물에 해당하는 문화유산 중 인류문화의 관점에서 볼 때 그 가치가 크고 유례가 드문 것이며 ▷사적은 문화유산 중 유적, 제사, 신앙, 정치, 국방, 산업, 교통, 토목, 교육, 사회사업, 분묘, 비 등으로서 중요한 것을 뜻하며 ▷국가민속문화유산은 의식주, 생산, 생업, 교통, 운수, 통신, 교역, 사회생활, 신앙 민속, 예능, 오락, 유희 등으로서 중요한 것을 말한다.

전남 함평 예덕리 고분군, 사적 지정 예고

- 국가유산청이 2월 25일 3~5세기 마한 고분 축조 기술의 변천을 보여주는 유적인 「전남 함평 예덕리 고분군」을 국가지정문화유산 사적으로 지정 예고했다.
- 만가촌 고분군으로도 알려진 「함평 예덕리 고분군」은 1994년 시작된 발굴조사를 통해 14기의 제형분과 당시 생활상을 엿볼 수 있는 유물들이 발견됐다. 특히 개별 무덤 옆에 새 무덤을 조성하는 「수평 확장」 방식과 기존 무덤 위에 새 무덤을 조성하는 「수직 확장」 방식이 함께 나타나 영산강 유역 대형 고분의 축조 양상을 잘 보여준다.
- 국가유산청에 따르면 예덕리 고분군은 다양한 규모의 고분이 한곳에 밀집해 있으면서도 온전한 상태로 보전돼 있다. 또한 장기간에 걸쳐 조성된 마한 묘제의 변천 과정을 집약적으로 보여준다는 점에서 당시 마한의 정치·경제·사회 구조 등을 종합적으로 이해할 수 있는 학술적 가치가 높다.

▲ 함평 예덕리 고분군 전경(출처: 국가유산청)

세라 멀랠리, 캔터베리 대주교 취임
영국 성공회 첫 여성 최고 성직자

- 영국 성공회(국교회) 세라 멀랠리(63)가 3월 25일 켄트주 캔터베리 대성당에서 제106대 캔터베리 대주교로 공식 취임했다. 캔터베리 대주교는 영국 성공회 최고 성직자이자 실직적 수장으로, 각 나라에서 독립적으로 운영되는 세계 성공회 신도 8500만 명을 이끄는 영적 지도자다.
- 무엇보다 1534년 헨리 8세 국왕이 로마 교회와 결별하는 수장령을 선포해 성공회의 시초를 마련한 이후 여성이 캔터베리 대주교를 맡은 것은 491년 만에 처음이다. 간호사 출신인 그는 2002년 사제 서품을 받았고 2018년 여성으로는 처음으로 런던 주교가 됐던 바 있다.

> **성공회[聖公會]** 로마교회에서 분리돼 영국 국왕을 수장으로 성립한 교회. 영국은 본래 로마교회에 속해 있었으나 1534년 국왕 헨리 8세의 이혼 문제를 계기로 로마 교황의 종교적·정치적 지배에서 벗어나 독립된 교회를 만들게 됐는데, 이것이 성공회이다. 이는 1534년 수장령(首長令)과 1559년의 신교(信敎) 통일령에 의해 영국의 국교로 자리 잡았으며 영국 국왕은 성(聖)·속(俗)을 모두 군림하는 통치자의 위치에서 각 주교를 임명한다. 수위(首位) 성직자는 캔터베리사원의 대주교이며, 국왕의 대관식을 집행하고 국정에서 발언권을 갖는다.

2026 북중미 월드컵 본선 48개국 확정
한국은 멕시코·남아공·체코와 32강 진출 대결

- 「2026년 FIFA 북중미 월드컵」 본선 진출 48개국이 대륙 간 플레이오프(PO)를 끝으로 4월 1일 확정됐다. 홍명보 감독이 이끄는 한국 축구대표팀은 멕시코·남아프리카공화국·체코와 함께 A조에 편성돼 오는 6월 12일 체코와의 1차전을 시작으로 ▷6월 19일 멕시코와 2차전 ▷6월 25일 남아공과 3차전을 마지막으로 조별리그 일정을 마무리한다.

- 한편, 오는 6~7월 미국·멕시코·캐나다에서 치러지는 제23회 북중미 월드컵은 참가팀이 기존 32개국에서 48개국으로 확대돼 치러지는 첫 월드컵이다. 이에 따라 조별리그는 기존 8개 조에서 12개 조로 늘어나고, 토너먼트도 16강이 아닌 32강부터 시작된다. 그리고 각 조 1·2위 24팀이 32강 토너먼트에 직행하고, 조 3위 12팀 중 성적이 좋은 8팀이 추가로 32강에 진출하게 된다. 이에 따라 경기 수도 종전 64경기에서 104경기로 확대됐다.

2026 FIFA 북중미 월드컵 개관

대회 기간	2026년 6월 11일~7월 19일(총 39일)
개최국	미국, 멕시코, 캐나다
개최 도시	16개 도시(미국 11곳, 멕시코 3곳, 캐나다 2곳)
참가 팀, 경기 수	총 48팀, 104경기
한국 조 편성(A조)	멕시코, 남아프리카공화국, 체코

2026년 북중미 월드컵 본선 조 편성(48개국)

조	참가국	조	참가국
A조	멕시코, 남아프리카공화국, 대한민국, 체코	G조	벨기에, 이집트, 이란, 뉴질랜드
B조	캐나다, 보스니아헤르체고비나, 카타르, 스위스	H조	스페인, 카보베르데, 사우디아라비아, 우루과이
C조	브라질, 모로코, 아이티, 스코틀랜드	I조	프랑스, 세네갈, 이라크, 노르웨이
D조	미국, 파라과이, 호주, 튀르키예	J조	아르헨티나, 알제리, 오스트리아, 요르단
E조	독일, 퀴라소, 코트디부아르, 에콰도르	K조	포르투갈, 콩고민주공화국, 우즈베키스탄, 콜롬비아
F조	네덜란드, 일본, 스웨덴, 튀니지	L조	잉글랜드, 크로아티아, 가나, 파나마

💡 이라크는 4월 1일 멕시코 몬테레이 BBVA 스타디움에서 열린 대륙 간 플레이오프(PO)에서 볼리비아를 2-1로 꺾고 본선 진출에 성공했다. 이로써 이라크는 1986년 멕시코 대회 이후 40년 만에 월드컵 본선 무대에 복귀하게 됐다. 반면, 월드컵 4회 우승(1934·1938·1982·2006년)의 이탈리아는 같은 날 열린 유럽 예선 PO 결승에서 승부차기 끝에 보스니아헤르체고비나에 패해 3회 연속 월드컵 본선 진출이 좌절됐다.

A조 전력은? 멕시코(피파랭킹 15위)는 A조에 속한 팀 중 FIFA 랭킹이 가장 높은 국가로, 우리나라와의 통산 전적은 4승3무8패다. 특히 월드컵 무대에서는 1998년 프랑스 대회와 2018년 러시아 대회에서 우리나라가 두 차례 모두 패배한 바 있다. 남아프리카공화국(61위)은 2010년 자국 월드컵

개최 이후 16년 만에 본선에 진출했으며, 우리나라와의 월드컵 본선 맞대결 경험은 없는 팀이다. 체코(41위)는 한국보다 순위는 낮지만, 과거 체코슬로바키아 시절인 1934년 이탈리아 대회와 1962년 칠레 대회에서 준우승하며 월드컵 최고 성적을 거뒀다. 그러나 1992년 체코로 독립한 이후에는 2006년 독일 대회 이후 20년 만에 본선에 복귀하게 됐다. 역대 체코와의 A매치 전적을 봤을 때 한국은 1승2무2패를 기록해 상대적으로 열세인 상황이다.

A조 전력 분석

구분	대한민국 (FIFA 랭킹 25위)	멕시코 (15위)	남아프리카공화국 (61위)	체코 (41위)
역대 월드컵 본선 진출 횟수	12회	18회	1회	10회
A매치 한국 상대 역대 전적	–	4승3무8패	–	1승2무2패
월드컵 최고 성적	4위 (2022년 한일 월드컵)	8강 (1970·1986년 멕시코 월드컵)	본선 진출 (조별리그 탈락)	준우승 (1934년 이탈리아 월드컵·1962년 칠레 월드컵)

프로축구 K리그, 2026시즌 개막
외국인 선수 제한 폐지 및 U-22 의무 출전 완화

- 2026시즌 K리그가 2월 28일 인천 전용경기장에서 열린 인천 유나이티드와 FC서울의 개막전을 시작으로 8개월 대장정의 막을 올렸다.
- 특히 이번 시즌 개막 라운드 14경기(K리그1 6경기·K리그2 8경기)에는 총 15만 2645명의 관중이 모여 직전 최다 관중이었던 2024시즌(13만 2693명)을 넘으며 역대 최다 관중 기록을 새로 작성했다.

프로축구, 2026시즌 달라지는 것들 2026시즌부터 외국인 선수 제한이 사라지면서 구단은 인원 제한 없이 외국인 선수들을 등록할 수 있는데, 다만 경기 엔트리 등록 및 출전은 K리그1 5명·K리그2 4명으로 제한된다. 또 약 27년 만에 외국인 골키퍼 등록 금지 규정이 폐지됐다. 아울러 20세 이하(U-22) 선수 의무 출전제도도 완화돼 K리그1은 U-22 출전 여부와 상관없이 경기 중 최대 5명까지 교체할 수 있다. 다만, U-22 선수 2명 이상을 20명 엔트리에 포함해야 하는 규정은 유지되며, U-22 선수가 줄어들수록 교체 엔트리도 함께 줄어든다.

한국 여자 축구대표팀, 한일전 패배
아시안컵 결승행 좌절

- 한국 여자 축구대표팀이 3월 18일 호주 시드니 스타디움 오스트레일리아에서 열린 「2026 아시아축구연맹(AFC) 여자 아시안컵」 준결승에서 일본에 1-4로 패했다. 한국은 2002년 인도 대회에서도 준우승에 그친 바 있다.
- 한편, 우리나라는 이번 대회 4강 진출로 2027년 브라질에서 열리는 국제축구연맹(FIFA) 여자 월드컵 본선 진출권을 획득하면서 통산 다섯 번째이자 4회 연속 여자 월드컵에 출전하게 됐다.

맨시티, 아스널 제치고
통산 9번째 카라바오컵 정상

- 맨체스터 시티(맨시티)가 3월 22일 영국 런던 웸블리 스타디움에서 열린 「2025~2026시즌 잉글랜드 리그컵(EFL컵·카라바오컵)」 결승전에서 아스널을 상대로 2-0으로 승리했다. 이로써 맨시티는 2020~2021시즌 이후 5년 만이자 통산 9번째 리그컵 우승을 차지했다.
- 맨시티의 페프 과르디올라 감독은 2018~2021년까지 대회 4연패를 달성한 데 이어 통산 5번째 우승을 기록해 이 대회 최다 우승 사령탑에 올랐다.
- 한편, 아스널은 1992~1993시즌 이후 33년 만의 카라바오컵 우승을 노렸지만 준우승에 머무르는 데 그쳤다.

베네수엘라, 사상 첫 WBC 우승
미국에 3-2로 승리

- 베네수엘라가 3월 18일 미국 플로리다주 마이애미 론디포파크에서 열린 「2026 월드베이스볼클래식(WBC)」 결승전에서 미국을 3-2로 꺾으며 사상 처음으로 대회 정상에 올랐다. 이로써 2006년 첫 대회부터 한 번도 빠짐없이 출전한 베네수엘라는 이번 대회에서 사상 첫 결승 진출에 이어 우승이라는 대업까지 달성했다.
- 이번 대회 최우수선수(MVP)에는 베네수엘라의 마이켈 가르시아(26·캔자스시티)가 선정됐다. 그는 이번 대회 7경기에서 ▷타율 0.385(26타수 10안타) ▷1홈런 ▷3도루 7타점을 기록하며 베네수엘라의 승리를 견인했다.
- 한편, 미국은 직전 대회 결승에서 일본에 2-3으로 패한 바 있어, 두 대회 연속으로 준우승에 그치게 됐다.

한국, 17년 만의 WBC 4강 진출 무산　한국 야구 대표팀이 3월 14일 열린 2026 WBC 8강전에서 도미니카공화국에 0-10으로 패하며 4강 진출이 좌절됐다. 한국은 앞서 3월 9일 열린 C조 4차전 호주를 7-2로 꺾고 8강에 진출했는데, 이는 2009년 준우승 이후 처음 WBC 결선 토너먼트에 진출한 것이었다. 한국은 2013·2017·2023년 대회에서 3회 연속 1라운드 탈락을 겪은 뒤 17년 만에 토너먼트 무대를 밟은 바 있다.

WBC 역대 대회 결과 및 한국 결과

연도	우승	준우승	한국 결과
2006년	일본	쿠바	3위
2009년	일본	대한민국	준우승
2013년	도미니카공화국	푸에르토리코	조별리그 탈락(2승1패)
2017년	미국	푸에르토리코	조별리그 탈락(1승2패)
2023년	일본	미국	조별리그 탈락(2승2패)
2026년	베네수엘라	미국	8강(8위)

프로야구 KBO리그, 2026시즌 개막
「아시아쿼터제」 도입 및 「피치클록」 단축

- 2026 KBO리그가 3월 28일 전국 5개 구장에서 일제히 올 시즌 개막전을 열고 팀당 144경기, 총 720경기를 치르는 페넌트레이스에 돌입했다.
- 한국야구위원회(KBO)에 따르면 2026시즌부터 리그의 공정성을 강화하고 박진감 넘치는 경기를 선보이기 위해 아시아쿼터제 도입을 비롯해 ▷피치클록 시간 단축 ▷수비 시프트 제한 ▷파울라인 너비 통일 등 굵직한 변화를 도모했다.

프로야구, 2026시즌 달라지는 것들　이번 시즌 가장 큰 변화로 꼽히는 「아시아쿼터」는 각 구단이 기존 외국인 선수 3명에 더해 아시아야구연맹(BFA) 소속 국가 및 호주 국적 선수 1명을 추가로 영입할 수 있는 제도다. 다만, 계약 총액(계약금·연봉·옵션 등)은 최대 20만 달러로 제한된다. 또 새롭게 도입된 「수비 시프트 제한」에 따르면 수비팀이 포수와 투수를 제외한 내야수 4명은 반드시 내야에 위치하고 2루를 기준으로 좌우에 각각 2명씩 있어야 한다. 이 밖에 투구시간을 제한하는 「피치클록」이 주자 유무와 관계없이 각각 2초씩 단축됐으며, 구장별로 달랐던 파울라인 너비도 4인치로 통일했다.

매킬로이, PGA 마스터스 우승
24년 만에 역대 4번째 2연패

- 로리 매킬로이(37·북아일랜드)가 4월 13일 미국 조지아주 오거스타내셔널GC에서 열린 마스터스 토너먼트 최종 라운드에서 최종합계 12언더파 276타를 기록, 세계랭킹 1위 스코티 셰플러(11언더파 277타)를 1타 차로 제치고 우승했다.
- 이로써 지난해 마스터스 우승으로 4대 메이저대회를 모두 제패한 「커리어 그랜드슬램」을 달성했던 매킬로이는 ▷잭 니클라우스(미국·1965~1966년) ▷닉 팔도(잉글랜드·1989~1990년) ▷타이거 우즈(미국·2001~2002년)에 이어 24년 만에 역대 4번째 마스터스 2연패 주인공이 됐다.

마스터스(The Masters Tournament)　1934년부터 미국 오거스타내셔널 골프클럽의 주관으로 열리는 미국프로골프 (PGA) 경기대회로, 4대 메이저 골프대회 중 하나이다. 매년 개최 장소가 바뀌는 다른 메이저대회와는 달리 마스터스는 미국 조지아주의 오거스타내셔널 골프클럽에서만 열린다. 초청제로 운영돼 세계의 강자(마스터)들만이 참가하는 권위 있는 골프대회로, 대회 우승자는 골프 정상의 상징인 「그린 재킷(Green Jacket)」을 입는다.

놈(Gnome)　2016년 마스터스에서 처음 선보인 이후 매년 새로운 디자인으로 출시되면서 대회를 상징하는 대표 기념품 으로 자리 잡았다. 「땅 요정」이라 불리는 도자기 인형은 약 13.5인치(약 34cm) 크기로, 해마다 옷차림과 소품이 달라지 는 것이 특징이다. 예컨대 골프클럽을 들거나 우산을 쓰는 등 마스터스 특유의 분위기와 테마를 반영한다. 특히 이 인형 은 현장에서만 구매할 수 있고 온라인 판매가 이뤄지지 않기 때문에 대회에 직접 방문한 사람만이 소유할 수 있는 상징 적 아이템으로 여겨지며 높은 인기를 얻고 있다.

김효주, 포드 챔피언십 2연패 달성
투어 통산 9승

- 김효주(31)가 3월 30일 미국 애리조나주 피닉스의 월윈드 골프클럽(파72)에서 열린 미국여자프로 골프(LPGA) 투어 「포드 챔피언십」에서 최종합계 28언더파 260타를 기록, 넬리 코르다(28·미국) 를 2타 차로 제치고 정상에 올랐다.
- 이로써 김효주는 지난해에 이어 2년 연속 이 대회 우승을 차지하며 타이틀 방어에 성공한 것은 물론 투어 통산 9승째 우승을 기록했다. 아울러 3월 23일 포티넷 파운더스컵에서 우승했던 그는 처음으로 2주 연속 우승을 이뤘으며, 2023년 고진영(5승) 이후 처음으로 한 시즌 다승(2승)을 기 록하게 됐다.
- 한편, 김효주의 2주 연속 우승에 앞서 이미향이 2월 블루베이 LPGA에서 우승한 바 있어 이번 시 즌 3개 대회 연속 한국 선수 우승 행진을 이어가게 됐다. 한국 선수가 LPGA 투어에서 3개 대회 연승을 합작한 것은 2019년 양희영(혼다 타일랜드)·박성현(HSBC 월드 챔피언십)·고진영(파운더 스컵) 이후 7년 만이다.

남녀 프로배구 대한항공·GS칼텍스
챔피언결정전 우승

- 남자 프로배구 대한항공과 여자 프로배구 GS칼텍스가 각각 「2025~2026시즌 V리그」 챔피언결정 전에서 우승하며 시즌을 마무리했다.
- 대한항공은 현대캐피탈과의 경기에서 전적 3승2패로, GS칼텍스는 한국도로공사와의 경기에서 전 적 3승 무패로 승리를 거뒀다.

대한항공, 구단 사상 두 번째 「트레블」　남자 프로배구 대한항공이 4월 10일 인천 계양체육관에서 열린 현대캐피탈과의 2025~2026시즌 V리그 남자부 챔피언결정전(5전 3선승제) 5차전에서 세트스코어 3-1로 승리, 전적 3승 2패로 우승했다. 이로써 대한항공은 2023~2024시즌 이후 2년 만에 정상 을 탈환한 데 이어 통산 6번째 챔프전 정상에 올랐다. 여기에 정규리그 1위에 앞서 컵대회를 제패했 던 대한항공은 트레블(컵대회·정규리그·챔피언결정전 우승)을 달성하게 됐는데, 대한항공이 트레블 을 달성한 것은 2022~2023시즌 이후 3년 만이다.

GS칼텍스, 5년 만에 챔프전 정상   여자 프로배구 GS칼텍스가 4월 5일 서울 장충체육관에서 열린 한국도로공사와의 2025~2026시즌 V리그 여자부 챔피언결정전 3차전에서 세트스코어 3-1을 기록, 전적 3승 무패로 우승했다. 이로써 GS칼텍스는 통합우승을 차지했던 2020~2021시즌 이후 5년 만이자 통산 4번째 우승을 차지했다.

정규리그를 3위로 마친 GS칼텍스는 프로배구 여자부 출범 이후 처음으로 열린 준플레이오프에서 흥국생명을 제압한 뒤 플레이오프(3전2승제)에서 현대건설을 상대로 2승 무패를 거뒀다. 이후 챔프전에서는 정규리그 1위 팀인 도로공사까지 무너뜨리며 포스트시즌 6전 전승을 완성, 사상 처음으로 준플레이오프를 거쳐 챔피언결정전 정상에 오르는 새 역사를 썼다.

한선수·실바, 남녀 프로배구 정규리그 MVP   대한항공의 세터 한선수(41)가 4월 13일 열린 2025~2026시즌 V리그 시상식에서 기자단 투표 34표 중 15표를 얻어 최우수선수(MVP)로 선정됐다. 이로써 2022~2023시즌 세터 최초이자 역대 최고령 MVP 기록을 새로 썼던 그는 3년 만에 통산 두 번째 MVP에 이름을 올렸다.

그리고 여자부 MVP는 GS칼텍스의 지젤 실바(34)가 34표 중 17표를 받으며 선정됐는데, 외국인 선수가 여자부 MVP에 오른 것은 2017~2018시즌 한국도로공사에서 뛰었던 이바나 이후 8년 만이다. 실바는 이번 시즌 36경기에 모두 출전해 1083득점을 올리며 여자부 한 시즌 최다 득점 신기록을 달성한 것은 물론, 남녀부 통틀어 3시즌 연속 1000득점이라는 신기록도 세웠다.

남녀 프로농구 창원 LG·청주 KB
정규리그 우승

- 남자 프로농구 창원 LG가 4월 3일 수원KT소닉붐아레나에서 열린 「2025~2026시즌 프로농구(KBL)」 수원 KT와의 경기에서 87-60으로 완승을 거두며, 남은 경기 결과와 상관없이 우승을 확정했다. 창원 LG의 정규리그 우승은 2013~2014시즌 이후 12년 만이자 통산 2번째이다.
- 이에 앞서 3월 30일 여자 프로농구에서는 청주 KB가 부산 BNK와의 「2025~2026시즌 여자프로농구(WKBL)」 정규리그에서 94-69로 이기며 시즌 전적 21승 9패를 기록, 남은 경기 결과와 상관없이 정규리그 우승을 확정지었다. 청주 KB가 정규리그 1위를 차지한 것은 통산 6번째이자 2023~2024시즌 이후 2년 만이다.

이정현·박지수, 남녀 프로농구 정규리그 MVP   이정현(27·고양 소노)이 4월 9일 열린 2025~2026시즌 남자 프로농구 정규리그 시상식에서 총 유효투표 117표 중 106표를 얻어 2021년 데뷔 이후 첫 최우수선수(MVP)로 선정됐다. 특히 1997년 KBL 출범 이후 정규리그 1·2위가 아닌 팀에서 MVP가 나온 것은 이번이 다섯 번째다.

이에 앞서 4월 6일 열린 2025~2026시즌 여자프로농구(KWBL) 정규리그 시상식에서는 박지수(28·KB)가 기자단 투표 119표 중 53표를 받아 최우수선수(MVP)에 선정됐다. 이로써 박지수는 2018~2019·2020~2021·2021~2022·2023~2024시즌에 이어 2년 만에 개인 통산 다섯 번째 MVP 수상 기록을 남겼다. WKBL에서 박지수보다 MVP에 이름을 많이 올린 선수는 정선민(은퇴·7회)뿐이다.

안세영, 생애 첫 아시아선수권 우승
한국 여자 배드민턴 최초 「커리어 그랜드슬램」 달성

- 안세영(24·삼성생명)이 4월 12일 중국 닝보 올림픽 스포츠센터에서 열린 「2026 아시아 배드민턴 선수권」 여자단식 결승에서 왕즈이(26·중국)를 세트스코어 2-1로 이기며 생애 첫 아시아선수권 정상에 올랐다.
- 안세영은 이날 우승으로 배드민턴 한국 여자 단식선수로는 최초로 「커리어 그랜드슬램」도 달성했다. 배드민턴에서 그랜드슬램은 올림픽·세계선수권·대륙 선수권·대륙별 정합 경기대회 우승을 모두 이루는 것을 말한다. 안세영은 앞서 ▷2024 파리올림픽 ▷2023 코펜하겐 세계선수권대회 ▷2022 항저우 아시안게임을 모두 제패한 바 있다.

배드민턴 서승재-김원호, 전영오픈 우승
40년 만에 남자복식 2연패 달성

- 한국 남자 배드민턴 복식 서승재(29)-김원호(27) 조가 3월 9일 영국 버밍엄에서 열린 2026 세계 배드민턴연맹(BWF) 월드투어 「전영오픈」 남자복식 결승에서 말레이시아의 아론 치아(29)-소위익(28) 조를 세트스코어 2-1로 우승하며 2연패를 달성했다.
- 이로써 서승재와 김원호는 1985년과 1986년 박주봉(62·현 한국배드민턴 대표팀 감독)-김문수(63·전 삼성생명 감독) 조에 이어 한국 선수로는 40년 만에 전영오픈 남자복식 타이틀 방어에 성공했다.

> **전영오픈** 1899년 처음 개최돼 세계에서 가장 역사가 오래고 권위 있는 배드민턴 대회로, 세계배드민턴연맹(BWF) 월드투어 중 최고 수준인 「슈퍼 1000」 대회 중 하나다. 배드민턴에서는 올림픽과 세계선수권, 월드투어 파이널에 이어 권위를 인정받고 있는 대회이기 때문에 「배드민턴의 윔블던」이라 통하기도 한다. 특히 올림픽 출전권은 매년 4월 말 기준 세계랭킹에 따라 부여되는데, 전영오픈에 가장 많은 랭킹 포인트가 걸려 있다.

💡 한편, 한국 단식 선수 최초로 전영오픈 2연패에 도전했던 세계 1위 안세영은 결승에서 중국의 왕즈이에게 0-2로 패하며 준우승에 머물렀다.

한국 쇼트트랙 김길리·임종언,
ISU 세계선수권 첫 2관왕 달성

- 쇼트트랙 김길리(22)와 임종언(19)이 캐나다 몬트리올의 모리스 리처드 아레나에서 열린 「2026 국제빙상경기연맹(ISU) 쇼트트랙 세계선수권대회」 1000m와 1500m 종목에서 나란히 금메달을 차지하는 기록을 썼다.
- 김길리는 3월 16일 열린 여자 1500m 결선에서 2분31초003의 기록으로 가장 먼저 결승선을 통과하며 산드라 펠제부르(네덜란드)와 커린 스토더드(미국)을 제치고 금메달을 차지했다. 이로써 전날 1000m 경기에서 금메달을 획득했던 김길리는 1500m도 석권하며 2관왕에 올랐다.
- 남자부에서는 앞서 3월 15일 1500m를 제패한 임종언이 1000m에서도 정상에 오르며 세계선수권대회 첫 2관왕을 차지했다. 한국 남자 선수가 세계선수권 다관왕에 오른 것은 2023년 박지원 이후 3년 만이다.

제14회 밀라노·코르티나 동계패럴림픽 폐막
한국, 종합 13위 기록 – 역대 최고 성적

- 3월 7일 이탈리아 베로나 아레나 인 베로나에서의 개막식으로 시작된 「제14회 밀라노·코르티나 담페초 동계패럴림픽」이 15일 10일간의 열전을 마무리하며 폐막했다. 이번 대회에서는 6개 종목 (알파인스키·스노보드·크로스컨트리 스키·바이애슬론·아이스하키·휠체어컬링)에 걸린 79개의 금메달을 놓고 52개국 665명의 선수들이 치열한 승부를 펼쳤다.
- 대회 결과 우리나라는 금메달 2개·은메달 4개·동메달 1개로 종합 13위에 올랐다. 이는 2018 평창 동계패럴림픽(금1·동2)을 넘어선 한국 동계패럴림픽 역대 최고 성적이다. 특히 김윤지 (20·BDH파라스)는 이번 대회 노르딕스키(바이애슬론·크로스컨트리 스키) 6개 종목에 출전해 금메달 2개와 은메달 3개를 차지했다.

> **패럴림픽(Paralympic Game)** 패럴림픽은 본래 「하반신 마비(Para-plegia)」와 올림픽(Olympic)의 합성어였지만, 현재는 Para가 「동등한(Parallel)」, 「올림픽과 병행해 치른다」는 뜻으로 올림픽과 동등한 위치에서 치러지고 나란히 함께 가는 대회로 해석된다. 패럴림픽은 1960년 이탈리아 로마에서 처음으로 개최됐고, 동계패럴림픽은 1976년 스웨덴 외른셸스 비크에서 처음 열렸다. 한편, 우리나라는 1992년 제5회 티니-알베르빌 동계패럴림픽에 처음 출전한 이후 이번 대회까지 한 차례도 빠짐없이 출전해 왔으며, 이번 2026 밀라노·코르티나 동계패럴림픽에서는 「금2·은4·동1」로 역대 최고 성적 을 거뒀다.

2관왕 김윤지, 패럴림픽 메달 5개 새역사 한국 장애인 스포츠의 간판스타인 김윤지는 2026 밀라노·코르티나담페초 동계패럴림픽에서 금메달 2개, 은메달 3개를 획득했다. 이는 동계패럴림픽 사상 최초이자 이전 모든 올림픽경기를 통틀어 대한민국 선수 사상 처음으로 단일 대회에서 메달 5개를 수확한 쾌거다. 아울러 한국 선수 중 동계패럴림픽 최초의 2관왕 타이틀까지 기록하게 됐다.

김윤지 선수는 이번 대회에서 ▷크로스컨트리 스키 여자 20km 인터벌 스타트 좌식 경기와 ▷바이애슬론 여자 스프린트 좌식 12.5km에서 각각 금메달을 획득했다. 이 밖에도 ▷크로스컨트리 스키 스프린트 ▷10km 인터벌 스타트 ▷바이애슬론 스프린트 추적에서 은메달 3개를 획득했다.

💡 한편, 이번 대회에서 믹스더블 백혜진(43)과 이용석(42)은 한국 휠체어컬링에 16년 만의 패럴림픽 메달(은)을 안겼으며, 이제혁(29)은 스노보드 남자 크로스에서 동메달을 획득하며 한국 선수 최초로 패럴림픽 스노보드 메달리스트가 됐다.

美 아르테미스 2호 지구 귀환, 54년 만의 인류 달 탐사 기록

- 미국 항공우주국(NASA)의 유인 우주탐사선 아르테미스 2호가 10일 간의 임무를 마치고 4월 10일 미국 샌디에이고 인근 태평양 해상에 착수하며 지구로 귀환했다. 아르테미스 2호는 지난 4월 2일 미국 플로리다주 케이프 커내버럴의 케네디 우주센터에서 발사된 바 있다.
- 아르테미스 2호는 이번 귀환으로 1972년 12월 아폴로 17호 이후 54년 만에 달에 다녀온 인류이자, 아폴로 13호를 넘어 지구에서 가장 먼 곳에 도달한 기록도 남기게 됐다. 또한 로켓에 실린 유인 우주선 「오리온」에는 4명의 우주인이 탑승했는데, 이들은 달 뒤편을 육안으로 직접 관측한 인류가 됐다.
- 이처럼 아르테미스 2호의 임무가 성공적으로 끝나면서 NASA는 후속 임무를 통해 달 착륙을 본격적으로 준비하게 된다. 우선 내년 중으로 아르테미스 3호가 지구 저궤도에서 생명유지시스템 등 핵심 기술을 검증한 뒤, 2028년 아르테미스 4호를 통해 유인 달 착륙을 추진한다는 계획이다.

▲ 발사되는 아르테미스 2호

> **아르테미스 프로젝트(Artemis Project)**　미국 항공우주국(NASA)이 추진 중인 달 유인 탐사 프로젝트로, 비행체의 성능을 시험하는 1단계 무인계획과 통신과 운항 시스템을 시험하는 2단계 유인계획을 거쳐 인류 역사상 최초의 여성 우주인을 포함한 4명의 인류를 달에 보내는 것을 최종 목표로 한다. 아르테미스라는 명칭은 아폴로 계획의 후속임을 드러내는 것은 물론 여성 우주인이 처음으로 달 표면에 발을 딛는 것을 강조한 것이다. 아르테미스 프로젝트는 미 NASA뿐 아니라 캐나다·호주·아랍에미리트(UAE) 등 세계 21개국의 우주기구와 우주 관련 민간 기업들까지 연계된 대규모 국제 프로젝트로, 한국도 2021년 5월 아르테미스 약정에 서명하면서 참여를 선언한 바 있다.

아르테미스 1호	2022년, 마네킹을 태운 오리온 우주선이 달 궤도를 도는 무인 시험비행 진행
아르테미스 2호	2026년 4월, 아르테미스 3호 임무에 앞서 로켓과 유인우주선의 성능 및 안전성 실험
아르테미스 3·4호	계획대로 진행 시 2027~2028년 중 지구 저궤도 도킹 시험 및 우주비행사 달 표면 착륙 임무 시도 예정

아르테미스 2호의 임무는?　아르테미스 2호는 98m 높이의 1단 로켓인 우주발사시스템(SLS·Space Launch System)과 유인 우주선 오리온으로 구성됐다. 핵심 임무는 2028년으로 예정된 달 착륙에 앞서 유인 우주선의 심우주 궤도와 생존 유지시스템을 최

아르테미스 2호 제원 및 구성

오리온 우주선	・높이: 7.9m ・질량: 달까지 24t, 귀환 시 8t
우주발사시스템 (SLS)	・높이: 98m ・질량: 약 2600t(연료 주입 시) ・이륙추력: 약 4000t

종 검증하는 것으로, 특히 우주비행사들의 건강 상태를 종합적으로 검증해 인류의 심우주 장기 거주 가능성에 대한 시험이 이뤄졌다.

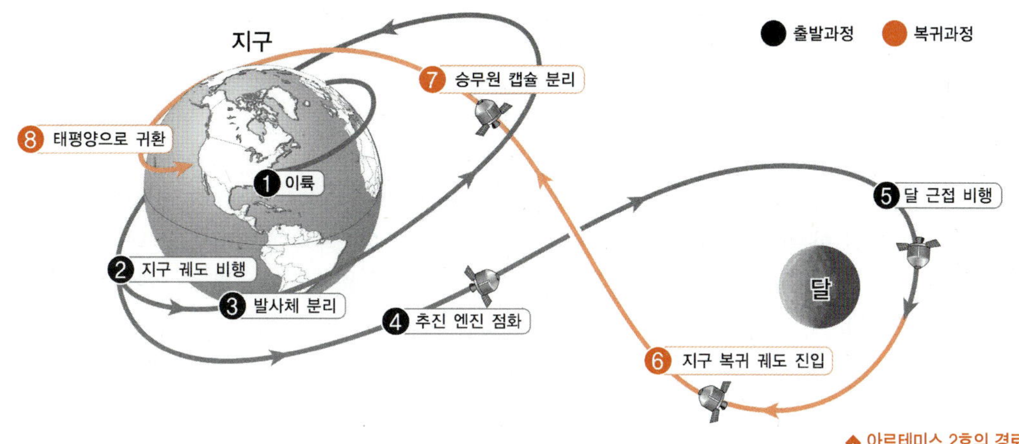

▲ 아르테미스 2호의 경로

아르테미스 2호가 남긴 기록들　아르테미스 2호는 4월 6일 달 뒷면으로 완전히 사라지면서 지구와의 교신이 두절되기도 했는데, 이는 전파가 단단하고 거대한 바위인 달을 통과할 수 없었기 때문이다. 교신은 아르테미스 2호가 달 뒷면에서 약 40분 뒤 빠져나오면서 재개됐으며, 이에 승무원들은 달 뒷면(far side)을 육안으로 직접 관측한 최초의 인류로 기록됐다. 또 아르테미스 2호는 4월 7일 새벽 2시 56분에는 지구에서 40만 7000km 떨어진 지점까지 도달하며, 1970년 아폴로 13호의 기록(40만 171km)을 넘어 「역대 가장 먼 유인 우주비행」이라는 기록도 세웠다.

이 밖에 아르테미스 2호에는 NASA 소속의 리드 와이즈먼, 빅터 글로버, 크리스티나 코크와 캐나다 우주국(CSA) 소속 제러미 한센 등 4명의 우주비행사가 탑승했다. 이 가운데 와이즈먼을 제외한 3명은 각기 달에 간 최초의 여성(코크), 최초의 비백인(글로버), 최초의 비미국인(핸슨)이라는 기록을 남기게 됐다.

▲ 4명의 우주비행사 공식 초상화

국산 큐브위성 K-라드큐브, 교신에는 실패　아르테미스 2호에 실려 발사된 한국의 초소형 큐브위성인 「K-라드큐브(K-RadCube)」는 지상국과의 정상 교신에는 실패했다. 앞서 우주항공청은 K-라드큐브가 4월 2일 0시 58분(현지시간) 고도 4만km의 지구 고궤도에서 성공적으로 사출됐다고 밝힌 바 있다.

아르테미스 2호 주요 비행 기록

총 비행거리	111만 7659km
지구 최대 이격거리	40만 6771km
달 최근접 거리	6547km
대기권 재진입 속도	3만 9693km

무게 약 19kg의 초소형 큐브위성인 K-라드큐브는 강한 방사선이 집중된 밴앨런대를 통과하며 방사선 환경을 측정하는 임무를 맡았다. 비록 양방향 교신에는 실패해 임무는 완성하지 못했으나, 유인 탐사선에 탑재돼 정지궤도를 넘어서 운용된 국내 최초 사례라는 기록을 남기게 됐다.

> **밴앨런대(Van Allen belt)**   지구를 2중으로 둘러싼 강한 방사능대로, 적도 상공을 중심으로 도넛 모양으로 지구를 감싸고 있다. 미국 최초의 인공위성인 익스플로러 1호 등에 의해 발견됐으며, 미국의 물리학자 J.A. 밴 앨런의 이름을 딴 명칭이다. 밴앨런대의 내층(內層)은 적도 약 3000km 상공을 중심으로 높은 에너지의 양자로 구성돼 있으며, 외층(外層)은 약 2만km 상공에 중심이 있어 높은 에너지의 양자와 전자로 구성돼 있다.

아르테미스 프로젝트, 향후 일정은?   아르테미스 미션의 최종 목표는 달 착륙으로, NASA는 2호의 성공을 기반으로 2028년 달 착륙을 향한 임무를 지속적으로 추진한다. 우선 2027년으로 예정된 아르테미스 3호는 지구 저궤도에서 달 착륙선과의 도킹 시험비행을 하게 된다. 이 아르테미스 3호가 성공하면 2028년 아르테미스 4호를 통해 달 착륙에 도전하는데, 착륙 후보지는 달 남극이다. 달의 극지방에 존재하는 얼음 형태의 물은 향후 우주기지 건설 시 유용하게 활용될 수 있어 전략적 가치가 크다는 평가다.

구글, 「터보퀀트」 기술 발표
글로벌 반도체 시장에 충격

- 구글 리서치가 3월 25일 새로운 인공지능(AI) 압축 알고리즘인 「터보퀀트(TurboQuant)」 기술을 발표하면서 글로벌 반도체 시장에 큰 충격을 일으켰다. 구글에 따르면 터보퀀트는 AI 정확도 손실 없이 메모리 사용량을 크게 줄일 수 있다. 터보퀀트 공개 이후 일각에서 메모리 수요가 둔화할 것이라는 전망이 제기되면서 메모리 반도체를 생산하는 삼성전자와 SK하이닉스, 미국 마이크론 등의 주가가 급락하기도 했다.
- 하지만 업계에서는 터보퀀트 기술이 메모리 사용을 줄일 수는 있으나 메모리 수요 둔화 우려는 다소 과하다는 평가를 내놓고 있다. 우선 구글의 발표는 알고리즘 공개에 가깝고 실제 상용화까지는 많은 시간이 걸린다는 반론이 제기됐으며, 메모리 효율 개선에 따른 비용 감소로 오히려 전체 메모리 수요는 늘어날 것이라는 전망도 나왔다.

> **제본스의 역설(Jevons' Paradox)**   생산 효율이 좋아지면 비용이 낮아지고 그 결과 소비가 오히려 더 급증한다는 경제 이론이다. 제본스의 역설은 구글의 터보퀀트 발표 이후 메모리 반도체 수요 둔화 전망이 나오자 이에 대한 반론으로 많이 언급되고 있다. 이에 따르면 메모리 효율 개선으로 비용이 낮아지면 이는 곧 AI 대중화로 이어지고, AI 시장의 규모가 커지면 더 많은 반도체가 필요해 반도체 기업들에게는 호재로 작용한다는 것이다.

터보퀀트(TurboQuant)는 무엇?   벡터 검색엔진에서 발생하는 메모리 병목현상을 해결하여 인공지능(AI)의 효율성을 극대화하는 데이터 압축 알고리즘이다. 구글에 따르면 해당 기술은 KV 캐시(Key Value Cache)에 저장되는 벡터 데이터를 3~4비트 수준으로 압축해 메모리를 크게 줄이면서도, 모델이 단어·이미지·정보 사이의

터보퀀트 개요	
내용	AI 모델 메모리 압축 기술
메모리 사용량	기존보다 6분의 1 이하로 압축
연산 속도	최대 8배 빠름
정확도	정보 손실 거의 없음

의미적 관계를 거의 그대로 이해할 수 있게 해주는 특징을 갖고 있다. 구글에 따르면 터보퀀트는 맥락 데이터의 크기를 줄이는 「극좌표양자화(폴라퀀트)」와 오차를 줄이는 「QJL(양자화 존슨-린덴스트라우스 변환)」 기술을 바탕으로 KV 캐시 메모리 사용량을 최소 6배 줄인다.

앤트로픽, 「블랙리스트 지정은 권한 남용」
美 정부 상대 소송 제기

미국 인공지능(AI) 기업 앤트로픽이 3월 9일 자사를 「공급망 위험」 기업으로 지정한 미 전쟁부(국방부) 등 18개 연방기관과 피트 헤그세스 국방부장관을 상대로 소송을 제기했다. 또 앤트로픽은 연방기관에 앤트로픽의 AI 사용을 금지한 도널드 트럼프 대통령의 지시가 위헌임을 확인해 달라고도 요청했다.

> **클로드(Claude)** 인공지능(AI) 회사인 앤트로픽(Anthropic)이 만든 대형언어모델(LLM) 기반 AI 챗봇으로, 사람과 자연스럽게 대화하고 글쓰기·코딩·분석·문서 이해 등 다양한 작업을 수행하도록 설계된 AI이다. 무엇보다 클로드는 오픈AI의 GPT 시리즈와 유사한 트랜스포머 구조를 사용하면서도, 「Constitutional AI(헌법 기반 AI)」라는 새로운 접근법을 도입해 AI의 행동을 사람 중심과 윤리적으로 조정한 것이 특징이다.
> 클로드1은 2023년 3월 출시됐으며, 클로드2는 같은 해 7월, 2024년에는 앤트로픽의 첫 멀티모달 LLM인 클로드3가 출시된 바 있다. 한편, 앤트로픽(Anthropic)은 2021년 다리오 아모데이와 다니엘라 아모데이 남매가 오픈AI를 나와 창업한 미 실리콘밸리 AI 기업이다.

앤트로픽의 소송 제기, 왜? 앤트로픽의 AI 모델 「클로드」는 미군의 기밀 시스템에서 유일하게 사용된 AI였다. 이에 앤트로픽은 자사 AI 모델을 대규모 국내 감시와 자율살상무기에 써서는 안 된다는 입장인 반면, 국방부는 AI를 「합법적인 모든 용도」에 제한 없이 사용할 수 있어야 한다면서 갈등이 불거진 바 있다.

그러자 2월 27일 국방부는 앤트로픽이 국가 안보를 위협한다며 공급망 위험 기업으로 지정했는데, 주로 미국의 적대 세력을 대상으로 한 공급망 위험 기업에 미국 기업이 지정된 것은 앤트로픽이 처음이었다. 여기에 트럼프 대통령은 모든 연방기관에 앤트로픽 기술 사용 중단까지 지시했다.

앤트로픽의 소송 제기에 이르기까지

2026.	1.	美 국방부, AI 계약에 「모든 합법적 목적」 문구 포함 지시
	2.	앤트로픽, 「국민 감시·살상 무기에 클로드 사용 불가」
	27.	• 국방부, 앤트로픽을 「공급망 위험」 기업으로 지정
		• 트럼프, 연방기관에 앤트로픽 기술 사용 금지 지시
	3. 9.	앤트로픽, 국방부 등 18개 연방기관 상대로 소송 제기

AI 기술 주권, 법원 판결에 따른 영향은? 앤트로픽이 제기한 이번 소송의 결과는 향후 AI 산업의 글로벌 표준을 재편할 변곡점이 될 것이라는 전망이 나온다. 만약 법원이 앤트로픽 승소 판결을 내린다면 민간 기업이 기술의 사용 범위를 명확히 통제할 수 있고, 국가의 무력 사용에 제동을 걸 수 있는 선례를 남기게 될 수 있다. 반면 정부가 승소한다면 기업의 가이드라인보다 국가의 전략적 판단이 우선된다는 선례가 남게 된다.

AI 활용을 둘러싼 앤트로픽 vs 미국 정부

앤트로픽	쟁점	美 정부
국민 안전 우선주의	원칙	국가 안보 우선주의
기업이 정한 가이드라인 준수	AI 통제권	전장 상황에 따른 무제한 접근권 요구
국민 감시, 자율살상무기 활용 금지	AI 활용	효율적인 군사 작전을 위해 모든 합법적 용도 활용

美 법원, 메타·구글의 청소년 중독 책임 인정
600만 달러 배상 판결-빅테크 파장 전망

- 미국 캘리포니아주 로스앤젤레스 법원 배심원단이 3월 25일 유튜브와 인스타그램 등 소셜미디어가 청소년에게 중독 등 정신건강에 피해를 입혔다는 주장과 관련, 빅테크들에 책임이 있다는 평결을 내놓았다.
- 배심원단은 이날 인스타그램 운영사 메타와 유튜브 운영사 구글이 원고에게 총 600만 달러(약 90억 원/ 메타 420만 달러, 구글 180만 달러 부담)를 배상해야 한다고 평결했다. 해당 사건의 원고인 20세 여성 케일리 G M(가명)은 인스타그램과 유튜브의 알고리즘이 청소년의 중독을 유발하도록 설계돼 자신이 어린 시절부터 불안과 우울증 등의 피해를 입었다며 소송을 제기한 바 있다.
- 무엇보다 이번 판결은 빅테크 기업의 중독 책임을 처음 인정한 것이라는 점에서 관련 소송에도 적잖은 영향을 미칠 것이라는 전망이다. 이번 평결 전날인 3월 25일에는 미 뉴멕시코주 배심원단이 메타가 아동·청소년 이용자를 성착취 범죄로부터 보호하지 못했다며 3억 7500만 달러(약 5600억 원)의 벌금을 부과한 바 있다.

인도네시아, 16세 미만 소셜미디어 금지 호주에 이어 인도네시아가 3월 28일부터 16세 미만 미성년자의 고위험 소셜미디어 이용을 금지하는 조치를 시행했다. 이에 따라 인도네시아에서 16세 미만 미성년자는 유튜브·틱톡·페이스북·인스타그램·스레드·엑스(X·옛 트위터)·로블록스 등 위험도가 높은 플랫폼의 계정을 만들 수 없게 됐다. 앞서 호주는 부모 동의 여부와 상관없이 미성년자의 SNS 이용을 전면 금지하는 법을 세계 최초로 제정해 지난해 12월부터 시행한 바 있다. 이후 덴마크, 프랑스, 스페인, 그리스, 영국, 캐나다, 말레이시아 등도 잇따라 청소년의 소셜미디어 이용을 제한하는 방안을 검토하고 있다.

정부, 구글에 고정밀 지도 반출 허가
구글 요청 19년 만에 허용

- 국토교통부가 2월 27일 국방부·국가정보원 등 8개 부처가 참여한 「측량성과 국외반출 협의체」를 열고, 구글이 요청한 1 대 5000 축척 지도의 국외 반출을 조건부 허가하기로 의결했다.
- 이는 구글이 처음 반출을 요구한 2007년 이후 19년 만으로, 국내 고정밀 지도 데이터가 국외로 나가는 첫 사례다. 이번에 반출

구글 고정밀 지도 반출 신청 및 허용 일지		
2007.	1.	구글, 국가정보원에 1 대 5000 지도 반출 요청
2016.	6.	구글 2차 요청
2025.	2.	구글 3차 요청
	8.	정부, 승인 결정 유보
	9.	구글, 정부 요청 수용한 조정안 발표
2026.	2.	• 구글, 정부가 요청한 보완서류 재제출
		• 정부, 구글에 지도 반출 조건부 허가

이 허용된 1 대 5000 지도는 50m를 1cm로 좁혀 5배 더 가깝고 상세하게 들여다보는 식이다.
- 이번 결정으로 네이버·카카오가 양분하던 국내 지도서비스 시장뿐 아니라 통신·자율주행 산업 등 국내 정보기술(IT) 생태계 전반에 거대한 변화가 불가피할 것이라는 전망이다.

구글 고정밀 지도 반출 허용에 이르기까지 구글은 지난 2007년과 2016년에도 한국 고정밀 지도의 국외 반출을 요청했지만, 정부가 제시하는 보안 조건 요건을 받아들이지 않아 거부당했다. 그러자 구

글은 지난해 2월 다시 반출을 요청했으며, 정부는 여러 차례 유보하며 결론을 미뤄오다 이날 조건부 반출 결정을 내렸다. 이에 대해 정부는 구글이 제시한 기술적 대안을 검토한 결과, 군사·보안시설 노출과 좌표 표시 문제 등 그간 지적돼온 안보 취약 요인이 상당 부분 완화됐다고 평가했다.

다만 정부는 안보 우려를 고려해 내비게이션

고정밀 지도 국외 반출 조건

데이터 제한	길찾기, 내비게이션 필요 지도만 반출
국내 서버 활용	국내 기업이 국내 서버에서 보안 처리 → 정부 확인 거쳐 반출
보안 처리	·위성·항공 사진에서 군사·보안시설 가림 ·글로벌 서비스에서 한국 영토 좌표 제거
사후 대응	·구글 측 지도 전담관 국내 상주 ·조건 위반 시 허가 중단 및 회수

과 길찾기 서비스를 위해 필요한 데이터 일부만 구글에 제공하기로 했다. 이에 따르면 군사·보안시설의 위성사진 등은 가리고, 좌표 표시도 금지된다. 데이터는 구글이 정한 국내 제휴기업을 통해 가공된 형태로 반출되는데, 정부가 보안상 문제가 없는지 등을 사전에 검토한다. 보안상 문제가 발생하면 국내 제휴기업에 신속히 수정을 요청하고, 해당 기업이 국내 서버에서 수정하게 된다.

반출에 따른 영향은? 이번 반출 결정으로 구글은 한국에서도 글로벌과 동일한 수준의 지도 서비스를 구현할 수 있게 됐다. 이에 따라 외국인 관광객들의 편의가 개선되며, 국내 소프트웨어 업계는 구글 지도를 통한 관련 산업을 확장시킬 수 있는 것이라는 전망이다. 다만 네이버·카카오 등 고정밀 지도를 기반으로 각종 서비스를 키워온 국내 플랫폼 기업은 타격이 불가피할 것으로 보이는데, 일각에서는 국가 안보에 영향을 줄 것이라는 우려도 제기하고 있다.

8. 세계 첫 유도만능줄기세포 치료제 승인
심부전·파킨슨병 치료제 조건부 승인 허용

일본 후생노동성이 3월 6일 세계 최초로 「유도만능줄기세포(iPSC·induced Pluripotent Stem Cell)」 치료제를 승인했다. 승인된 치료제는 파킨슨병 치료제 「암체프리(Amchepry)」와 중증 심부전 치료제 「리하트(ReHeart)」로, iPS세포 치료제 상용화는 이번이 처음이다.

💡 유도만능줄기세포(iPS·induced Pluripotent Stem cell)는 완전히 자란 체세포에 세포분화 관련 유전자를 지닌 조작된 유전자를 주입해 배아줄기세포처럼 다양한 세포로 분화할 수 있도록 만든 세포로, 「역분화줄기세포」라고도 한다. 환자의 혈액에서 체세포를 추출한 뒤 특정 단백질 혹은 유전자를 주입, 원하는 조직으로 분화하는 방식으로 개발한다.

치료제 승인과 그 의미 암체프리는 파킨슨병 환자의 혈액세포를 채취해 iPS세포로 되돌린 뒤 도파민 생성 전구세포로 유도해 환자의 뇌에 이식하는 방식으로 치료가 이뤄진다. 리하트 역시 자원자 유래 iPS세포를 심근세포로 분화시켜 최대 1억 개 세포로 이뤄진 동전 모양 조각으로 배양한 뒤, 허혈성 심근병증 환자 심장에 이식한다.

특히 이번 승인은 제품을 신속하게 환자에게 전달하기 위해 설계된 「조건부 및 기한부 승인」 시스템 하에서 이뤄졌다. 조건부 승인은 일반적인 치료제 승인에 필요한 임상시험자보다 더 적은 수의 환자로 안전성과 효능을 확인한 뒤 승인을 내주는 제도다. 아울러 이번 승인은 2006년 야마나카 신야 교토대 교수(※ 해당 공로로 2012년 노벨 생리의학상 수상)가 세계 최초로 쥐를 이용해 iPS 세포를 생성한 지 20년 만의 성과다. iPS세포는 필요한 세포를 만들어 손상된 장기나 조직을 회복시키는 데 활용할 수 있어 질병 치료의 한계를 극복할 신기술로 꼽혀 왔다.

촉법소년 연령 하향 논쟁 재점화, 그 향방은?

이재명 대통령이 2월 24일 열린 국무회의에서 촉법소년 연령을 현행 14세 미만에서 13세 미만으로 낮추는 방안에 대한 의견 수렴을 진행하고 2개월 내 결론을 내리라고 지시하면서, 촉법소년 연령 하향 문제가 또다시 쟁점으로 부상했다. 청소년정책 총괄 부처인 성평등가족부는 3월 18일 촉법소년 제1차 공개 포럼에 이어 20일에는 사회적대화협의체 2차 회의를 개최했는데, 특히 1차 포럼에서는 형사미성년자 연령과 촉법소년 제도의 실효성을 둘러싼 논쟁이 집중적으로 다뤄진 것으로 전해졌다.

우리나라는 소년법을 통해 형벌 법령에 저촉되는 행위를 한 10세 이상 14세 미만 소년을 「촉법소년(觸法少年)」으로 분류하고 있다. 형법 제9조는 「14세가 되지 아니한 자의 행위는 벌하지 아니한다」고 규정하고 있어 이들은 형법에 저촉되는 행위를 하더라도 형사처벌을 받지 않고, 소년법에 따라 소년보호재판을 거쳐 보호처분을 받는다. 그러나 1953년 형법 제정 이후 70년이 넘는 시간이 지나면서 소년의 정신적 성숙도 변화와 소년범죄 증가, 일부 범죄의 흉포화 등을 이유로 촉법소년 연령 하향 논의가 부상하게 됐다. 실제로 3월 18일 경찰청에 따르면 촉법소년은 2021년 1만 1677명에서 지난해 2만 1095명으로 2배 가까이 폭증했다. 특히 청소년 범죄의 경우 단순 폭력과 절도를 넘어 강력범죄에서도 가파른 증가세를 보이고 있는데, 대표적으로 강간·추행 등 성범죄의 경우 2021년 398건에서 2024년 883건으로 2배 넘게 늘어났다. 이에 촉법소년 연령 하향 관련 법안이 지속적으로 발의돼 왔으나, 연령 하향이 미성년자 범죄 예방에 직접적인 효과가 없다는 의견들로 인해 번번히 막혀 왔다.

한편, 현재 정부가 가장 유력하게 검토하는 방안은 현행 「14세 미만」인 촉법소년의 연령을 「13세 미만」으로 1세 하향하는 것이다. 외국의 경우 촉법소년 연령이 우리보다 낮은 곳이 다수인데, 영국의 경우 만 10세부터 형사책임을 지도록 하고 있으며 미국은 연방법상 형사책임 최저 연령이 만 11세지만 주별마다 차이가 있다.

범법소년·촉법소년·범죄소년

범법소년(만 10세 미만)	처벌 불가
촉법소년(만 10세~14세 미만)	보호처분은 받지만 형사처분은 받지 않음
범죄소년(만 14세~19세 미만)	보호처분과 형사처분 모두 받음

Tip

소년법에 따른 보호처분은?

소년법 제4조는 범죄를 저지른 형사미성년자(촉법소년)를 형사사건으로 입건하는 대신, 가정법원 소년부로 바로 송치해 보호사건으로 심리한다고 규정하고 있다. 보호사건을 송치받은 법원 소년부는 촉법소년을 소년원으로 보내거나 보호관찰을 받게 하는 등의 보호처분을 내릴 수 있다. 보호처분의 종류는 ▷보호자 감호 위탁(1호) ▷사회봉사명령(3호) ▷보호관찰 처분(4호) ▷소년원 송치(8~10호) 등이다.

 촉법소년 연령 하향, 찬성한다

촉법소년 연령 하향을 찬성하는 측에서는 소년범죄 건수가 매년 늘고 있는 데다 범죄 연령도 낮아지고 있어 해당 조치는 반드시 필요하다는 입장이다. 특히 이들의 범죄가 좀처럼 줄지 않고 흉포화되는 것은 형사처벌을 받지 않는 촉법소년 제도를 악용하는 데 기인한다며, 최소한의 형사책임 부과를 통해 경각심을 줄 필요가 있다는 주장이다. 그리고 이러한 처벌이 소년들의 범죄행위를 미연에 방지하는 것은 물론, 추후 성인 범죄로 이어지는 고리를 끊어낼 수 있다고 말한다. 여기에 촉법소년에 대한 형사처벌의 부재는 이들에게 당한 피해자들의 고통을 외면하는 것이고, 이는 곧 피해자들에 대한 인권침해라는 목소리도 있다.

아울러 찬성 측은 현재의 소년법이 1953년 제정돼 오랜 시간이 흐른 만큼 현재 기준에 맞는 개정이 필요하다는 의견도 제시한다. 이에 따르면 현재의 청소년은 정보 접근성이 높고 성숙도도 증가해 자신의 행동 결과를 충분히 인지할 수 있는 등 과거의 청소년과는 다르기 때문에 이러한 변화를 반영해야 한다는 주장이다.

촉법소년 연령 하향, 반대한다 

촉법소년 연령 하향을 반대하는 측에서는 청소년은 충동 조절이나 판단 능력이 아직 미성숙하므로, 처벌이 아닌 보호·교정시스템 강화가 우선되어야 한다고 주장한다. 이들은 해당 시스템의 부재가 이들의 범죄를 늘리고 재범 위험도를 높이는 것이라는 입장이다. 따라서 촉법소년의 연령을 낮추고 법적 처벌을 강화한다고 해서 범죄가 억제될 수 없으며, 이는 오히려 「소년 보호」라는 국가의 의무를 저버리는 것이라는 주장이다.

반대하는 측에서는 촉법소년들이 어린 나이에 범죄자로 낙인찍힐 경우 사회로 복귀하는 기회를 놓쳐, 범죄의 악순환을 벗어나기 힘들다는 것을 인식해야 한다고 주장한다. 특히 디지털 환경이 발달한 현재의 상황에서는 과거의 기록이 쉽게 지워지지 않아 향후 이들의 삶에 큰 영향을 미치는 것을 고려해야 한다고 말한다. 이 밖에 촉법소년 연령 하향이 국제인권 기준에 맞지 않는다는 의견도 있는데, 유엔아동권리위원회의 경우 우리나라에 형사책임 최저연령을 만 14세로 유지할 것을 권고한 바 있다.

나는 이렇게 생각한다

시사용어

① 정치·외교·법률

간첩죄(間諜罪, Espionage Crime) ▼

"국회가 2월 26일 간첩죄 처벌 대상을 적국뿐 아니라 「외국 또는 이에 준하는 단체」로 확대하는 내용 등을 담은 형법 개정안(간첩법)을 의결했다. 개정안에는 외국 등을 위한 간첩 행위를 한 자에 대해 3년 이상의 유기징역에 처하는 조항이 명시됐다. 특히 간첩 행위를 「적국 또는 외국을 위해 지령, 사주, 그밖의 의사 연락하에 국가기밀을 탐지·수집·누설·전달·중개하거나 이를 방조한 행위」로 구체화하면서 처벌 범위를 대폭 확대했다. 개정안은 3월 12일 공포됐으며, 6개월 뒤 시행된다."

형법 제98조에 규정된 외환죄 중 하나로, 적국을 위하여 간첩행위를 하거나 직무상 지득한 군사상의 기밀을 적국에 누설하는 죄를 말한다. 해당 조항에 따르면 적국을 위하여 간첩하거나 적국의 간첩을 방조한 자, 군사상의 비밀을 적국에 누설한 자는 사형·무기 또는 7년 이상의 징역에 처한다. 간첩죄는 1953년 형법 제정 이후 한 번도 수정되지 않았는데, 특히 간첩죄 적용 대상이 북한을 일컫는 「적국」에 한정돼 있어 그 대상을 확대해야 한다는 목소리가 지속돼 왔다.

건국대 사건(1986) ▼

"서울고법 제2-3형사부가 1986년 벌어진 건국대 사건(건대사건)으로 징역 1년6개월에 집행유예 3년을 선고받았던 박영일(61) 씨가 청구한 사건에서 3월 9일 재심 개시를 결정했다. 이에 전두환 정권의 대표적 용공조작 사건으로 꼽히며 1000명이 넘는 최대 구속자 수를 기록했던 건대사건에 대한 재심 개시 결정이 40년 만에 처음 내려지게 됐다."

1986년 10월 28일 서울 광진구 건국대학교에서 전국 학생운동 연합조직인 애학투련(전국반외세반독재애국학생투쟁연합)의 결성식을 위해 모인 대학생들을 경찰이 강제 진압하며 발생한 대규모 인권침해 사건을 말한다. 당시 경찰은 학생들이 애학투련 결성식을 끝낸 뒤 해산하려 하자 학내로 진입해 모든 퇴로를 봉쇄했고, 10월 31일에는 「황소30」이라는 이름으로 헬기까지 동원하며 대대적 진압작전을 전개해 학생들을 연행했다. 이 과정에서 전국 대학생 1525명이 체포·연행됐는데, 이 가운데 1285명이 구속수사를 받으며 단일 사건 최대 구속자 수를 기록한 바 있다. 그러다 지난해 5월 진실·화해를위한과거사정리위원회는 당시 청와대와 국가안전기획부 지시로 이들이 불법 구속돼 인권침해를 당했다며 피해자 80명에 대해 진실규명을 결정했다.

군집 드론(Swarm Drone) ▼

수십에서 수만 대의 드론이 중앙통제센터의 개별적인 조종 없이 서로 통신하면서 마치 하나의 유기체처럼 움직이며 임무를 수행하는 무인 시스템을 말한다. 이는 새나 물고기떼가 무리를 지어 일사불란하게 움직이는 모습에서 착안한 기술이다. 군집 드론은 중앙 컴퓨터 없이 각 드론이 주변 드론과 통신하며 정보를 교환하는 「분산제어 기술」을 비롯해 협력 알고리즘과 네트워크 통신 등이 핵심 기술로 꼽힌다. 이는 임무 수행 중 일부 드론이 고장나거나 추락하더라도 남은 드론들이 즉각적으로 역할을 재분담할 수 있으며, 작고 저렴한 드론 여러 대를 통해 넓은 지역이나 위험한 임무를 수행할 수 있다는 점에서 효율적이다. 군집 드론은 이러한 장점으로 군사, 재난 구조, 농업 분야 등에서 활발히 활용되고 있는데, 특히 군사 분야에서는 여러 대의 드론이 동시에 공격한다는 점에서 비용 대비 효율이 높고 대규모 지역 탐색이 가능해 많이 활용된다. 다만 군집 드론은 전파 방해 등으로 통신망이 마비될 경우 통제 불능 상태에 빠질 수 있어 보안 위험이 크며, 수많은 드론이 날아다니며 발생할 수 있는 충돌 위험 역시 극복해야 할 과제로 꼽힌다.

> **드론(Drone)** 조종사 없이 무선전파 유도에 의해 비행 및 조종이 가능한 비행기나 헬리콥터 모양의 군사용 무인항공기(UAV·Unmanned Aerial Vehicle)의 총칭이다. 드론은 2010년대를 전후해 군사적 용도 외 다양한 민간 분야로 확산됐다.

극초음속미사일(Hypersonic Missile) ▼

"3월 8일 방산업계에 따르면 현대로템과 국방과학연구소(ADD)가 극초음속미사일 비행을 위한 초기 기술을 확보했다. 현대로템 등은 2035년까지 전력화를 계획하고 있는데, 실전 배치 작업이 계획대로 마무리되면 우리나라는 러시아·미국·중국 등에 이어 세계에서 네 번째로 극초음속미사일을 보유한 국가가 된다."

마하 5(시속 6120km) 이상의 속도로 비행하는 미사일로, 기존 탄도미사일과 순항미사일의 장점을 모아놓아 차세대 게임체인저로 꼽히는 무기다. 극초음속미사일은 일정 고도에 이를 때까지는 탄도미사일처럼 곡선 궤도로 비행하다, 정점에서 탄두를 실은 활공체가 로켓 추진체로부터 분리된 뒤에는 순항미사일처럼 수평 비행을 한다. 이는 속도가 마하 5 이상이어서 지구상 어느 곳이든 1~2시간 내 타격이 가능하고, 고도와 방향을 바꾸기 때문에 비행 궤적 예측이 불가능하다. 이에 현재의 미사일방어 시스템으로는 탐지 및 요격이 매우 어려워, 전장의 판도로 바꾸는 게임체인저로 꼽힌다. 현재 극초음속미사일 개발에 성공한 국가는 미국·러시아·중국 등 3개국에 불과한데, 북한의 경우 지난 2021년 9월 극초음속미사일 화성-8형 시험발사를 진행하며 경쟁에 가세한 바 있다.

노 킹스(No Kings) 시위 ▼

"3월 28일 미국 50개주 전역을 비롯해 유럽 주요 도시까지 총 3200개 이상의 장소에서 트럼프 대통령에 반대하는 노 킹스 시위가 열렸다. 이는 지난해 6월과 10월에 이어 세 번째로 열린 것으로, 지난 2차 시위 때보다 그 규모가 훨씬 더 커졌다."

「트럼프는 왕이 아니다」는 뜻으로, 도널드 트럼프 미국 대통령의 권위주의적 행보와 집권에 반대하는 미국 시민들의 시위를 말한다. 노 킹스 시위는 지난해 6월 트럼프 정부가 LA 불법 이민자 단속 반발 시위를 강경 진압하자, 이에 반대하며 미국시민자유연맹(ACLU) 등 풀뿌리 단체들을 중심으로 처음 시작됐다. 그러나 이후에도 트럼프 행정부의 권위주의적 행보가 계속되면서, 같은 해 10월 수도 워싱턴을 비롯해 뉴욕·시카고·로스엔젤레스 등 미 전역 2600여 곳에서 동시다발적으로 또다시 노 킹스 시위가 열렸다. 해당 시위는 앞서 6월 열린 시위보다 규모가 더 커졌는데, 주최 측은 시민 총 700만 명이 참석한 것으로 추산한 바 있다.

미국 록음악 거장으로 불리는 브루스 스프링스틴(77)이 3월 28일 역대 최대 규모로 열린 노 킹스 시위에서 트럼프 행정부를 강도 높게 비판하는 신곡 〈미니애폴리스의 거리(Streets of Minneapolis)〉를 불렀다. 이는 지난 1월 미네소타주 미니애폴리스에서 벌어진 이민 당국의 미국인 사살 사건을 규탄하는 내용의 노래다.

대(大)이스라엘(Greater Israel) ▼

이스라엘 민족주의(시온주의) 진영에서 주장하는 고토(古土) 회복 운동으로, 역사·종교·정치적 맥락에 따라 그 의미에 차이가 있다. 우선 성서·종교적 관점에서는 유대교와 기독교 성서(구약성경)에서 하느님이 아브라함과 그의 자손들에게 약속한 땅(이집트강에서 유프라테스강에 이르기까지)을 말한다. 역사적 관점에서는 20세기 초중반 이스라엘 건국 전후로 등장한 「수정주의 시오니즘(Revisionist Zionism)」 지도자 제에브 자보틴스키가 주장한 팔레스타인 전체(요르단강 동쪽과 서쪽 모두) 영토를 말한다. 그리고 현대 정치적 관점에서는 1967년 제3차 중동전쟁(6일 전쟁)에서 이스라엘이 점령한 팔레스타인 영토를 자국 영토로 영구 편입하려는 의미로 받아들여지고 있다. 이러한 대(大)이스라엘은 현재 이스라엘-팔레스타인 분쟁의 핵심적인 갈등 요소로 꼽히며, 국제법 위반 논란을 빚고 있는 부분이기도 하다. 유엔(UN)을 비롯한 국제사회는 1967년 이후 이스라엘이 점령한 서안지구, 동예루살렘 등에 대한 무력 점령 및 정착촌 건설을 국제법 위반으로 간주하고 있으며, 이 영토의 합병을 인정하지 않고 있다. 아울러 이는 팔레스타인 독립 국가 건설을 전제로 하는 「두 국가 해법(Two-State Solution)」과도 정면 배치된다는 점에서 논란이 있다.

> **두 국가 해법** 1967년 제3차 중동전쟁 이전의 국경선을 기준으로 각각 이스라엘과 팔레스타인 국가를 건설하여, 두 국가가 더 이상 분쟁을 일으키지 않도록 하자는 것이다. 이는 1974년 유엔(UN) 결의안을 통해 기본적인 틀이 제시되었고, 이후 1993년과 1995년 두 차례에 걸쳐 체결된 오슬로 협정에서 확립됐다.

도산안창호함(SS-Ⅲ) ▼

"도산안창호함(SS-Ⅲ)이 오는 6월 한국·캐나다 해군 연합협력훈련 참가를 위해 대한민국 잠수함 역사상 최초로 태평양을 횡단할 예정이다. 도산안창호함의 이동 거리는 진해군항에서 캐나다 서부 빅토리아 에스퀴몰트항까지 편도로만 1만 4000여km에 달하는데, 이는 우리나라 잠수함 항해 거리로 역대 최장 기록이 될 전망이다."

국내에서 독자 설계하고 건조한 잠수함인 장보고-Ⅲ급 1번함이자 국내 최초의 중형급(3000t) 잠수함으로, 2022년 8월 실전 배치됐다. 이로써 한국은 미국·영국·프랑스·일본·인도·러시아·중국에 이어 세계 8번째로 3000t급 이상의 잠수함을 독자 개발하는 데 성공한 나라가 된 바 있다. 도산안창호함은 길이 83.3m, 폭 9.6m에 수중 최대속력은 20kts(37km/h), 탑승 인원은 50여 명이다. 배수량은 3320t이며, 무장과 화물 등을 탑재한 만재배수량은 3400~3500t으

로 추정된다. 여기에 기존 1800t급과 마찬가지로 공기불요추진체계(AIP)에 고성능 연료전지를 적용했고, 연속 잠항능력(약 20일)은 기존 잠수함보다 20% 정도 향상됐다. 특히 도산안창호함은 초기 설계단계부터 민·관·군 협력으로 주요 핵심장비를 개발해 탑재, 전체 국산화 비율을 향상시켰으며 기존 잠수함과 달리 SLBM(잠수함탄도미사일) 발사가 가능하다.

레바논(The Republic of Lebanon) ▼

지중해 동부 연안에 위치한 공화국으로, 중동 국가에 속한다. 1943년 프랑스에서 독립한 이후 종교적·이념적 갈등이 계속되고 있는 국가로, 마로나이트 기독교와 이슬람교 수니파 및 시아파의 권력 안배를 국가 조직의 기본으로 한다. 이에 따라 대통령은 기독교 마론파, 총리는 이슬람 수니파, 국회의장은 이슬람 시아파에서 선출하고 있다. 레바논은 프랑스로부터 독립한 1943년 이후 금융업을 발전시켜 중동의 금융허브로 성장세를 거듭하기도 했으나, 1970년대 팔레스타인해방기구(PLO)가 레바논으로 거점을 옮기면서 정세 변화가 시작됐다. 이후 1975년 발생한 내전은 시리아, 이스라엘 등 주변국들의 개입으로 확대되며 사실상 휴전이 성립된 1991년까지 계속됐다. 다만 이후에도 이슬람 무장단체인 헤즈볼라와 이스라엘 간 무장투쟁이 2000년까지 레바논 내부에서 지속됐다. 헤즈볼라는 1980년대 이스라엘에 저항하는 시아파 민병대로 출발해 현재는 의석까지 확보한 유력 정당으로, 그 영향력은 기존 정부의 역량을 뛰어넘는다는 평가를 받고 있다.

레바논이 지난 2월 28일부터 시작된 미국·이스라엘과 이란의 전쟁에 휩쓸리면서 이스라엘의 공습을 받아 사상자가 급증하고 있다. 이스라엘은 공습의 명분으로 친이란 무장단체 헤즈볼라 격퇴를 내걸었는데, 헤즈볼라는 3월 2일부터 전쟁에 가담한 바 있다. 이후 4월 8일 이란과 미국은 2주 휴전을 선언했지만, 이스라엘은 레바논에는 휴전 합의가 적용되지 않는다고 주장하며 공격을 지속했다.

RINO(Republican In Name Only) ▼

「이름만 공화당원」이라는 뜻의 미국 정치 용어로, 형식적으로는 공화당 소속이지만 실제 정책이나 행동은 공화당의 전통적·보수적 노선과 맞지 않는 정치인을 비판할 때 사용되는 표현이다. 예컨대 공화당의 노선과는 다른 세금 인상 및 총기 규제 찬성, 복지정책 확대 지지 등 진보적인 입장을 취하는 공화당 정치인을 가리킨다. RINO는 1990년대 공화당 내에서 보수파와 온건파 간 갈등이 심해지면서 처음 등장했다가 2010년대 이후 도널드 트럼프 지지자들이 당내 반대 세력을 비판할 때 자주 사용하면서 본격적으로 확산됐다. 이 용어는 정당의 정체성을 확립하고 유권자에게는 명확한 정치적 향방을 제공하다는 측면도 있으나, 당내 다양성을 억압하고 정치적 반대파를 공격하는 데에만 사용된다는 비판을 받고 있기도 하다.
한편, 미국 민주당에도 「이름만 민주당원」이라는 뜻인 DINO(Democrat In Name Only)라는 표현이 있다.

민족단결진보촉진법(민족단결법) ▼

"중국의 의회 격인 전국인민대표대회(전인대)가 3월 12일 폐막식에서 학교 교육을 표준 중국어로 하는 등 중국어 사용을 우선시하는 내용 등을 담은 「민족단결진보촉진법(민족단결법)」을 가결했다. 해당 법안은 오는 7월 1일부터 시행될 예정이다."

표준 중국어(푸퉁화(普通話))를 학교의 기본 교육언어로 정하고 중화민족의 분열을 조장하는 행위에 대한 처벌을 강화하는 내용 등을 담은 법률이다. 법안은 총 7개장 64항으로 구성돼 있는데, 중국을 이루는 56개 민족의 평등을 강조하고 차별 행위를 금지하며 국가가 소수민족 번영을 위해 노력해야 한다는 내용이 명시돼 있다. 또 이 법에는 「중국 국외 조직이나 개인이 중국을 대상으로 민족 단결진보를 파괴하거나 민족 분열행위를 한 경우 법적 책임을 추궁한다」는 조항도 명시됐다. 아울러 미성년자의 부모나 보호자가 자녀에게 「민족 단결에 불리한 관념」을 주입해서는 안 되며, 중화문화·민족의 상징과 형상을 공공시설이나 건물, 관광지 등에 전시하도록 장려한다는 내용도 포함됐다.
한편, 중국 당국은 이 법이 「중화민족 공동체 의식을 굳건히 하고 중화민족의 응집력 증강」을 위함이라고 밝히고 있으나, 인권단체 등은 소수민족의 언어·종교·문화·정치 활동을 광범위하게 제한해 중국화를 가속화할 것이라는 우려를 제기하고 있다.

보수정치행동회의(CPAC·Conservative Political Action Conference) ▼

미국보수연합(ACU)이 1974년부터 매년 주최하는 연례 행사로, 미국 보수 진영에서 가장 영향력 있는 정치 행사로 꼽혀 「정치 슈퍼볼」로도 불린다. 이는 단순한 회의라기보다는 전국에서 모인 유력 정치인, 학계·시민사회 인사 등이 정책과 선거 전략을 논의하는 대형 정치 이벤트다. CPAC은 보수 진영의 방향을 설정하고 대선 전초적 역할도 하는 등 보수 결집에 핵심적인 역할을 하고 있다.

사막의 빛 작전(Desert Shine) ▼

"미국·이스라엘과 이란 간 전쟁 여파로 중동에 고립됐던 우리 국민 204명이 정부가 투입한 군 수송기(시그너스)를 타고 3월 15일 무사히 귀국했다. 이날 오후 5시 59분쯤 한국인 204명과 외국 국적 가족 5명, 일본 국민 2명 등 총 211명을 태운 공군 다목적 공중급유 수송기 KC-330 시그너스 1대가 성남 서울공항에 착륙했다. 공군이 총 4대를 운용하고 있는 시그너스가 해외의 우리 국민 수송을 위해 투입된 것은 이번이 7번째다."

정부가 이란 전쟁으로 중동국가에 체류 중인 우리 국민 204명의 귀국 지원을 위해 사우디아라비아에 군 수송기(KC-330)를 투입, 3월 15일 국내에 무사히 귀국한 작전이다. 이는 지난 2월 28일 미국과 이스라엘의 이란 공습으로 중동 각국의 영공이 폐쇄되고 민간 항공편 수요가 폭증하며 상당수의 우리 국민이 안전한 지역으로 대피하거나 귀국하지 못하는 상황이 발생하면서 추진된 것이다. 이재명 대통령은 3월 10일 국무회의에서 현지 체류 국민들의 안전 대피를 위해 군용기 활용 방안을 검토할 것을 지시했고, 외교부와 국방부는 군 수송기를 투입해 귀국 지원 작전을 시행했다. 특히 준비 단계에서 한국에서 사우디아라비아로 가는 비행경로에 있는 10여 개국으로부터 단 하루 만에 영공 통과 승인을 받는 등 긴박한 협조가 이뤄졌다. 해당 작전에 따라 우리 군 수송기는 3월 14일 오전 한국을 출발해 현지시간 14일 오후 사우디 리야드에 도착했다. 이는 사우디와 바레인, 쿠웨이트, 레바논 등 4개국에 각각 체류 중이던 우리 국민을 일시에 한곳으로 집결시켜 수송기에 태우는 전례없는 규모와 범위로 진행됐다.

스테이트볼룸(State Ballroom) ▼

"미국 연방법원이 3월 31일 백악관에 4억 달러(약 6000억 원)를 들여 대형 연회장을 지으려던 도널드 트럼프 미국 대통령의 계획에 제동을 걸었다. 법원은 「미국 대통령은 미래의 대통령과 그 가족을 위한 백악관의 관리자이지 주인이 아니다」라며 연회장 건설에 의회의 승인이 필요하다고 판시했다."

도널드 트럼프 미국 대통령이 백악관 이스트윙(동관)을 허문 자리에 건설을 추진하고 있는 연회장이다. 지난해 7월 트럼프 대통령은 기존 백악관 만찬장이 협소하다며 1000명을 수용할 수 있는 8360m² 규모의 연회장 건설을 발표했다. 그리고 같은 해 10월 대통령 부인 사무실이 있던 백악관 이스트윙을 철거하고 공사에 돌입한 바 있다. 트럼프 행정부는 해당 공사와 관련해 기업과 개인의 기부금으로 공사 비용을 충당하면 되기 때문에 의회의 승인이나 자금 배정이 필요 없다는 논리를 내세웠으나, 국가역사보존협회(NTHP)는 공사 중지를 요구하는 소송을 제기했다.

> **웨스트윙(West Wing)** 백악관 중앙관저를 중심으로 서쪽에 위치한 건물로, 대통령 집무실인 오벌 오피스를 비롯해 대통령 보좌관들의 사무실이 위치하는 집무 공간이다. 또 오벌 오피스 옆에는 백악관 전용 기자회견장이 붙어 있고, 창문 밖으로는 백악관 서쪽 정원이자 정상들의 공동 기자회견장으로 이용되는 로즈가든이 있다.

영변 핵시설(寧邊 核施設) ▼

"라파엘 그로시 국제원자력기구(IAEA) 사무총장이 3월 2일 이사회 모두발언에서 「영변의 5MW급 원자로가 계속 가동 중」이라고 밝혔다. 그러면서 강선 핵시설과 유사한 규모, 전력 공급 및 냉각 설비 등을 갖춘 영변의 새 건물은 외관 공사를 완료했고 내부 설비 공사가 진행 중일 가능성이 높다고 덧붙였다. IAEA는 지난해 6월 북한이 영변에 새로운 건물 공사를 시작했다고 보고한 바 있다."

평안북도 영변군에 위치한 북한의 핵시설 단지로, 북한 핵 개발의 심장부이자 상징으로 불리는 곳이다. 북한은 1960년대 소련의 기술 지원과 자체 연구를 통해 영변원자력연구소를 설립했고, 1985년 이를 처음으로 가동했다. 영변 핵시설에는 플루토늄 생산에 필요한 흑연감속로, 연료봉 재처리시설, 핵 연료봉 제조공장, 폐기물 저장고와 고농축 우라늄 생산시설 등 390개 이상의 핵물질 생산 건물이 밀집해 있는 것으로 알려져 있다. 북한은 2008년 영변 핵시설 냉각탑을 폭파하는 장면을 전 세계에 생중계하기도 했으나, 이듬해인 2009년 다시 가동을 시작했다.

오펙플러스(OPEC+) ▼

"주요 산유국 협의체인 오펙플러스(OPEC+) 소속 8개국이 오는 5월 원유 생산량 쿼터를 하루 20만 6000배럴 증산하기로 4월 5일 합의했다. 하지만 이란전쟁으로 주요 산유국들의 수출길이 막혀 있어 이번 증산 결정은 사실상 서류상 조치에 그칠 것이라는 관측이 제기된다."

기존 석유수출국기구(OPEC) 회원국들에 러시아를 비롯한 10개의 비(非)OPEC 산유국들이 추가로 합류해 만든 협의체로, 2016년 처음 결성됐다. 여기서 OPEC은 1960년 9월 사우디아라비아, 이란, 이라크 등 중동의 주요 산유국들이 서방의 거대 석유 기업(슈퍼메이저)들로부터 자국 석유의 이익을 지키기 위해 결성한 동맹을 말한다. OPEC+가 결성된 것은 2010년대 중반 미국이 셰일가스를 생산하며 세계 최대 산유국으로 등극한 데 따른 것으로, 당시 미국의 셰일가스 대량 생산으로 유가가 배럴당 20달러대까지 폭락한 바 있다. 이에 사우디와 러시아가 주축이 돼 OPEC+를 결성했으며, 기구는 현재 국제 유가를 결정짓는 가장 강력한 공급 통제 기구로 자리하고 있다.

> **석유수출국기구(OPEC)** 1960년 9월 바그다드 회의에서 이란, 이라크, 사우디아라비아, 쿠웨이트, 베네수엘라의 5대 석유수출국이 국제석유 자본(석유메이저)에 대한 발언권을 강화하기 위해 결성한 기구다. 현재 중동 5개국를 비롯해 아프리카 6개국(나이지리아, 리비아, 알제리, 가봉, 콩고, 적도기니), 베네수엘라, 에콰도르 등의 산유국이 소속돼 있다.

자율살상무기(LAWS·Lethal Autonomous Weapons Systems) ▼

인공지능(AI), 센서, 컴퓨터 비전, 자동화 시스템 등이 결합돼 인간의 개입 없이 스스로 목표물을 식별하고 선택하며, 공격을 결정하는 무기 체계를 말한다. LAWS는 센서·레이더·카메라 등이 목표를 탐지하고, AI가 목표를 식별한다. 이후 알고리즘이 공격 여부를 판단한 뒤 무기를 사용해 공격을 하는 최종 과정까지 완료한다. 이처럼 목표 선택과 공격을 AI 스스로 결정해 인간의 개입이 없다는 점에서 드론이나 자동화 무기와는 완전히 차별화된다. LAWS는 인간보다 훨씬 빠르게 판단하는 것은 물론 센서와 데이터 분석 등에 따른 정확한 공격이 가능하며, 군인을 위험 지역에 보내지 않아도 돼 병력을 보호할 수 있다는 장점이 있다. 그러나 AI가 잘못된 공격을 할 경우 책임 소재와 인간 통제 상실, 무기 개발경쟁 가속화와 전쟁 문턱이 낮아지는 등의 문제점이 발생할 수 있어 윤리적 측면에서 큰 논쟁거리를 안고 있다.

전남·광주통합특별법 ▼

"3월 5일 열린 국무회의에서 전라남도와 광주특별시의 행정통합을 위한 「전남광주통합특별시 설치를 위한 특별법안」이 처리되면서 오는 6월 지방선거에서 통합단체장 선출이 가능해졌다."

새로 출범하는 전남광주통합특별시에 서울특별시에 준하는 지위를 부여하고, 국가의 재정 지원과 교육자치 등에 특례를 부여하는 내용들을 담은 법률이다. 구체적으로 지방채 초과 발행 허용, 통합특별시 내 균형발전기금 설치·운영, 개발사업 추진 시 지방세 감면 등에 대한 근거 조항이 명시됐다. 이번 국무회의의 의결로 전남과 광주는 1986년 분리된 후 40년 만에 통합특별시로 합쳐지게 됐다. 이에 6·3지방선거에서 첫 통합단체장이 선출되면 7월 1일 전남·광주통합특별시(광주특별시)가 출범하게 된다.

한편, 전남·광주와 함께 통합이 추진됐었던 대구·경북 및 충남·대전은 동시 처리를 요구하는 더불어민주당과 TK 통합법 우선 처리를 요구하는 국민의힘이 맞서면서 전남광주통합특별시와의 동시 출범이 불투명해졌다.

전략적 유연성(Strategic Flexibility) ▼

"이재명 대통령이 3월 10일 국무회의에서 무기가 일부 반출되더라도 대북 억지력에 심각한 장애가 없을 것이라고 밝혔다. 앞서 경기 평택 오산기지에서 C-5와 C-17 등 미군 대형 수송기가 수차례 이착륙하면서 패트리엇(PAC-3) 방공 포대가 중동으로 반출됐다는 분석이 제기됐다. 미군은 최근 이란과의 충돌 과정에서 요격 미사일을 대량 소모한 것으로 알려졌는데, 이로 인해 전 세계 미군기지에 있는 자산을 중동에 투입 중인 것으로 파악된다."

미국의 「해외주둔 미군 재배치 검토(GPR)」에 따라 미군을 특정 지역에 고정 배치하지 않고 유연하게 배치하는 운용 개념을 말한다. 이는 세계 곳곳에서 분쟁이 일어났을 때 미군을 신속하게 파견해 임무를 수행하기 위한 목적으로, 2001년 9·11테러 이후 미국이 추진한 GPR 전략 속에서 본격화된 바 있다.

제론토크라시(Gerontocracy) ▼

그리스어로 고령을 뜻하는 「제론(Geron)」과 체제를 뜻하는 「크라시(Cracy)」가 합쳐진 말로, 노년층이 사회 전반을 장악해 기득권을 유지하는 정치 체제를 가리킨다. 제론토크라시는 고령자 지배체제가 낳는 폐쇄적이고 경직된 사고, 소통장애를 비판적으로 강조하는 개념이다. 오늘날에는 고령화가 빠르게 진행되는 나라들이 대부분 제론토크라시의 영향을 받고 있다. 기득권이 노령화돼 노령층의 이해관계가 정책의 우위에 서게 되면, 사회가 보수화되고 성장성과 역동성이 떨어지며 청년층의 발언권이 위축된다. 전문가들은 제론토크라시가 대두되면 정치권이 노인층의 표심을 잡기 위해 이들에게 유리한 정책을 입안하는 반면 젊은 층을 위한 제도는 등한시하게 되고, 이는 결국 세대 갈등을 심화시키는 부작용을 낳는다고 경고한다.

J10 전략통합요소 (J10 Strategic Integration Element) ▼

주한미군이 북한의 선제 핵 공격에 따른 한반도 유사시 미국의 핵무기와 한국의 재래식무기를 통합하는 핵·재래식 통합작전(CNI) 기획을 전담하기 위해 지난해 6월 신설한 조직이다. 이전에도 주한미군 기획참모부에 핵(미군)-재래식(한국군) 전력 통합 담당 조직이 있었지만, 해당 조직은 이를 별도 부서로 독립시키고 격상을 높임과 동시에 인력도 늘린 것이다.

집속탄(集束彈, Cluster Bomb) ▼

"북한이 4월 6일부터 8일까지 사흘에 걸쳐 단거리탄도미사일(SRBM) 「화성-11가(KN-23)」에 전자기펄스(EMP)탄·집속탄 등 각종 탄두부를 탑재한 시험을 진행했다고 조선중앙통신이 9일 보도했다. 이어 북한은 전자기(전자기파·EMP) 무기체계 시험과 탄소섬유 모의탄 살포 시험도 진행했다고 주장했다. EMP탄은 강력한 전자기파로 전자기기 내부 회로를 태워 각종 무기와 전력·통신시설을 순식간에 불능화하는 무기이며, 탄소섬유탄(정전탄)은 전도가 높은 니켈과 탄소섬유를 결합해 만든 자탄을 말한다."

한 개의 폭탄 안에 또 다른 소형 폭탄들이 들어 있는 무기로, 제2차 세계대전 말 적군의 진격을 저지하기 위한 목적으로 소련과 독일에 의해 처음 개발됐다. 집속탄은 시한장치를 통해 모폭탄(母爆彈)을 목표 상공에서 폭발시키면 그 속에 들어 있던 자폭탄(子爆彈)이 쏟아져 나와 목표를 공격하도록 되어 있어 「모자폭탄(母子爆彈)」이라고도 한다. 집속탄은 레이저에 유도되는 유도탄에 비해 그 정확도는 떨어지지만, 그 파편이 장갑차나 벙커 등을 폭파할 수 있을 만큼 강력하다. 이 때문에 인근의 민간인에게 큰 피해를 줄 수 있는 데다, 소형 폭탄들 가운데 상당수는 터지지 않고 불발 상태로 남아 있다가 나중에 지뢰처럼 민간인들에게 피해를 줄 수 있어 비도덕적이라는 지적을 받아왔다. 집속탄은 베트남전과 포클랜드 전쟁, 걸프전 등에서 사용됐는데, 걸프전 당시 투하된 집속탄으로 인해 전쟁이 끝난 이후에도 이라크와 쿠웨이트에서는 종종 인명 피해가 이어져 왔다. 이에 집속탄 비축 및 사용을 금지하고 불발 집속탄 제거를 목표로 하는 「집속탄사용금지조약(Convention on Cluster Munitions, 오슬로조약)」이 2010년 8월 1일부터 발효되면서, 집속탄은 국제법상 그 사용이 금지됐다.

> **화성-11라** 북한이 4월 19일 발사한 집속탄두와 파편 지뢰탄두를 장착한 전술 탄도미사일이다. 북한이 집속탄두를 동원해 무력시위를 한 것은 앞서 4월 8일 이후 11일 만이다. 북한은 화성-11라형 시험발사의 사거리를 136km로 적시했는데, 이는 북한군 2군단 주둔지인 개성에서 서울과 수도권은 물론 평택 미군기지까지 타격권 내에 둘 수 있는 거리다.

차고스 제도(Chagos Archipelago) ▼

"영국 정부가 4월 11일 인도양 차고스 제도를 모리셔스에 반환하는 협정을 보류했다고 밝혔다. 이는 미국·이스라엘과 이란 간 전쟁으로 미영 관계가 악화된 상황에서 도널드 트럼프 미 대통령이 공개적으로 반대하고 있는 차고스 제도 반환을 당장 추진하기는 힘들다고 판단한 데 따른 것이다. 차고스 제도의 섬들 중 가장 큰 섬인 디에고 가르시아에는 미국과 영국의 공동 군사기지가 위치해 있다."

인도양 남서부에 위치한 60여 개의 섬으로 이뤄진 제도로, 1814년 나폴레옹 전쟁에서 승리한 영국이 이 일대를 자국령으로 선포하면서 모리셔스와 세이셸이 포함된 영국령 인도양에 속하게 됐다. 그러나 영국은 1965년 모리셔스에서 차고스 제도를 떼어내 「영국령 인도양 지역(BIOT)」으로 별도로 분할했다. 그리고 이듬해인 1966년 미국과 디에고 가르시아섬에 대한 50년간의 임대협정을 체결했으며, 이후 미국은 섬에 미 해군 5함대와 공군을 위한 기지 등을 건설했다. 이후 모리셔스가 1968년 영국에서 독립했음에도 영국은 차고스 제도 통치권을 돌려주지 않았다. 이에 모리셔스는 영국이 독립 이전 식민지 영토의 분할을 금지하는 유엔 결의안 1524호를 위반했다며 반환 요구를 지속해 왔고, 국제사법재판소(ICJ)는 2019년 2월 영국에 차고스 제도를 모리셔스에 반환하라는 판결을 내렸다. 이러한 국제사회의 압박에 영국 정부는 지난해 5월 차고스 제도의 주권을 모리셔스에 이양하기로 합의했다. 다만 제도 내 디에고 가르시아섬의 군사기지는 최소 99년간 연간 1억 100만 파운드(약 2000억 원)를 내고 영국이 관리하기로 한 상태다.

천궁-2 ▼

"2월 28일 미국과 이스라엘이 이란을 공습한 가운데, 아랍에미리트(UAE)에 실전 배치된 국산 중거리 지대공유도무기인 천궁-2가 다수의 이란 미사일을 요격한 것으로 알려졌다. UAE의 방공망은 미국제 패트리엇, 이스라엘제 애로우, 한국제 천궁-2 등으로 구성돼 있는데, 천궁-2는 이들 체계와 함께 운용되며 이란이 발사한 미사일 요격에 참여한 것으로 전해졌다. 이처럼 해외에 수출된 국산 방공무기가 실전에 투입된 것은 이번이 처음으로, UAE는 2022년 한국과 약 35억 달러(당시 약 4조 1000억 원) 규모의 천궁-2 10개 포대 도입 계약을 체결한 바 있다."

천궁을 개량해 대탄도탄 하층방어능력을 확보한 무기체계로, 북한의 탄도탄 발사와 항공기 공격에 동시 대응하기 위해 국내 기술로 개발된 중거리·중고도 지대공 요격체계이다. 이는 패트리어트미사일(PAC-2, PAC-3)과 더불어 고도 30km 이하 하층방어를 담당하는 무기로, 2012년부터 국방과학연구소 주관으로 개발돼 2021년 본격 양산체제에 돌입한 바 있다. 천궁-2의 최대 사거리는 50km, 요격 고도는 약 15~40km, 최고속도는 마하 4~5 수준이다. 이는 교전통제소와 3차원 다기능레이더·수직발사대·유도탄으로 구성돼 있으며, 1개 발사대에서 최대 8기의 유도탄을 탑재해 연속 발사할 수 있다. 또 탄도탄 요격을 위해 교전 통제기술과 다기능레이더의 탄도탄 추적기술이 적용됐으며, 유도탄은 빠른 반응시간 확보를 위해 전방 날개 조종형 형상 설계·제어기술, 연속 추력형 측추력 등의 기술이 적용됐다. 여기에 수직발사를 통한 전방위 사격능력과 고속비행체 대응능력, 고기동성, 정밀유도조종 성능 등을 갖춰 세계적인 수준의 명중률을 보유하고 있다.

초크포인트(Chokepoint·조임목) ▼

말 그대로 「목을 조이는 지점」이라는 뜻으로, 효율성을 높이지만 이곳이 막힐 경우 모든 물자 이동이나 네트워크 교류가 마비될 수 있는 취약 지점을 가리킨다. 본래는 지리학이나 군사학적 관점에서 「적의 이동을 제한하고 방어를 유리하게 만드는 핵심 지형」이라는 용어로 많이 사용됐으나, 현재는 글로벌 공급망이나 에너지 안보와 함께 많이 거론되고 있다. 특히 미국·이스라엘과 이란 간 전쟁이 격화하면서 이 개념이 주목받고 있는데, 에너지 분야에서는 국제 해상 교통·물류의 핵심 길목 역할을 하는 협소한 지형을 뜻한다. 대표적으로 호르무즈 해협을 비롯해 수에즈 운하로 향하는 홍해의 관문인 바브엘만데브 해협, 세계에서 가장 붐비는 해상 통로인 말라카 해협 등을 초크포인트로 꼽을 수 있다. 해상 운송은 전 세계 무역 물량의 80%를 차지하는데, 이 가운데 상당수가 초크포인트라 불리는 특정 지점을 통과한다는 점에서 매우 중요하다. 특히 우리나라의 경우 중동에서 생산된 원유 대부분을 호르무즈 해협과 말라카 해협을 통해 받고 있는데, 이 때문에 중동 지역에서 군사적 긴장이 고조될 경우 한국 경제에 큰 영향을 미치게 된다.

출생시민권(Birthright Citizenship) ▼

"도널드 트럼프 미국 대통령이 4월 1일 자신이 서명한 출생시민권 금지 행정명령에 대한 연방대법원의 구두 변론에 등장했다. 현직 대통령이 대법원 재판에 참석한 것은 사상 처음인데, 이는 패소 시 자신의 핵심 공약인 강경한 불법 이민 단속이 흔들릴 수 있다는 점을 감안해 재판부를 압박하기 위한 시도로 풀이된다."

미국 수정헌법 14조에 따라 부모의 국적에 상관없이 미국땅에서 태어난 아이에게 자동적으로 시민권을 부여하는 제도를 말한다. 수정헌법 14조는 「미국에서 태어나거나, 귀화한 자 및 그 사법권에 속하게 된 사람 모두가 미국 시민이며 거주하는 주의 시민이다」라는 속지주의를 규정하고 있다. 그러나 도널드 트럼프 대통령은 지난해 1월 재집권 직후 「미국에 불법 체류하거나 영주권이 없는 외국인 부모 사이에서 태어난 자녀에게 시민권을 자동적으로 부여하지 않는다」는 내용의 행정명령에 서명했다. 그러자 이에 반발한 시민단체, 야당 민주당 성향 주의 법무장관 등이 해당 행정명령 취소 소송을 제기하면서 재판이 이뤄지고 있다.

K코어 비자(K-CORE Visa) ▼

전문대에서 기술과 한국어를 배운 외국인 유학생을 지역 제조업에 취업시킬 수 있는 비자로, 법무부가 3월 3일 발표한 「2030년 이민정책 미래전략」에서 신설을 발표한 제도다. 즉, 한국 정부가 외국인 기술인력을 양성하고 지역 산업의 인력 부족을 해결하기 위해 만든 육성형 전문기술인력 비자(E-7-M)다. 이는 단순노무 인력을 해외에서 바로 들여오는 대신 국내 전문대를 거치게 해 중간기술 인력으로 육성한다는 것으로, 현장에 바로 투입할 수 있는 역량을 갖춘 해외 인력이 필요하다는 산업계의 요청이 반영됐다.

통미봉남(通美封南) ▼

"김정은 북한 국무위원장이 2월 20~21일 노동당 제9차 대회에서 미국에는 조건부 대화 가능성을 열어둔 반면 한국은 가장 적대적인 국가로 규정하고 남북 단절을 강화하겠다는 입장을 보였다고 조선중앙통신이 26일 보도했다. 이는 미국과 협상해 핵보유국 지위를 얻어내고, 이 과정에서 방해가 되는 남한은 적대시하는 기존 노선을 강화한 것으로 풀이된다."

미국과의 실리적 통상외교를 지향하면서 대미관계에서 남한 정부의 참여를 봉쇄하는 북한의 외교 전략을 지칭하는 말이다. 이는 1993년 핵무기비확산조약(NPT) 탈퇴 선언을 한 북한이 핵개발을 무기로 미국과 막후 협상을 벌여 1994년 미국으로부터 중유 및 경수로를 제공받기로 한 제네바 합의를 체결하면서 등장한 말이다. 당시 우리 정부는 협상 과정에서 별다른 영향력을 행사하지 못한 채 북한의 경수로 건설 비용을 부담하게 됐는데, 이후에도 북한은 핵문제와 관련한 협상에서 통미봉남의 태도를 보여왔다.

특별감찰관 ▼

"강훈식 대통령 비서실장이 4월 19일 청와대 춘추관 브리핑을 통해 「이 대통령이 공직 기강을 확립하고 국정 운영의 투명성을 제고하기 위해 국회가 특별감찰관 임명 절차를 개시해줄 것을 다시 한번 요청했다」고 밝혔다. 특별감찰관은 2016년 사퇴한 이석수 초대 특별감찰관 이후 문재인·윤석열 정부를 거쳤지만 9년째 공석인 상태다."

대통령의 친인척 등 대통령과 특수한 관계에 있는 사람의 비위행위(非違行爲)에 대한 감찰을 담당하는 직위다. 특별감찰관은 국회가 15년 이상 판사·검사·변호사직에 있던 인물 중에서 3명의 후보자를 추천하면 대통령이 1명을 지명해 인사청문회를 거쳐 임명한다. 특별감찰관은 대통령 소속으로 하되, 직무에 관해서는 독립적인 지위를 가진다. 임기는 3년으로 하며 중임할 수 없다. 특별감찰의 대상은 ▷대통령의 배우자 및 대통령의 4촌 이내 친족 ▷대통령 비서실 내 수석비서관 이상의 공무원이다.

평양~베이징 국제열차 ▼

"북한과 중국을 잇는 국제 여객열차가 3월 12일 6년 만에 운행을 재개한 가운데 평양발 첫 열차가 13일 오전 중국 수도 베이징에 도착했다. 북중 여객열차 운행은 북한이 코로나19 확산을 이유로 국경을 봉쇄하면서 2020년 1월 중단된 바 있다. 중국국가철도그룹에 따르면 평양과 베이징을 오가는 여객 열차는 매주 월·수·목·토요일 주 4회 양방향으로 운행된다."

중국 베이징과 북한 평양을 오가는 국제열차로, 전신은 한국전쟁 시기에 중국군 병력과 물자를 수송한 베이징과 선양 구간 열차다. 평양~베이징 열차는 베이징과 선양 구간 열차를 연장해 1954년 정식 개통했으며, 이후 매주 4편씩 운행됐다. 그러다 관광 등으로 양국을 오가는 승객이 늘면서 2013년부터는 매일 운행이 이뤄졌다. 열차는 중국 단둥에서 북한 신의주를 거쳐 양국 수도를 연결하며 대표적인 북중 육상 교통로로 꼽혔다. 특히 북한이 국제사회 제재를 피해 외화 및 고가물품을 반입·반출하는 통로로 이를 활용하고 있다는 지적이 나오기도 했다. 그러다 2020년 코로나19 사태가 터지며 열차 운행이 중단됐다가, 중단 6년 만인 지난 3월 12일 재개됐다. 운행이 재개된 열차는 양방향 모두 매주 월·수·목·토요일 주 4회 운행하는데, 다만 중국 단둥과 평양을 연결하는 단거리 노선의 경우 매일 운행된다. 열차는 전체 편성 가운데 뒤쪽 2량만 승객이 타고 나머지는 화물을 싣는다. 중국 베이징을 출발한 열차는 출입국 심사와 세관 절차를 위해 단둥에 약 2시간 정차한 뒤 평양으로 향한다.

평양~베이징 국제열차 개요

운행 시작	1954년
중단	2020년 코로나19 사태 시 북한의 국경 완전 봉쇄로 중단
재개	2026년 3월 12일
소요시간	약 25시간
운행횟수	주 4회(월, 수, 목, 토)

해사국제상사법원(해사법원) ▼

"국회가 2월 12일 부산·인천에 「해사국제상사법원」을 설치하는 내용을 담은 법원설치법 개정안과 법원조직법 개정안을 통과시켰다. 이에 2028년 3월 국내 첫 해사전문법원이 인천과 부산에 개원할 전망이다. 인천 해사법원은 서울·경기·강원·충청 등 중부권을 관할하게 되며 부산 해사국제상사법원은 영남과 호남, 제주 등을 담당하게 된다."

해양 사고나 해상운송, 국제무역, 해상보험 소송 등 해양에서 발생하는 각종 분쟁 사건을 전문적으로 다루는 특수법원이다. 우리나라는 현재 해사전문법원이 없어 서울중앙지법과 서울고법, 부산지법 등 5개 법원 내 해사 전담 재판부가 관련 사건을 담당하고 있다. 하지만 재판부가 다른 사건 심리까지 병행하면서 전문성이 떨어진다는 한계와 소송에 상당 기간이 소요된다는 지적이 이어졌다. 이에 해사법원 설치를 위한 법률 개정안이 20대 국회부터 발의되다 여러 번 폐기를 반복했으나, 지난 2월 관련 법안이 국회를 통과하면서 설립을 앞두게 됐다.

헌법불합치(憲法不合致) ▼

"헌법재판소가 2월 26일 옥외집회 신고 의무를 위반한 사람들을 예외 없이 형사처벌토록 한 집회 및 시위에 관한 법률(집시법) 규정(22조2항)에 대해 과잉금지 원칙에 위배된다며, 헌법불합치 결정을 내렸다. 이에 따라 국회는 내년 8월 31일까지 해당 조항을 개정해야 한다. 다만 헌재는 옥외집회 사전 신고를 의무화하는 집시법 6조1항에 대해서는 합헌 판결을 내렸는데, 해당 조항은 옥외집회 시작 전 최소 48시간 전에 관할 경찰서에 신고하도록 규정하고 있다."

법 규정의 위헌성이 드러났지만 위헌 결정을 내릴 경우 그날부터 해당 규정의 효력이 상실됨에 따라 생기는 법적 혼란을 막기 위해, 관련 법이 개정될 때까지 한시적으로 법적 효력을 인정해 주는 헌법재판소의 변형결정 중 하나다. 헌법불합치 판결을 내리기 위해서는 재판관 6인 이상의 찬성이 필요하며, 헌법불합치 결정이 내려지면 국회와 행정부는 헌재가 제시한 기간에 해당 법률을 개정해야 한다. 만약 헌재의 제시 기한까지 법률 개정이 이뤄지지 않으면, 해당 법률의 효력은 사라지게 된다.

가업상속공제(家業相續控除)　▼

"재정경제부가 4월 6일 「가업상속공제 제도개선 방안」을 통해 공제 대상 업종을 대폭 정비하기로 했다. 정부는 특별한 기술이 필요하지 않은 주차장업, 빵을 직접 만들지 않고 납품만 받는 베이커리 카페 등을 예로 들었다. 정부는 또 공제를 받을 수 있는 최소 의무 사업기간을 현재 10년에서 상향 조정할 방침이며, 상속받은 사람이 사업을 유지해야 하는 사후관리기간도 현재 5년에서 상향 조정한다."

대(代)를 이어 승계할 만한 사업 노하우가 있는 기업이나 개인이 상속세 부담에 사업을 포기하지 않도록 정부가 지원하려는 취지로 1997년 도입된 제도이다. 이는 피상속인이 10년 이상 계속하여 경영한 중소기업 등을 상속인(상속인의 배우자 포함) 1인이 승계하면, 가업상속재산의 100%를 최대 600억 원 한도로 상속세 과세 대상 가액에서 제외한다. 제도 도입 초기에는 5년 이상 사업을 운영한 중소기업에 한해 최대 1억 원만 공제해줬다. 그러다 이명박 정부 때인 2008년 공제 한도가 최대 30억 원으로 늘고 의무 사업운영기간이 15년 이상으로 확대됐다. 이후 의무 사업운영기간은 10년 이상으로 다시 줄었으나, 공제한도는 지속적으로 확대돼 2023년 600억 원이 됐으며 매출 5000억 원 미만 중견기업도 공제 대상에 포함됐다.

현재 가업상속공제 한도

피상속인 가업 기간	공제한도
10년 미만	적용 안 됨
10년 이상~20년 미만	300억 원
20년 이상~30년 미만	400억 원
30년 이상	600억 원

개인종합자산관리계좌
(ISA·Individual Savings Account)　▼

"2월 26일 금융투자협회에 따르면 지난 1월 말 기준 개인종합자산관리계좌(ISA) 가입자 수는 807만 명, 가입금액은 54조 7000억 원으로 집계됐다. 가입자 수가 800만 명을 넘은 것은 지난해 11월 말 700만 명을 넘은 지 불과 두 달 만이며, 가입금액은 지난해 6월 말 40조 원 돌파 후 7개월 만에 50조 원을 넘어선 것이다."

국내 상장 주식·펀드, 상장지수펀드(ETF), 예·적금 등 다양한 금융상품을 하나의 계좌에 모아 투자할 수 있는 절세형 계좌 상품이다. 소득에 상관 없이 19세 이상이면 누구나 가입이 가능하며, 15~19세 미만도 소득이 있으면 가입할 수 있다. 투자자는 금융회사 중 한 곳에서 한 개의 계좌만 개설할 수 있으며, 의무 계약기간은 3년(계약기간 연장, 재가입 허용)이다. 이는 만기일 전까지 만기 연장이 가능하며, 납입한도는 연간 2000만 원(납입한도 이월해 최대 1억 원까지)이다. ISA는 운용 방식에 따라 일임형·신탁형·중개형 등 3가지로 구분되는데, ▷신탁형은 투자자가 다양한 상품을 직접 선택해 신탁업자에게 그 운용을 지시하는 것이며 ▷일임형은 금융사의 모델 포트폴리오 중 하나를 선택하면 금융사가 모두 운용하는 방식이다. 증권사에서만 가입이 가능한 중개형은 스스로 상품을 선택하고 직접 매매가 가능한 방식으로, 국내 상장 주식을 자유롭게 매매(신탁형+국내 주식 매매)할 수 있다. 이는 일정 기간 경과 후 계좌 내 금융상품 간 이익과 손실을 통산해 순이익을 기준으로 일반형 기준 최대 200만 원(서민형은 최대 400만 원)까지 비과세되고, 이를 초과하는 금액에 대해서는 저율(9.9%)의 분리과세 혜택이 부여된다.

국내시장 복귀계좌
(RIA·Reshoring Investment Account)　▼

"국회가 3월 31일 본회의를 열고 조세특례제한법 개정안, 농어촌특별세법 개정안 등 이른바 「환율 안정 3법」을 여야 합의로 의결했다. 이 가운데 조세특례제한법 개정안은 개인 투자자가 지난해 12월 23일 전에 보유하고 있었던 해외주식을 매도한 자금을 국내시장 복귀계좌(RIA)를 통해 1년간 국내 주식시장에 투자하면 양도소득세를 최대 100%까지 공제해주는 내용이다."

해외주식을 매도해 원화로 환전한 자금을 국내 주식에 장기 투자할 때 해외주식 양도소득세를 한시적으로 비과세·감면하는 계좌다. 세제 혜택을 받기 위해서는 RIA를 개설한 후 해외주식 계좌에 있던 주식을 이전해야 한다. 이후 RIA 안에서 해외주식을 매도하고, 달러를 원화로 환전해 국내 주식이나 주식형펀드를 매수하면 된다. 다만 반드시 주식을 매수해야 하는 것은 아니며 예수금 상태로 보유하는 것도 가능하다. 이후 해당 자금은 최소 1년 이상 유지해야 세제 혜택이 확정되는데, 유지 기간은 계좌 개설일이 아니라 자금 납입 시점을 기준으로 산정된다. 세제 혜택은 지난해 12월 23일까지 보유한 해외주식 및 해외 상장지수펀드(ETF)에 한해 적용되며, 1인당 매도금액 한도는 5000만 원이다. 다만 투자자가 일반계좌를 통해 해외주식을 순매수한 경우에는 해당 금액에 비례해 소득공제 혜택이 조정된다. 감면율은 복귀 시점에 따라 차등 적용되는데, ▷5월까지 옮기면 양도세의 100% ▷6~7월은 80% ▷8월부터 연말까지는 50% 수준으로 감면율이 낮아진다.

RIA 개요

대상 자금	올해 해외주식 매각대금 중 국내주식 투자분
세제 혜택	해외주식 양도소득에 대해 소득공제
소득공제율	5월까지 매도(100%), 6~7월(80%), 8~12월(50%)
계좌한도	개인당 5000만 원

단위가격표시제(單位價格表示制) ▼

"산업통상부가 오프라인 매장에만 적용하던 단위가격표시제를 4월 7일부터 온라인 쇼핑몰로 확대한다고 2일 밝혔다. 산업부는 연간 거래금액 10조 원 이상 온라인 쇼핑몰에 대해 단위가격표시제를 적용하기로 했는데, 현재 기준으로 이번 조치에 해당되는 업체는 쿠팡과 네이버플러스스토어이다. 의무 표시 대상은 한국소비자원과 소비자단체, 업계 등의 의견을 수렴해 선정한 114종의 생활필수품목으로, 라면 등 가공식품, 생활용 비닐 등 일용잡화, 삼겹살 등 신선식품이 포함된다."

상품 가격을 단위 기준으로 표시하도록 한 제도로, 구분할 중량 또는 수량 단위로 거래되는 품목에 대해 상품의 가격을 l, ml, g과 같은 일정 단위로 구분해 표시하는 것이다. 예를 들어 총 중량이 300g인 과자 한 봉지를 1500원에 판매한다고 할 때, 「100g당 500원」과 같은 단위가격을 라벨이나 포장지에 표시해야 한다. 이렇게 하면 생산 및 판매업체가 상품의 용량 및 포장방법을 달리해도 소비자들은 단위당 가격을 통해 제품의 가격을 쉽게 비교할 수 있게 된다. 이는 1999년 처음 도입돼 시행 중이다.

듀프(Dupe) 소비 ▼

복제품을 가리키는 영단어 「Duplication」에서 유래된 말로, 가성비 높은 대안제품을 소비하는 것을 말한다. 이는 고물가 상황 지속 등으로 값비싼 명품 대신 유사한 기능을 갖춘 합리적 가격대의 대체품을 찾는 소비자들이 늘어나면서 대두되고 있는 개념이다. 듀프 소비는 단순히 가성비만을 중시하는 것이 아닌 품질이 기본 전제조건이 된다는 점에서, 단순히 명품 로고 등을 모방하는 위조품과는 차이가 있다.

롤러코스피(Roller KOSPI) ▼

한국 증시의 대표 지수인 코스피(KOSPI)와 롤러코스터(Roller Coaster)를 합친 말로, 코스피 지수가 마치 롤러코스터처럼 짧은 기간 안에 급등락을 반복하며 극심한 변동성을 보일 때를 비유하는 말이다. 여기에 코스닥 시장의 변동성을 가리키는 「롤러코스닥」이라는 말도 함께 언급된다. 롤러코스피 현상은 대외 의존도가 높은 한국 경제의 특징상 미국의 금리 결정이나 글로벌 유가 급등 등 글로벌 이슈에 민감하게 반응하면서 일어나는 것이다. 또 글로벌 불안정성이 커질 때 외국인 자금의 유출입이 빈번하게 일어나는 것도 롤러코스피의 원인이 되며, 개인 투자자들의 추격 매수나 패닉 매도가 잦을 때에도 이와 같은 현상이 발생한다.

"SK하이닉스가 3월 24일 미국 주식예탁증서(ADR) 상장을 위한 공모 등록신청서(Form F-1)를 미국 증권거래위원회(SEC)에 비공개로 제출했다고 25일 밝혔다. SK하이닉스는 올해 중 상장을 목표로 추진하고 있으나, 공모 규모와 방식, 일정 등 세부 사항은 아직 확정되지 않았다고 설명했다."

미국 내 예탁기관(은행)이 해외 기업의 주식을 보관하고 이를 기초로 발행한 증서로, 외국 기업이 미국 증시에서 자사 주식을 거래할 수 있도록 발행하는 증권이다. 이는 미국 증시에서 주식과 동일한 효력으로 거래할 수 있으며, 글로벌 투자자 접근성을 확대하는 수단으로 활용된다. ADR은 미국 거래소에서 달러로 거래되며, 배당은 예탁은행이 수령해 달러로 환산한 뒤 지급하는 방식이 일반적이다.

비축유 스와프(備蓄油 Swap) ▼

"산업통상부가 3월 31일 중동전쟁 장기화로 원유 수급 및 석유제품 생산 차질 우려가 커지자 비축유 스와프 제도를 도입해 시행한다고 밝혔다. 비축유 스와프 제도는 4~5월까지 2개월 동안 실시한 뒤 추후 산업부 장관 승인을 받아 1개월씩 연장할 수 있으며, 정산 가격은 비축기지 기본 대여료에 기업의 대체 물량과 정부 비축유 간 가격 차액을 더해 받는다."

정유사가 원유 대체 물량을 확보한 뒤 이를 증명하면 정부가 비축유를 먼저 빌려준 뒤, 정유사가 해외에서 확보한 대체 원유가 국내에 도착하면 같은 양을 돌려받는 방식을 말한다. 이는 원유를 100% 수입에 의존하는 국내 상황상 도입된 제도로, 예컨대 중동에서 원유를 싣고 오던 유조선의 입항이 지연되거나 산유국에서 전쟁 등이 발생해 원유 수급이 제대로 이뤄질 수 없는 상황을 대비한 조치다. 정부는 비축유 스와프를 통해 정유사로부터 스와프 수수료 수익을 얻을 수 있어 국가 재정에 도움이 된다. 또 정유사 입장에서는 물류비나 원유 구입 비용을 크게 절감할 수 있고, 국민들은 유가 급상승이라는 충격을 줄일 수 있다. 아울러 비축유 스와프는 정유사가 대체 물량을 확보해야만 원유를 내어준다는 점에서 정유사가 물량 확보 노력을 게을리할 수 없고, 정부 입장에서는 비축유 재고가 결과적으로 소진되지 않는다는 장점이 있다.

한편, 스와프(SWAP) 절차는 정유사가 대체 물량 선적 서류를 정부에 제출하면 산업부와 석유공사가 타당성을 검토한 뒤 비축유를 제공하고, 대체 물량 선박이 국내에 도착하면 석유공사 비축유 기지에 원유를 상환하는 방식으로 운용된다.

사모대출(Private Credit) ▼

은행이 아닌 비은행 금융중개회사(NBFI)의 대출을 일반적으로 지칭한다. 이는 은행이나 공개 시장에서 조달하는 것이 아니라, 사모펀드나 자산운용사 등의 전문 투자기관이 중견·중소기업에 자금을 빌려주는 구조로 돼 있다. 사모대출은 2008년 글로벌 금융위기 이후 은행 건전성 규제 강화로 대형 은행들이 대출장벽을 높이는 가운데, 비은행 금융사가 해당 시장에 진입하면서 빠르게 늘기 시작했다. 기업 입장에서는 사모대출이 은행보다 승인 절차가 빠르고 유연하며, 재무조건이나 담보 등을 맞춤형으로 설계할 수 있다는 장점이 있다. 또 투자자에게는 전통 채권보다 높은 금리에다 주식시장 변동성에 비교적 덜 민감하다는 이점이 있다. 반면 은행 대출에 비해 투명성과 규제 수준이 낮은 데다, 예금자 보호제도나 중앙은행 개입과 같은 안전장치가 없어 위기에 취약하다는 지적이 있다.

금감원이 주요 12개 증권사의 판매 실적을 집계한 결과, 국내 투자자의 해외 사모대출펀드 잔액은 2023년 말 11조 8000억 원에서 지난해 17조 원으로 44% 증가했다. 개인 판매 잔액도 같은 기간 1154억 원에서 4787억 원으로 3배 넘게 급증했다.

산업가속화법
(IAA·Industrial Accelerator Act) ▼

"유럽연합(EU) 집행위원회가 3월 4일 역내 제조업 경쟁력 강화를 도모하기 위한 산업가속화법(IAA) 초안을 발표했다. 해당 법안에는 에너지집약산업 및 자동차산업의 공공조달과 구매·소비 지원제도에 저탄소·역내산 요건을 도입한다는 내용이 포함됐다. 이에 따라 대규모 외국 투자에는 EU 근로자를 일정 비율 이상 고용해야 하는 등의 조건이 부과된다."

유럽연합(EU)이 역내 제조업 경쟁력 강화를 도모하기 위해 추진하는 법안으로, 3월 4일 초안이 발표됐다. 초안에 따르면 전기차 제조업체가 당국의 보조금을 받기 위해서는 차량 부품의 최소 70%를 EU에서 생산해야 한다. 특히 글로벌 생산능력의 40% 이상을 차지하는 국가가 역내 산업에 1억 유로 이상을 투자할 경우 EU 노동자 비율은 50% 이상, 외국인 지분은 49% 이하로 설정돼야 하고, 기술 이전 등이 요구된다. 다만 EU와 자유무역협정(FTA)을 맺은 국가와 세계무역기구(WTO) 정부조달협정(GPA) 가입국 가운데 EU 기업에 시장접근을 보장하는 국가는 상호주의 원칙을 기반으로 EU산과 동등하게 간주하기로 했다. 이에 따라 한국 기업들도 공공조달 등에서 일정 수준의 시장 접근을 유지할 수 있게 됐다. 다만 IAA는 EU 회원국과 유럽의회의 승인을 거쳐야 정식 발효되는데, 이 과정에서 일부 수정될 수 있다.

석유 최고가격제
(Price Ceiling on Petroleum) ▼

"미국·이스라엘이 2월 28일 이란을 공습하고 이에 이란이 호르무즈 해협을 봉쇄하며 국제 유가가 급등한 가운데, 정부가 3월 13일 0시를 기점으로 석유 최고가격제를 시행했다. 이에 정유사의 1차 최고가격은 ℓ당 보통휘발유 1724원, 자동차용 경유 1713원, 등유 1320원으로 설정됐다. 석유 최고가격 제도는 1997년 유가 자유화 이후 처음으로 시행된 것으로, 국제 유가가 국내 기름값에 반영되는 시차를 고려해 2주마다 조정된다. 적용 대상은 국민들의 생활과 밀접한 보통휘발유·경유·등유로, 소비층이 제한적인 고급휘발유는 대상에서 제외했다."

국내 석유제품(휘발유·경유 등) 판매가격이 비정상적으로 급등할 때 정부가 최고가격을 지정해 가격을 일정 수준 이상으로 올리지 못하도록 한 제도를 말한다. 이는 「석유 및 석유대체연료 사업법 제23조」에 근거한 것이다. 해당 조항에 따르면 산업부 장관은 석유의 수입·판매 가격이 현저하게 등락하거나 등락할 우려가 있는 경우 석유제품의 국제 가격 및 국내외 경제 사정을 고려해 석유정제업자, 석유수출입업자, 석유판매업자의 석유 판매가격의 최고액 또는 최저액을 정할 수 있다. 만약 최고가격을 어기고 비싸게 팔 경우 2년 이하의 징역 또는 2000만 원 이하의 벌금이 부과되며, 초과 수익은 정부가 환수한다.

이러한 석유 최고가격제는 가격 상승을 억제해 단기적으로 소비자들의 유류비 부담을 낮출 수 있으며, 석유 가격 안정화로 인플레이션을 완화해 서민 부담을 줄일 수 있다. 또 국제 유가 상승폭보다 더 가격을 높이는 유통업자들의 폭리를 차단할 수 있어 불공정 행위를 줄일 수 있다는 장점이 있다. 반면 수익성 악화를 우려하는 정유업계 등에서 국내 공급 물량을 줄여 공급망이 위축될 수 있고, 공식가격으로 구할 수 없을 경우에는 암시장이 형성될 위험도 존재한다. 또 유가가 계속 상승해 최고가격보다 수입원가가 더 높아질 경우에는 그 손실을 정부가 보전해줘야 하는 상황이 생겨 막대한 예산이 소요될 가능성도 있다.

유가 폭등기 및 정책 대응안

1·2차 오일쇼크 (1973, 1979년)	• 차량 운행 제한 • 에너지 절약 캠페인 실시
1990~1991년 걸프전	비축유 약 494만 배럴 방출
2011~2014년 아랍의 봄	비축유 약 346만 배럴 방출
2022년 러우전쟁	유류세 인하폭 법정 최대 35%
2026년 중동전쟁	석유 최고가격제 시행

엥겔지수(Engel's Coefficient) ▼

총 가계지출액에서 식료품비가 차지하는 비율로, 19세기 독일의 통계학자인 엥겔(Ernst Engel)이 발견하여 붙여진 명칭이다. 이는 소득수준이 높아질수록 식료품 관련 지출보다는 식료품 이외의 지출이 급격히 늘어난다는 점에 착안해 개발된 지표이다. 필수품인 식료품은 소득수준에 관계없이 어느 가계에서나 일정한 수준의 소비를 유지하기 때문에 소득이 높을수록 엥겔지수는 낮아지고, 소득이 낮을수록 엥겔지수는 높아진다.

엥겔지수가 ▷25% 이하이면 소득 최상위 ▷25~30%이면 상위 ▷30~50%이면 중위 ▷50~70%이면 하위 ▷70% 이상이면 극빈층으로 분류된다. 우리나라에서는 한국은행과 국가데이터처에서 엥겔지수를 산출·공개하고 있다. 다만 한국은행은 전체 가구를 대상으로 조사를 하는 반면, 국가데이터처는 도시근로자 가구를 대상으로 설문조사를 실시해 이를 산출하고 있다.

ESG 공시(ESG Disclosure) ▼

"이억원 금융위원장이 2월 25일 대한상공회의소에서 제4차 생산적 금융 대전환 회의를 열고 ESG 공시 로드맵 초안을 공개했다. 이에 따르면 2028년 연결자산총액 30조 원 이상 코스피 상장기업(58개사, 약 6.9%)부터 공시를 시작한다."

기업들이 환경(Environment), 사회(Social), 지배구조(Governance) 등 지속가능성 관련 지표를 투자자와 사회에 의무적으로 공개하도록 하는 제도다. 공개 내용에는 환경(탄소배출량, 온실가스 감축목표, 재생에너지 사용), 사회(노동 환경, 성평등 및 다양성, 산업재해), 지배구조(이사회 구조, 경영 투명성, 반부패 정책) 등이 포함된다. 이러한 ESG 공시는 투자 판단 기준을 제공하는 것을 비롯해 기업의 책임 및 투명성 강화, 지속가능 경제 전환 등이 목적이다.

> **ESG** 기업의 재무적 성과를 제외한 친환경(Environment), 사회적 기여(Social), 투명한 지배구조(Governance) 등의 분야에서의 기업성과를 가리킨다. 이는 재무적인 요소에서 드러나지 않는 기업의 사회적 활동을 계량화해 기업의 계속 경영 가능성을 평가하기 위한 지표로, 유엔 사회책임투자 원칙(UN PRI)에서 투자의사 결정 시 고려하도록 하는 핵심 평가 요소다.

장기보유특별공제(장특공제) ▼

"이재명 대통령이 4월 18일 부동산 양도세 장기보유특별공제(장특공제)를 폐지하면 세금 폭탄으로 이어질 것이라는 국민의힘 주장에 「논리모순이자 명백한 거짓 선동」이라고 반박했다. 앞서 4월 17일 국민의힘 정점식 정책위의장은 국민의힘 원내대책회의에서 정부와 더불어민주당이 추진하는 1주택자 장특공제 폐지안을 두고 「집 한 채 가진 실거주 국민에게까지 세금 폭탄을 안기겠다는 것」이라고 주장한 바 있다."

주택을 장기간 보유할 경우 양도소득세에서 일정 비율을 공제해주는 제도를 말한다. 즉 소득세법 95조에 따라 3년 이상 보유하고 2년 이상 거주한 아파트 등 부동산을 매각할 경우, 보유·거주 기간에 따라 양도차익의 일정 비율을 공제해 양도세 부담을 줄여주는 것이다. 현재 1주택자가 주택을 10년 이상 보유할 경우 최대 80%까지 공제가 가능하다.

전속고발권(專屬告發權) ▼

"주병기 공정거래위원장이 3월 31일 국무회의에서 46년간 유지해온 전속고발권의 전면 폐지를 추진한다고 밝혔다. 공정위는 일정 수 이상의 국민 또는 사업자가 고발하는 경우 공정위 고발 없이 공소 제기가 가능하도록 하는 방안을 제시했다. 또 검찰총장, 감사원장, 중소벤처기업부 장관, 조달청장에게 부여된 고발요청권을 50개 중앙행정기관과 17개 광역자치단체, 226개 기초자치단체로 확대하는 방안도 제시했다. 이러한 공정위의 방안은 이재명 대통령이 공정위의 고발권한 독점이 봐주기 수단으로 악용될 수 있다며 지방자치단체 등에도 직접 고발권을 주라고 주문한 데 따른 것이다."

공정거래법, 하도급법, 가맹사업법, 대규모유통업법, 대리점법, 표시광고법 등 공정위 소관 6개 법률위반 사건에 대해 공정위의 고발이 있어야만 검찰이 재판에 넘길 수 있도록 한 제도를 말한다. 즉, 검찰이 공정거래법 위반 혐의를 포착했더라도 공정위가 고발하지 않으면 기소를 할 수 없다. 전속고발권은 고발권을 남용해 기업의 경제활동을 어렵게 하는 것을 막기 위해 1980년 도입됐다. 그러나 공정위가 독점권을 갖고 있다는 비판이 제기되면서 2014년부터 감사원, 중소기업청, 조달청에 고발 요청권이 부여됐다. 이에 따라 감사원장, 중소기업청장, 조달청장 등이 공정위에 고발 요청을 할 경우 공정위는 의무적으로 고발해야 한다.

JIC(Just In Case) ▼

「돌발 변수를 대비한 조달」이라는 뜻으로, 원자재와 부품 재고를 쌓아 공급망 리스크에 대비하는 생산 방식이다. 이는 예상치 못한 상황을 맞아 생산라인이 멈추는 위기를 예방하는 것을 목표로 한다. 이에 반해 JIT는 재고를 최소화해 비용을 절감하는 것을 핵심으로 하는 것으로, 리스크 관리를 최우선으로 한다. JIC는 JIT(Just In Time·부품 적기 조달)보다 비용이 더 많이 드는데, JIC 방식을 위해서는 기업이 더 많은 재고를 보유하고 공급처도 다변화해야 하기 때문이다.

한편 JIT는 일본 도요타에서 시작돼 세계 제조업의 표준이 됐으나, 코로나19 팬데믹과 러시아-우크라이나 전쟁 등을 거치면서 JIC에 집중하는 기업들이 늘어나는 추세다.

지역별 전기요금 차등제 ▼

송전비 등을 전기요금에 반영해 발전시설과 가까운 지역은 전기를 싸게 공급하고 먼 곳은 좀 더 비용을 치르도록 차등을 두는 제도다. 이는 전기를 생산한 지역에서 소비하도록 유도하는 「지산지소(地産地消, 지역 생산, 지역 소비)」 원칙을 요금 체계에 반영하겠다는 것이다. 우리나라의 경우 한국전력공사가 전국 전력망을 통합 운영하면서 전국 동일요금 체계를 사용하고 있는데, 전력망 부담·발전소 위치·지역 형평성 문제 등이 지적되며 차등제 도입 논의가 이어지고 있다. 현재 국내 전력망은 영남·호남권 등의 대형 발전소에서 수도권으로 전력을 장거리 송전하는 구조다. 그러나 이 방식은 송전망 건설·유지에 막대한 비용이 소요되는 것은 물론, 송전 과정에서의 전력 손실, 송전탑 건설을 둘러싼 갈등 등의 문제가 있다. 무엇보다 우리나라 전력의 약 40% 이상이 수도권에서 사용되고 있어 수도권의 전기요금을 높여 수요를 분산하고, 전기요금이 낮은 지역으로 기업 이전을 유도해 산업 분산 효과도 이룰 수 있다는 점에서 전기요금 차등제 도입 목소리가 이어지고 있다.

한편, 지역별 차등 요금제는 해외 주요 국가에서도 시행되고 있는데, 대표적으로 미국의 경우 전력 사용이 많은 대도시는 전기요금이 높고 발전소가 많은 지역은 상대적으로 낮은 「지역별 한계가격 체계」를 사용하고 있다.

조세지출(Tax Expenditure) ▼

정부가 특정 정책 목표를 위해 시행하는 비과세·감면, 소득·세액공제, 우대세율 등의 간접적인 재정지출을 말한다. 직접지출이 정부가 돈을 직접 지급하는 것이라면, 조세지출은 세금을 줄여서 지원하는 것이다. 이는 표면적으로는 세금 감면이지만, 경제학적으로는 정부가 돈을 지출한 것과 비슷한 효과가 있다고 보기 때문에 지출이라는 표현을 사용한다. 이러한 조세지출은 직접 예산에 편성되지는 않지만 세수를 감소시키는 효과가 있어 「숨겨진 예산」이라고도 한다. 조세지출은 여러 방식이 있는데, ▷세금에서 직접 일정 금액을 빼주는 「세액공제」 ▷과세 대상 소득을 줄여주는 「소득공제」 ▷특정 대상에게 낮은 세율을 적용하는 「세율 감면」 ▷특정 소득에 대해 아예 세금을 부과하지 않는 「세금 면제」 등이 이에 해당한다. 정부는 경제활성화, 복지정책 지원, 특정 산업 및 지역 지원 등의 효과를 달성하기 위해 이러한 조세지출을 시행한다. 조세지출은 정책 실행이 용이한 데다 정부가 직접 개입하는 것보다 민간 활동을 유도할 수 있다는 점에서 시장 친화적이라는 장점이 있다. 하지만 예산처럼 명확하게 보이지 않아 재정 투명성이 부족하고, 세금 혜택이 실제로 투자나 소비 증가로 이어지는지의 여부는 불확실하다는 단점도 가지고 있다.

커버드콜(Covered-call) ▼

주식을 보유한 상태에서 콜옵션을 다소 비싼 가격에 팔아 위험을 안정적으로 피하는 방식이다. 여기서 옵션은 미래의 특정시기에 특정가격으로 팔거나 살 수 있는 권리 자체를 현재 시점에서 매매하는 계약으로, 특정 주식을 살 수 있는 권리인 「콜(Call)옵션」과 팔 수 있는 권리인 「풋

(Put)옵션」으로 구분된다. 만약 옵션 없이 주식만 보유하고 있는 상태에서 주가가 하락하게 되면 투자자의 손실은 커지지만, 콜옵션을 지니고 있어 이를 동시에 팔면 손실을 덜 수 있다. 반대로 주가가 상승할 경우 콜옵션 매도 부문에서 손실이 발생하지만, 보유한 주식가는 상승하므로 손실을 만회(Covered)할 수 있다. 커버드콜은 시장이 상승기에 있을 때에는 수익을 제한하기도 하지만, 하락기의 시장에서는 행사가격의 콜옵션을 매도해 얻은 프리미엄 수입으로 주가 하락에 따른 위험을 줄일 수 있다는 장점이 있다. 이에 커버드콜 전략은 일반적으로 향후 주식시장이 보합세를 유지하거나 강세가 전망되어도 그 정도가 약하다고 예측될 때, 하락에 따른 손실을 줄일 수 있는 방법으로 행해진다.

K-점도표　▼

한국은행 금융통화위원회 위원들의 6개월 후 기준금리 전망을 반영한 것으로, 2월 26일부터 시범 공개가 이뤄졌다. 이는 기존 3개월 단위 조건부 금리 전망(포워드 가이던스)을 6개월로 확대하고, 금융통화위원들의 금리 전망을 점도표 형태로 공개하는 형태다. K-점도표는 한은 총재를 포함해 금통위원 7명이 향후 6개월 후 기준금리 수준을 각자 3개씩 제시, 모두 21개의 금리 수준이 표시된다. 이는 금통위원 각자가 중기적(6개월) 시계에서 가장 적절하다고 판단하는 구체적인 기준금리 수준을 지목해 중간값과 편차를 드러내는 방식이다. 점은 기본값과 상·하방 리스크를 고려한 값을 각자 3개씩 찍도록 하되, 모두 같은 금리 수준을 짚어도 무방하다. 이러한 형식의 금리 전망을 제시하는 것은 우리나라가 유일한데, 미국 중앙은행(Fed)은 점도표를 발표하고 있지만 위원 1인당 1개의 점을 찍는 방식으로 이뤄지고 있다.

금통위는 한은 경제전망이 발표되는 매년 2·5·8·11월 총 4차례에 걸쳐 점도표를 공개할 계획인데, 이는 해당 시점의 경제상황 분석을 기초로 금리 전망 수준을 제시하기 위해서다. 경제 전망이 없는 달에는 점도표를 제시하지 않지만, 큰 상황 변화가 있을 경우 총재 기자간담회에서 질문에 대답하는 형식으로 이를 언급하게 된다.

> **포워드 가이던스(Forward Guidance)**　중앙은행이 향후 통화정책 방향에 대한 신호를 시장에 전달하기 위해 활용하는 커뮤니케이션 수단으로, 한국은행은 2022년 10월부터 3개월 시계의 정량적 포워드 가이던스를 제시해 왔다. 이는 한은 총재가 통화정책방향 결정 당일 기자설명회에서 금통위원들의 향후 금리 전망(동결·인하·인상)에 대한 의견 분포와 그 이유를 구두로 공개하는 방식이었다. 하지만 3개월의 기간이 너무 짧은 데다 전망치가 아닌 가능성 정도로만 언급해 메시지가 불분명하다는 지적이 있어 왔다.

코스닥 액티브 ETF(KOSDAQ Active ETF)　▼

"한국거래소가 코스닥 시장 기반의 액티브 상장지수펀드(ETF) 2종이 3월 10일 유가증권시장에 상장됐다고 밝혔다. 이날 상장된 삼성액티브자산운용의 「KoAct 코스닥액티브」와 타임폴리오자산운용의 「TIME 코스닥액티브」는 코스닥 지수를 비교지수로 하여 코스닥 상장 종목에 투자하는 액티브 ETF다."

코스닥 지수를 비교지수로 설정하고 코스닥 상장 종목을 주요 투자 대상으로 운용하는 액티브 ETF다. 코스닥 액티브 ETF는 펀드매니저가 산업과 기업을 분석하고, 시장 상황에 따라 비중을 조절하거나 필요하면 종목을 교체하는 방식으로 운용한다. 투자 종목은 성장성이 높은 테마 중심 포트폴리오로 구성돼 있다. 투자자들은 해당 상품에 투자하기에 앞서 운용사와 매니저, 포트폴리오 구성, 운용 보수, 리스크 감수 가능 여부를 충분히 숙지하고 투자를 진행해야 한다.

> **액티브 상장지수펀드(Active ETF)**　단순히 기초지수를 따라가는 패시브 ETF와 달리 펀드매니저가 종목별 비중을 결정해 지수 대비 초과 수익을 노리는 상품이다. 이는 시장보다 높은 수익을 목표로 하며, ETF의 편의성을 유지하면서도 투자 전략을 다양화할 수 있다는 장점이 있다. 반면 일반 ETF보다 수수료가 더 높고, 펀드매니저의 판단에 따라 수익률이 좌우될 수 있다는 매니저 리스크를 갖고 있다.

쿠팡 고객정보 유출사태 ▼

"대규모 개인정보 유출사태로 논란을 빚은 쿠팡이 납품업자에게 단가 인하와 광고비 부담을 압박해 20억 원대 과징금을 물게 됐다. 공정거래위원회는 2월 26일 쿠팡의 대규모유통업법 위반 행위에 시정명령과 과징금 21억 8500만 원을 부과했다고 밝혔다."

지난해 국내 최대 이커머스 플랫폼 쿠팡에서 이름·전화번호·집주소·이메일 등을 포함한 3370만 명의 개인정보가 유출된 사태를 말한다. 사태는 해킹이 아닌 내부 직원(퇴사한 중국인 직원에 의한 것으로 추정)에 의해 이뤄진 데다가 쿠팡이 정보 유출 사실을 5개월간 몰랐던 것으로 드러나는 등 명백한 인재인 것으로 나타났다. 정부는 쿠팡사태 수사를 위한 민관합동조사단을 꾸리고 원인 규명과 피해 확산 차단에 나섰는데, 쿠팡 측의 무성의한 태도가 이어지면서 소비자들의 쿠팡 탈퇴 움직임이 가속화됐다. 이후 과학기술정보통신부 쿠팡 민관합동조사단이 2월 10일 발표한 쿠팡 고객정보 유출사태의 정보 유출 규모와 유출 경로 조사 결과에 따르면, 이용자 계정정보 3367만 3817건의 유출이 확인됐다. 또한 이름·전화번호·주소 등의 민감 정보가 담긴 「배송지 목록 페이지」는 1억 4805만 6502회나 조회됐다.

타다금지법 ▼

"헌법재판소가 3월 26일 술에 취하거나 다친 때에만 렌트카 대리운전을 이용할 수 있도록 제한한 「타다금지법」 조항이 합헌이라고 판결했다. 앞서 헌재는 2021년 6월 타다금지법 조항 중 하나인 여객자동차운수사업법 제34조 제2항 단서 제1호에 대해서도 재판관 전원 일치 의견으로 합헌 판단을 내린 바 있다. 해당 조항은 「관광을 목적으로 승차 정원 11인승 이상 15인승 이하인 승합자동차를 임차하는 사람이 6시간 이상 차량을 대여하거나, 대여·반납 장소가 공항·항만인 경우」에 한해 자동차대여사업자의 렌터카를 임차한 자에게 운전자를 알선할 수 있도록 규제한다."

타다 등 차량 대여사업자의 운전자 알선 예외 규정을 엄격히 하고 플랫폼 운송사업자를 제도화하는 내용의 「여객자동차운수사업법 개정안」을 일컫는다. 이는 타다 서비스를 규제하는 내용이 골자여서 「타다금지법」이라고 불린다. 타다는 현행 여객운수법 시행령 제18조(렌터카 사업자가 운전자를 알선할 수 있는 예외조항으로 11인승 이상 15인승 이하 승합차를 임차하는 경우)를 근거로 11인승 이상의 승합차인 카니발을 승객에게 단시간 대여해 주고 운전자를 알선해 주는 서비스를 제공했다.

개정안은 타다와 같이 렌터카를 활용한 운송업체들이 플랫폼 운송면허를 받아 기여금을 내고 택시총량제를 따르면 영업을 할 수 있도록 명시했다. 다만 11~15인승 차량을 빌릴 때 관광 목적으로 6시간 이상 사용하거나 대여·반납장소가 공항 또는 항만일 때만 사업자의 운전자 알선을 허용하는 조항을 포함했다. 당시 이 개정안을 두고 택시사업을 보호하고 플랫폼사업자를 제도권으로 포함시킬 수 있게 됐다는 주장과, 국민의 편의나 신산업 확산에 대한 고려 없이 택시산업의 이익 보호에만 초점이 맞춰졌다는 비판이 엇갈린 바 있다.

트리토노믹스(Treatonomics) ▼

스스로에게 선물하다는 의미의 「트리트(Treat)」와 경제를 뜻하는 「이코노믹스(Economics)」를 합친 말로, 불황기에도 자기 보상과 소소한 만족을 위한 소비는 유지되는 현상을 말한다. 예컨대 명품이나 해외여행과 같은 큰 지출은 줄이지만 운동이나 공연 관람 등 나를 위한 작은 소비는 줄이지 않는 것이다. 이는 경기침체기에 저렴한 사치품 소비가 늘어나는 「립스틱 효과」의 진화된 버전이라고 할 수 있다. 즉 립스틱 효과가 화장품과 같은 특정 소비재에 국한되는 현상이라면, 트리토노믹스는 개인의 취향과 감정이 반영된 다양한 영역에서 적극적이고 주도적으로 나타나는 행동 양식이기 때문이다. 대표적인 예로 유명 베이커리의 빵을 사기 위해 오픈런하거나 값비싼 호텔 디저트를 찾는 것, 좋아하는 공연을 반복 관람하는 것 등이 이에 해당한다.

팍스 실리카(Pax Silica) ▼

"미 국무부가 3월 26일 반도체 공급망을 지원하는 팍스 실리카(Pax Silica) 펀드를 출범시키고, 의회와 협력해 2억 5000만 달러(약 3800억 원)의 해외 원조자금을 배정할 계획이라고 밝혔다. 국무부에 따르면 팍스 실리카 펀드는 핵심 광물의 추출과 가공, 주요 인프라 및 제조 자산 확보 등을 지원해 안정적이고 신뢰할 수 있는 반도체 공급망을 확충하는 데 사용될 전망이다."

미국 주도로 8개국이 참여하는 새로운 경제 협력체로, 지난해 12월 11일 출범했다. 이는 핵심광물 및 에너지 투입재부터 첨단 제조, 반도체, 인공지능(AI) 인프라, 물류에 이르기까지 안전하고 혁신 주도적인 실리콘 공급망 구축을 목표로 한다. 팍스 실리카의 미국 외 참여국은 한국을 비롯해 일본, 싱가포르, 네덜란드, 영국, 이스라엘, 아랍에미리트(UAE), 호주이다.

폴렉시트(Polexit) ▼

"도날드 투스크 폴란드 총리가 3월 15일 폴란드의 유럽연합(EU) 탈퇴 가능성이 「이제는 현실적인 위협」이라며, 카롤 나브로츠키 대통령과 우익 야당들이 폴렉시트로 몰아가고 있다고 비난했다. 이 같은 발언은 투스크 총리가 이끄는 친(親)EU 내각이 만든 무기 대출 법안에 나브로츠키 대통령이 거부권을 행사한 직후 나온 것이다. 현재 폴란드 정치권은 투스크 총리를 중심으로 한 친EU 진영과 미국과의 동맹을 더 중시하는 반(反)EU 진영으로 분열돼 있다."

폴란드(Poland)와 탈출(Exit)의 합성어로 「폴란드의 유럽연합(EU 탈퇴」를 뜻하는 말이다. 이는 폴란드가 EU에 회의적인 데다 자국 중심적인 우파 법과정의당(PiS)이 집권하면서, 영국처럼 EU를 탈퇴(브렉시트)할 가능성이 대두되며 등장한 바 있다.

헤일로 트레이드(HALO Trade) ▼

실물 자산이 많고 인공지능(AI) 기술 발전으로 사라질 위험이 낮은 기업에 투자하는 전략을 말한다. 여기서 헤일로(HALO)는 「Heavy Assets(실물 자산이 많은 기업), Low Obsolescence(기술 변화로 쉽게 사라지지 않는 산업)」의 약자로, 구체적으로 전통 제조 소비재·유틸리티, 자재 등에 투자하는 것이다. 헤일로 트레이드는 최근 월가에서 등장한 투자 전략으로, 소프트웨어 개발, 금융, 물류 서비스 등의 상당수 서비스 기업이 AI로 대체될 수 있다는 우려가 높아지면서 대두된 것이다. 따라서 헤일로 트레이드에 있어 핵심 기준은 AI가 해당 산업을 대체할 수 있는지의 여부다. 월가에서 헤일로 트레이드의 예시로 자주 언급되는 기업으로는 액손모빌(석유 및 에너지)과 맥도널드(글로벌 외식 체인) 등이 있다. 다만 이는 AI의 영향을 과대 평가한 데다 기술기업의 반등 가능성을 고려하지 못한 전략이라는 한계도 갖고 있다.

화이트라벨링(White Labeling) ▼

상품을 만드는 회사는 따로 있지만 유통과 판매를 맡은 회사가 이 제품에 자사의 브랜드를 붙여 판매하는 것을 일컫는 용어로, 주로 제조업에서 사용되는 개념이다. 그러나 최근에는 금융업계에서 국내에 소개되지 않은 해외의 우수 금융상품을 발굴, 국내 운용사 브랜드를 이용해 상품화하는 것을 이르는 말로 많이 사용되고 있다. 예컨대 펀드 판매사가 특정 펀드를 운용하는 해외 운용사와 제휴해 위탁운용 등의 방식으로 해당 펀드와 같은 수익을 내도록 운용하는 것이 이에 해당한다. 이러한 방식은 투자자 입장에서는 국내 시장에서 판매하지 않는 해외 운용사의 펀드에 투자할 수 있어 투자 기회가 넓어진다는 장점을 갖고 있다.

③ 사회·노동·환경

공공생리대 드림 사업 ▼

"성평등가족부가 3월 10일 국무회의에서 보고한 「생리용품 지원 확대 방안」에 따르면 오는 7~12월 생리대가 필요한 모든 여성에게 생리대를 무상으로 제공하는 가칭 「공공생리대 드림 시범사업」이 추진된다."

값비싼 가격으로 논란이 된 생리용품 문제를 해결하기 위해 정부가 생리대가 필요한 모든 여성에게 생리대를 지원하는 사업이다. 이는 이재명 대통령의 무상 생리대 공급 지시에 따른 대책으로, 연령·소득과 무관하게 모든 여성을 대상으로 한다. 현재 정부는 9~24세 취약계층 청소년을 대상으로 월 1만 4000원 상당의 생리용품 구매 이용권(바우처)을 지급하고 있는데, 신청 절차가 까다로워 여성 청소년들의 이용률이 낮다는 지적이 이어져 왔다. 공공생리대 드림 사업은 전국 모든 여성으로 대상을 확대해 사각지대를 없애겠다는 것으로, 주민센터나 도서관 등 공공시설에 무료자판기를 비치해 생리대를 직접 지원하는 식으로 이뤄진다. 시범사업 대상 지역은 인구규모·산업현황·생활패턴 특성을 고려해 기초자치단체 10여 곳을 선정한다. 소요예산은 국비 30억 원 내외로, 올해는 전액 국비를 지원하고 내년도 본사업부터는 지방비를 매칭해 전국으로 확대한다.

한편, 성평등부는 정부의 무료 생리대 지원을 통해 소비자 선택권이 늘어나면 일반 생리대 가격 인하에도 기여할 것으로 기대하고 있다.

국가성평등지수(國家性平等指數) ▼

"성평등가족부가 4월 20일 열린 제19차 양성평등위원회에서 한국의 2024년 국가성평등지수가 전년보다 2.1점 상승한 67.1점으로 집계됐다고 밝혔다. 영역별로는 교육(95.7점) 영역의 성평등 수준이 가장 높았고, ▷건강(91.5점) ▷소득(80.1점) ▷양성평등의식(76.3점) ▷고용(73.5점) ▷의사결정(37.4점) ▷돌봄(37.2점) 순이었다."

국가의 성평등 수준을 계량적으로 측정할 수 있도록 2009년 개발돼 2010년부터 매년 발표되고 있는 지수로, 양성평등기본법 제19조(국가성평등지수 등)에 근거한다. 항목으로는 ▷성평등한 사회참여의 정도 ▷성평등 의식·문화 및 여성 인권·복지 등의 사항 등이 있다. 이에 따라 성비가 완전 평등 상태이면 100점, 완전 불평등 상태는 0점이 된다.

골드만환경상 (Goldman Environment Prize) ▼

"미국 골드만환경재단이 2026 골드만환경상의 아시아 지역 수상자로 김보림(33) 청소년기후행동 활동가를 선정했다고 4월 20일 밝혔다. 한국인이 이 상을 받은 것은 1995년 최열 환경재단 이사장 이후 31년 만이다."

환경 분야에서 뛰어난 업적을 세운 풀뿌리 환경운동가에게 수여되는 세계 최대 규모의 환경상이다. 자선사업가 부부인 리처드·로다 골드만이 1989년 제정한 상으로, 각국의 주요 국제환경단체와 환경문제 전문가들로 구성된 심사위원회가 각 대륙을 대표하는 환경활동가 1명씩을 선정(북미·중남미·유럽·아시아·아프리카·섬나라에서 매년 각각 1명씩 6명)해 상을 수여한다. 수상 대상자는 과학자나 학자, 정부 관료보다도 풀뿌리 환경운동가 개인에게 우선권이 주어지며, 관료의 경우 공적인 업무 이외의 활동만 대상이 된다. 또한 평생에 걸친 업적이 아닌, 환경보호에 대한 최근의 업적에 대한 시상이 이뤄진다.

국민연금 크레디트(Credit) ▼

"3월 12일 국회 보건복지위원회에 따르면 보건복지부는 10일 열린 복지위 전체회의에서 군 복무 크레디트 확대 방안을 보고했다. 기존 6개월이었던 군 복무 크레디트는 지난해 국민연금법 개정으로 올해 1월부터 12개월로 늘어난 바 있는데, 복지부는 올해 국민연금법을 개정해 이르면 내년부터 군 복무 크레디트를 더 확대할 방침이다. 이에 따라 육군과 해병대는 18개월, 해군은 20개월, 공군과 사회복무요원은 21개월 전체를 국민연금 가입 기간으로 인정받게 된다."

사회적으로 가치 있는 행위에 대한 보상으로 국민연금 가입 기간을 추가로 인정해주는 제도로,

2008년 출산과 군 복무를 대상으로 도입됐다. 군 복무 크레디트는 청년들이 국가에 기여한 시간을 인정해 군 복무 기간을 연금 가입 기간으로 인정해주는 것으로, 기존 6개월이었다가 지난해 국민연금법 개정으로 올해부터 12개월로 늘어난 바 있다.

한편, 2016년 8월부터는 실업 크레디트가 시행됐는데, 이는 구직급여 수급자가 연금보험료 납부를 희망하고 본인 부담분 연금보험료(25%)를 납부하는 경우, 국가에서 보험료(75%)를 지원하고 그 기간을 최대 12개월까지 가입기간으로 추가 산입하는 것이다.

금정산 국립공원(金井山 國立公園) ▼

"부산 금정산이 3월 3일 국내 최초의 도심형 국립공원으로 공식 지정됐다. 이는 지난해 10월 말 국립공원위원회에서 국립공원 지정이 확정된 지 약 4개월 만이다."

우리나라 24번째 국립공원이자 대한민국 최초의 도심형 국립공원이다. 금정산 국립공원에는 금정산과 함께 낙동정맥으로 이어지는 백양산까지 포함됐으며, 총면적은 66.859km²이다. 이 가운데 약 78%인 52.136km²는 부산 6개 자치구에, 약 22%인 14.723km²는 경남 양산시에 걸쳐 있다. 특히 금정산의 국립공원 지정은 1987년 소백산국립공원 이후 37년 만에 보호지역이 아닌 곳이 새롭게 국립공원으로 지정된 사례로, 그간 국립공원으로 지정된 산들은 모두 도립공원에서 승격되는 형태였다.

금정산은 부산광역시 금정구·북구·동래구·기장군 일대에 걸친 산으로 높이는 약 801.5m다. 금정산의 주봉이자 가장 높은 봉우리는 고당봉(801.5m)이며, 이 외에 상계봉·미륵봉·북문봉 등이 있다. 이 산에 위치한 주요 문화유적지로는 조선 숙종 때(1701년)에 축성된 국내 최대 규모의 산성인 금정산성(金井山城)과 신라 문무왕 18년(678년)에 의상대사가 창건한 사찰이자 대한불교조계종 제14교구 본사인 범어사(梵魚寺)가 있다.

기초연금(基礎年金) ▼

"이재명 대통령이 3월 16일 기초연금 구조 개편을 공식화하면서 2014년 박근혜 정부가 해당 제도를 도입한 이후 12년 만에 개편이 단행될 전망이다. 이 대통령은 이날 자신의 엑스에 「월수입 수백만 원 되는 노인이나 수입 제로인 노인의 기초연금액이 똑같다」며 「자살까지 유도하는 노인 빈곤을 줄이려면 기초연금을 좀 바꿔야 할 것 같다」는 글을 올렸다."

2014년 7월 노령층의 노후소득을 보장하고 생활 안정을 지원하기 위해 도입된 제도로, 기존의 기초 노령연금을 확대 개편해 나온 정책이다. 소득 하위 70%에 해당하는 만 65세 이상 노인에게 최대 월 20만 원을 지급하는 것에서 시작해, 매년 물가상승률을 반영해 기준 연금액을 인상하고 있다. 올해 기준으로 선정기준액은 단독가구 월 247만 원 이하, 부부가구 395만 2000원 이하이며, 최대 지급액은 단독가구 월 34만 9700원, 부부가구 월 55만 9520원이다. 다만 공무원연금, 사립학교교직원연금, 군인연금, 별정우체국연금 수급권자 및 그 배우자는 원칙적으로 기초연금 수급대상에서 제외된다. 연금은 국내에 거주하는 어르신 중 가구의 소득인정액이 선정기준액 이하일 때 지급되는데, 여기서 「소득인정액」이란 월 소득평가액과 재산의 월 소득환산액을 합산한 금액을 말한다.

기초연금액은 ▷국민연금을 받지 않거나(무연금자) ▷국민연금 월 급여액이 52만 4550원 이하이거나 ▷국민연금의 유족연금이나 장애연금을 받고 있거나 ▷국민기초생활보장 수급권자나 장애인연금을 받고 있는 경우에는 기준연금액으로 산정된다. 다만 소득 수준이 상대적으로 높거나 부부 모두 기초연금을 받을 경우에는 감액될 수 있다.

기후 위플래시(Hydroclimate Whiplash) ▼

가뭄과 홍수, 폭염과 한파 등 상반된 성격의 기상이변이 짧은 간격을 두고 급격하게 교차하며 발생하는 현상을 말한다. 기후 위플래시의 핵심 특징은 상반된 기상 현상이 반복적으로 교차하는 기상 양극화에 있는데, 예컨대 극단적 건조와 집중호우, 고온과 저온이 단기간 내 연속적으로 발생하는 것이 이에 해당한다. 이러한 기후 위플래시는 변화 속도가 빠르고 예측 가능성이 낮다는 점에서 단일 유형의 이상 기후보다 복합적인 위험을 초래할 수 있다. 전 세계의 주요 기상·기후 연구기관들은 지구 온난화 진행에 따라 극단적 기후 변동의 빈도와 강도가 증가할 가능성을 제기하고 있으며, 이에 기후 위플래시는 일시적 이상 기후를 넘어 새로운 기후 체계의 뉴노멀(New Normal)로 자리 잡을 수 있다는 전망이 나온다.

뉴노멀은 시대 변화에 따라 새롭게 떠오르는 기준 또는 표준을 뜻하는 말로, 벤처캐피털리스트 로저 맥너미가 2003년 처음 제시한 바 있다.

노동감독관(勞動監督官) ▼

근로기준법에 규정된 근로조건의 실시 여부에 대한 감독업무를 담당하는 공무원으로, 기존 명칭은 「근로감독관」이다. 노동감독관집무집행법이 3월 12일 국회 본회의를 통과하면서 1953년 근로기준법 제정 이후 사용됐던 근로감독관 명칭이 73년 만에 「노동감독관」으로 바뀌게 됐다. 노동감독관은 근로기준법과 기타 노동관계법령 위반의 죄에 대하여 형사소송법에 규정된 사법경찰관의 직무를 행한다. 이에 사업장, 기숙사 기타 부속건물에 임검하고 장부와 서류의 제출을 요구할 수 있으며, 사용자와 근로자에 대하여 신문할 수 있다.
노동감독관집무집행법에 따르면 노동감독관은 중앙·지방감독관으로 이원화되며, 지방감독관은 소규모 사업장 등에 대한 노동감독 업무를 담당하게 된다. 또 현행 근로기준법은 노동관계법 위반 수사를 근로감독관과 검사가 전담해 수행한다고 규정하고 있었으나, 노동감독관법에서는 검사의 수사 전담권을 삭제했다. 이에 따라 검사는 노동감독관의 수사를 지휘할 수 있을 뿐, 직접 수사는 하지 못하게 된다.

농어촌 기본소득 ▼

인구감소와 고령화로 인한 농어촌 소멸 위기에 대응하기 위해 시행되는 사업으로, 이재명 정부의 주요 국정 과제다. 농어촌 기본소득 시범사업은 올해 초부터 2027년 말까지 2년간 진행된다. 이는 대상 지역에 거주하는 주민에게 매달 15만 원 상당의 지역사랑상품권을 지급하는 구조다. 농식품부는 지난해 10월 20일 농어촌 기본소득 시범사업 지역으로 ▷경기 연천 ▷강원 정선 ▷충남 청양 ▷전북 순창 ▷전남 신안 ▷경북 영양 ▷경남 남해 등 7개 군을 선정한 바 있다. 이에 정부는 2년간 약 8900억 원을 투입해 이들 지역에서 농어촌 기본소득 시본사업을 진행하고 있다. 농어촌 기본소득을 위한 소득·연령 제한은 없으며, 내국인으로 구성된 4인 가구의 경우 매달 60만 원을 수령할 수 있다.

디지털 탄소발자국 (Digital Carbon Footprint) ▼

스마트폰, 컴퓨터, 데이터센터 등 디지털 기기 및 정보통신 인프라를 사용하는 과정에서 소비되는 전력으로 인해 발생하는 이산화탄소 배출량을 계량화한 개념이다. 이는 기기의 제조와 폐기 과정뿐 아니라, 네트워크 이용, 이메일 전송, 검색, 동영상 시청 등 디지털 활동 전반에서 발생하는 간접 배출을 포함한다. 이와 같은 디지털 탄소발자국을 줄이기 위한 방안으로는 데이터 전송량과 저장량을 줄이는 사용 방식이 있다. 예를 들어 불필요한 이메일과 파일을 정리하여 저장 공간을 축소하고, 스트리밍 이용 시 화질을 조정하거나 반복 사용 콘텐츠를 다운로드 방식으로 이용하는 방법 등이 이에 해당한다. 또한 기기 사용 시간을 관리하고, 사용하지 않는 기기의 전원을 차단하는 것도 디지털 탄소발자국을 감소하는 데 도움이 된다.

라이스 고래(Rice's Whale) ▼

"도널드 트럼프 미국 행정부가 최근 멕시코만에서의 석유 시추를 멸종위기종법(ESA) 준수 의무에서 제외하는 결정을 내려 희귀 생물이 멸종위기에 빠졌다. 이 같은 사실이 알려지자 환경단체들은 거세게 반발했는데, 특히 이번 결정으로 가장 큰 피해를 볼 라이스 고래에 이목이 집중되고 있다. 라이스 고래는 현재 남아 있는 개체수가 불과 50마리일 정도로 세계에서 가장 희귀한 멸종위기 고래로 꼽힌다."

수염고래과에 속하는 포유동물로, 주로 멕시코만 북동부 지역에 서식하며 외형은 브라이드고래와 거의 유사하지만 코뼈의 모양이 다르다. 라이스 고래는 최대 몸길이 12.65m, 무게 최대 27t에 달하며 최장 60년까지 생존한다. 몸의 모양은 유선형이고 날렵하며 등쪽은 짙은 회색, 하체는 연한 분홍색을 띠고 있다. 라이스 고래는 세계자연보전연맹(IUCN) 적색목록의 위급(CR·Critically Endangered)으로 분류돼 있다. 개체 수가 감소한 원인은 명확하게 밝혀지지 않았지만, 과학자들은 멕시코만에서 진행되는 해양 개발과 그 과정에서 발생한 소음 때문이라고 보고 있다. 실제로 2010년 4월 당시 멕시코만 해상에서 발생한 석유 시추선 딥워터호라이즌 폭발 사고로 인해 라이스 고래의 약 20%가 죽은 바 있다.

4대강 재자연화 ▼

"기후에너지환경부가 3월 23일 4대강 재자연화와 관련해 환경단체와 두 차례의 연속 회의를 갖고 물관리 정책 방향을 논의했다고 밝혔다. 이에 따르면 정부는 오는 9월 4대강 보 처리 방안 일부를 공개하고 4대강 재자연화 사업에 착수하게 된다."

이명박 정부 시기 한강, 낙동강, 금강, 영산강에 설치한 총 16개의 보를 해체 또는 개방하는 구상이다. 이는 앞서 2021년 문재인 정부 때도 계획이 발표됐으나, 2023년 7월 감사원이 금강·영산강의 보 해체 및 수문 상시개방 결정 과정에 위법·부당 행위가 있었다고 발표하면서 무산됐었다. 한편, 4대강 사업은 이명박 정부 때 총 사업비 22조 원을 들여 4대강(한강, 낙동강, 금강, 영산강) 외에도 섬진강 및 지류에 보 16개와 댐 5개, 저수지 96개를 만들어 4년 만에 공사를 마무리하겠다는 목표로 추진됐다. 그러나 예산 낭비와 부실공사 우려에 대한 야당과 시민단체의 대대적 반발에 부딪히면서 정치적 논란이 계속된 바 있다.

성평등 임금공시제 ▼

"노동계에 따르면 2024년 기준 한국의 정규직 여성 중위임금은 남성보다 29.0% 낮다. 이는 경제협력개발기구(OECD) 평균 성별 임금 격차가 10.3% 수준인 것과 비교하면 약 20%포인트 높은 수치로, 38개 회원국 가운데 가장 큰 임금 격차다. 이에 성평등임금공시제가 대안으로 부상했는데, 정부는 2027년부터 공공기관과 공기업 등 기존 의무공시 대상에 더해 상시근로자 500인 이상 사업장에 제도를 우선 도입하는 방안을 검토하고 있다."

기업이나 공공기관이 직종·직급·직무·근속연수·고용형태 등 세부 항목별로 남성과 여성의 고용 현황과 임금을 공개하도록 하는 제도를 말한다. 즉, 같은 조직 내에서 성별에 따른 평균임금이 얼마나 다른지를 공개하는 것으로, 이를 통해 성별 임금 격차를 줄이고 기업 스스로가 이를 개선하도록 유도하는 데 목적을 두고 있다. 우리나라의 경우 경제협력개발기구(OECD) 회원국 가운데 성별 임금 격차가 가장 큰 국가 중 하나로, 이에 성평등 임금공시제 도입 목소리가 지속되고 있다. 다만 단순 평균 비교는 왜곡이 가능하고, 남녀 간 직무 차이를 고려해야 한다는 반발도 존재한다.

한편, 해외에서는 다양한 형태의 성평등 임금공시제가 시행 중에 있는데, 예컨대 영국의 경우 250인 이상 사업장에 평균·중위임금 및 보너스 격차 등을 매년 공시하도록 의무화하고 있다. 또 프랑스에서는 남녀평등지수를 공개해 점수 미달 기업에 개선계획 제출과 제재를 부과하고 있으며, 아이슬란드는 기업이 임금 차별이 없다는 인증을 받도록 하고 이를 이행하지 않을 시 벌금을 부과한다.

세월호 선체처리계획 이행사업 ▼

세월호 선체 보존과 기억공간 조성을 위한 국가 사업으로, 「국립세월호생명기념관(가칭)」 조성을 핵심으로 한다. 세월호 선체는 부식을 막기 위해 강화유리와 철제 구조물로 둘러싸인 전시 공간 안에 보존되는데, 이 공간은 기억관과 체험관으로 연결된다. 기억관에는 추모 및 전시 공간이 들어서고 체험관에는 대형 선박 안전과 이안류 탈출 등 해상 안전교육 시설이 마련된다. 또한 외벽에는 대형 미디어파사드를 활용한 영상 장치를 설치해 추모 영상을 상시 표출하게 된다. 한편 해양수산부에 따르면 부지 조성이 완료되는 2028년 말, 현재 목포신항만에 있는 세월호 선체를 특수 운송장비를 활용해 사업 대상지로 이동시킬 예정이다.

LGBTQIA+ ▼

성적 지향(Sexual Orientation)과 성 정체성(Gender Identity)의 다양한 형태를 포괄하는 약어로, 마지막의 +는 LGBTQIA에 포함되지 않는 모든 성적 지향과 정체성을 포함한다. 우선 LGBT는 ▷L(Lesbian, 레즈비언) ▷G(Gay, 게이) ▷B(Bisexual, 바이섹슈얼) ▷T(Transgender, 트랜스젠더)의 약자로, 기존에 많이 사용된 용어다. 여기에 추가된 Q(Queer, Questioning)는 성적 지향이나 성 정체성이 기존의 이분법적 기준에 속하지 않는 사람을 포괄하는 것이며, I(Intersex, 간성)는 생물학적 성 특징(염색체, 호르몬, 생식기관 등)이 전형적인 남성과 여성 기준에 완전히 맞지 않는 사람을 가리킨다.
그리고 A는 여러 의미로 사용되는데, ▷Asexual은 타인에게 성적 끌림을 거의 느끼지 않는 사람(무성애자) ▷Aromantic은 로맨틱한 사랑을 거의 느끼지 않는 사람 ▷Agender는 자신을 특정 성별로 인식하지 않는 사람을 가리킨다. 이처럼 용어가 추가된 것은 인식 개선과 사회 변화

등으로 개인의 정체성을 더 세분화해 인식하게 된 데 따른 것이다.

유리천장(Glass Ceiling) ▼

"3월 8일 국가데이터처의 경제활동인구조사를 보면 2024년 15~64세 여성 고용률은 62.1%로 역대 최고를 기록했으나, 여성 관리자 비율은 경제협력개발기구(OECD) 평균의 절반 수준인 17.5%로 나타났다."

여성들의 고위직 진출을 가로막는 회사 내 보이지 않는 장벽을 뜻하는 말로, 여성 직장인들의 승진을 막는 장벽을 말한다. 이는 《다양성의 실현》의 저자인 마릴린 로덴이 만든 신조어로, 위를 보면 끝없이 올라갈 수 있을 것처럼 투명해 보이지만, 어느 정도 이상 높은 곳으로 올라갈 수 없도록 막는다는 의미를 갖고 있다. 즉 겉보기에 남녀평등이 실현된 것으로 보이지만, 실제는 전혀 그렇지 않은 현실을 비유하기 위해 사용하고 있다.

응급환자 이송체계 혁신 시범사업 ▼

정부가 응급실 뺑뺑이 해소를 위해 3~5월 광주광역시·전북·전남 등 3개 지역에서 실시 중인 시범사업이다. 이에 따르면 119구급대원이 병원 여러 곳에 전화를 돌리며 수용 가능 여부를 확인하던 이른바 「전화 뺑뺑이」를 줄이고 컨트롤타워가 중증환자의 병상을 실시간으로 파악·배정하는 체계 전환이 이뤄지게 된다. 구체적으로 심정지나 중증외상(pre-KTAS 1등급) 등 생명이 위독한 최중증 환자는 사전에 지정한 병원으로 곧바로 이송한다. 그 외 중증환자(2등급)는 광역상황실이 지역 내 의료자원 현황에 따라 중증환자 이송 병원을 선정하고, 지연 시에는 사전에 지정된 「우선수용병원」에 환자를 배정해 안정화 처치를 받게 한 뒤 최종 치료가 가능한 병원으로 전원을 연계한다. 그리고 중등증 이하 환자(pre-KTAS 3~5)의 경우 구급대가 이송지침과 병원의 의료자원 현황을 종합적으로 고려

해 병원에 수용 문의 없이 곧바로 이송하도록 했다. 다만 상태가 급격히 악화될 가능성이 있는 중등증 3단계 환자(pre-KTAS 3)는 예외적으로 사전에 환자 정보를 공유해 병원을 섭외하게 된다.

두 대 이상의 기관차나 동차(열차 편성)를 하나로 연결하여, 맨 앞의 선두 운전실에서 한 명의 기관사가 전체 열차의 동력과 제동을 동시에 제어하며 운행하는 방식을 말한다. 두 열차는 열차의 맨 앞과 뒤에 설치된 자동 연결기를 통해 연결되는데, 이러한 물리적 연결과 동시에 동력 제어, 제동(브레이크) 신호, 출입문 조작 등을 하나로 통제할 수 있도록 전기 제어선이 함께 연결된다. 다만 두 열차가 연결된 부분은 승객용 통로가 아닌 각 열차의 운전실이 맞닿아 있는 부분이기 때문에, 열차 내부에서 다른 열차로 넘어갈 수 없다.

중련운행은 선로의 교통체증을 해결하기 위해 이뤄지는데, 두 대의 열차를 하나로 묶어서 운행할 경우 선로에는 1대의 열차가 지나가는 것으로 계산되지만 승객은 2배로 실어 나를 수 있어 매우 효율적이다. 또 출발지에서는 하나로 묶어서 출발한 뒤 중간 기착지에서 두 열차를 분리해 서로 다른 목적지로 보낼 수 있다. 아울러 운행 중 하나의 기관차가 고장나더라도 나머지 기관차의 동력으로 목적지까지 운행을 계속할 수 있어 비상시 대처가 가능하다.

"보건복지부가 3월 27일부터 전국 229개 모든 시군구에서 「지역사회 통합돌봄」을 본격적으로 시행한다고 26일 밝혔다. 통합돌봄은 보건의료·건강관리·장기요양·일상돌봄 등 4개 분야에서 서비스를 제공하는데, 지역마다 제공되는 서비스는 조금씩 다르다."

노인·장애인 등 돌봄이 필요한 사람이 평소 살던 집과 지역사회에서 의료·요양·돌봄 서비스를 통합적으로 받을 수 있도록 지원하는 사업이다. 대상은 일상생활이 어려운 65세 이상 노인과 지체·뇌병변 등 의료 필요도가 높은 중증 장애인이다. 소득 수준과 무관하게 신청할 수 있으며, 기존에 장기요양이나 노인맞춤돌봄 서비스를 받던 사람도 생활에 부족함이 있다면 추가 신청이 가능하다. 신청은 주민등록이 돼 있는 읍·면·동 행정복지센터나 건강보험공단 지사에 방문하거나 우편이나 팩스로 신청하면 된다. 본인이 아닌 가족이나 노인 복지시설 담당자의 대리 신청도 가능하나, 다만 장애인 통합돌봄의 경우 현재 102개 지자체에서만 신청이 가능하다. 비용은 서비스별로 차이가 있는데, 방문 진료는 1회 3만~4만 원 수준이지만 차상위계층과 기초생활수급자는 1만 원 이내로 낮아진다. 여기에 지자체에 따라 추가 지원도 가능하다.

한편, 정부는 통합돌봄 정책을 도입기(2026~2027년), 안정기(2028~2029년), 고도화기(2030년 이후) 등 3단계로 추진한다. 우선 도입기에는 일상생활이 어려운 노인과 고령 장애인, 65세 미만이지만 의료 필요도가 높은 중증 장애인 등을 중심으로 시작한다. 이후 2단계(2028~2029)에서는 중증 정신질환자로 대상 범위를 확대하고, 장기적으로는 모든 장애인으로 확대하는 방안도 검토한다. 이는 초기에는 대상자 범위와 서비스 연계를 중심으로 제도를 안착시키고, 이후 서비스 확대와 제도 정비를 거쳐 장기적으로는 전 주기 돌봄 체계를 완성한다는 목표다. 또 서비스는 보건의료·건강관리·장기요양·일상생활 돌봄 등 4개 분야 30종에서 2030년까지 60종으로 확대한다는 방침이다.

④ 문화·스포츠

골레스탄 궁전(Golestan Palace) ▼

"유네스코(UNESCO)에 따르면 유네스코 세계문화유산으로 등재돼 있는 이란 수도 테헤란 도심의 「골레스탄 궁전」이 3월 2일 미국·이스라엘의 공습 과정에서 일부 파괴됐다. 골레스탄 궁전 측에 따르면 궁전의 천장을 장식하고 있던 거울과 장식 몰딩을 포함한 목재 부분이 심각하게 손상됐다."

이란 수도 테헤란 도심에 위치한 이란의 대표적인 왕궁 단지로, 16세기 사파비 왕조 시기부터 약 400년에 걸쳐 건설과 개축이 이루어진 역사적인 건축 유산이다. 이후 18~19세기 카자르 왕조 시대에 크게 확장되어 왕의 거처이자 즉위식·외교 행사 등이 열리는 정치·의례의 중심지로 사용됐다. 궁전 단지는 페르시아 전통 건축과 유럽 건축 양식이 결합된 형태로, 화려한 거울 모자이크와 타일 장식이 특징이며 대리석 왕좌 홀·거울의 홀·샴스올에마레궁 등의 건물이 포함돼 있다. 이곳은 팔레비 왕조 시기에는 공식 연회 장소로 사용됐고 그 화려함 때문에 「이란의 베르사유」라 불리기도 했다. 그러다 1979년 이란혁명 이후 왕궁 기능은 사라졌으며, 현

재는 박물관과 역사 유적으로 보존돼 관광지로 활용되고 있다. 특히 2013년에는 유네스코 세계유산으로 등재됐다.

미국과 이스라엘이 이란을 공습하고 이에 이란이 보복 공격을 가하고 있는 가운데, 이스라엘 텔아비브에서는 2003년 유네스코로 지정된 「백색 도시」가 이란의 미사일 공격을 받은 것으로 전해졌다. 백색 도시는 20세기 초 유럽에서 이주한 유대인의 영향으로 설계된 대규모 근대 건축지구로, 약 4000채의 건물이 모여있는 곳이다. 이 지역의 건물들은 독일의 바우하우스 건축 사조와 국제주의 양식의 영향을 받아 흰색 외벽, 단순한 기하학적 형태, 넓은 창문과 발코니 등 기능성과 실용성이 강조된 디자인을 특징으로 한다.

광화문 현판(光化門 懸板) ▼

"문화체육관광부가 3월 31일 서울 종로구 대한민국역사박물관에서 개최한 광화문 현판 토론회에서 현재 설치된 한자 현판 아래에 한글 현판을 추가로 설치하는 「쌍현판」에 대한 찬반 논쟁이 벌어졌다. 찬성측은 광화문의 상징성과 한글의 대표성을 살려 국가 이미지와 문화적 정체성을 강화하자는 입장인 반면, 반대측은 문화유산은 원형 보존이 핵심이므로 변형은 역사 왜곡이며 복원 원칙에 어긋난다는 입장이다."

1868년(고종 5) 경복궁 중건 당시 훈련대장 임태영의 글씨로 쓰였다가 1951년 6·25전쟁으로 인한 폭격으로 광화문 목조 문루가 불타면서 함께 소실됐다. 이후 1968년 광화문을 재건하며 박정희 당시 대통령이 장려하던 한글 전용화 정책 기조에 따라 직접 쓴 글씨를 바탕으로 제작된 한글 현판을 설치했으나, 2010년 경복궁 복원사업 과정에서 역사적 원형 복원 원칙에 따라 임태영 글씨로 복원한 한자 현판을 다시 설치했다. 그러나 설치 직후 목재 건조 및 제작 과정 문제로 현판에 균열이 발생하는 사고가 일어난 데다 고증 오류 논란까지 제기되면서 기존 현판을 철거하고 재제작이 추진됐다. 이후《경복궁 영건일기》등의 사료를 바탕으로 현판의 원래 배색이 검은 바탕에 금색 글씨였음이 확인됐고, 이를 반영해 새로 제작된 한자 현판이 2023년 10월 광화문에 설치됐다.

낫싱 어바웃 잇(Nothing about it) ▼

"서울옥션이 3월 31일 개최한 현대미술 기획 경매에서 일본 나라 요시토모(67)의 〈낫싱 어바웃 잇(Nothing about it)〉(2016)이 150억 원에 낙찰됐다. 이는 국내에서 열린 미술품 경매 사상 최고 낙찰가로, 종전 기록인 마르크 샤갈 유화 〈꽃다발〉(1973)의 94억 원을 크게 넘어선 것이다."

일본의 세계적인 팝아트 작가 나라 요시토모(67)의 작품으로, 가로 1.6m·세로 1.9m 크기의 회화다. 큰 눈의 소녀가 정면을 바라보고 있는 모습을 하고 있는데, 작품 속 소녀는 단순한 캐릭터를 넘어 저항과 순수, 현대인의 근원적인 고독을 상징한다. 특히 요시토모 특유의 치켜뜬 눈매를 통해 외부 세계의 규범에 길들지 않으려는 자아를 드러내고 있다.

두바이 월드컵(Dubai World Cup) ▼

매년 봄 아랍에미리트(UAE)에서 펼쳐지는 지상 최대 규모의 경마 대회로, 1996년 UAE와 두바이의 위상을 높이기 위해 창설됐다. 대회는 매년 3월 말 UAE의 두바이 메이단 경마장에서 열리고 있다. 두바이 월드컵은 전년도 11월부터 시작되는 「두바이 레이싱 카니발」을 시작으로 매년 3월 마지막 토요일의 「월드컵 나이트」까지 이어지는 시즌제 구조를 갖고 있다. 한 경주에 걸린 상금만 1200만 달러(한화 약 170억 원)에 달하고 두바이 월드컵 나이트 당일 열리는 전체 경주의 총상금이 약 3050만 달러(약 434억 원)로, 단일 경마 이벤트 기준 세계 최고 수준이다. 한편, 한국 경마 또한 2010년대 후반부터 두바이 레이싱 카니발을 무대로 꾸준한 도전을 이어왔으나, 올해 대회에는 한국 소속마의 출전이 성사되지 않았다.

지난 2월 말 이란 전쟁 발발로 중동 일대에서 예정된 굵직한 스포츠 이벤트가 줄줄이 취소되고 있는 가운데, 두바이 월드컵은 예정된 9차례 레이스를 모두 치른 것으로 알려졌다.

물때 ▼

"국가유산청이 3월 25일 물때를 국가무형유산 신규 종목으로 지정했다. 다만 물때는 보편적으로 공유·향유하고 있는 전통지식이라는 점을 고려하여 특정 보유자나 보유단체를 인정하지 않는 전승공동체 종목으로 지정됐다."

바닷물이 일정하게 순환하는 것을 인지하는 전통적 지식으로, 지구와 달을 중심으로 한 천체 운동의 결과로 발생하는 조석간만에 따라 조류의 일정한 주기를 역법(曆法)화한 것이다. 이러한 물때 체계와 지식은 어촌공동체를 지탱하는 근간으로, 어업활동 뿐 아니라 염전과 간척, 뱃고사 등 해안 지역의 일상생활에 필수적인 지식으로 자리하고 있다. 아울러 물때를 세는 단위인 한물·두물 등의 구성 방식은 지역에 따라 「수사(數詞)＋물·마·매·무새」와 같이 조금씩 달라 지역적 다양성을 확인할 수 있다.

보편적 시청권 기준 ▼

"JTBC가 지상파 방송사들과 월드컵 중계권 재판매 협상을 진행한 결과 우선 KBS와 북중미 월드컵 공동 중계에 합의했다고 4월 20일 밝혔다. 이로써 오는 6월 개막하는 월드컵 본선 경기를 종합편성채널(JTBC)과 지상파(KBS)에서 모두 시청할 수 있게 됐다. JTBC는 2026~2032년 동·하계올림픽과 2025~2030년 월드컵 중계권을 확보한 뒤 지상파 3사와 재판매 협상을 진행해 왔다. 하지만 지난 2월 열린 2026 밀라노·코르티나 동계올림픽 관련 협상은 결렬돼 JTBC가 단독 중계한 바 있다."

보편적 시청권은 방송법 2조에 규정된 개념으로, 국민적 관심이 매우 큰 체육경기대회 그밖의 주요 행사 등에 관한 방송을 일반 국민이 시청할 수 있는 권리를 말한다. 현행 방송미디어통신위원회(방미통위) 고시에 따르면, 올림픽과 월드컵 경기는 전체 가구의 90% 이상이 볼 수 있어야 하는데, 여기에는 동·하계올림픽과 FIFA 월드컵(여자월드컵 포함)이 포함된다. 아시안게임이나 WBC(월드베이스볼클래식) 등의 경우 75% 이상이 시청할 수 있어야 한다.

BTS노믹스(BTSnomics) ▼

K팝 그룹 방탄소년단(BTS)과 경제(Economics)를 합친 말로, BTS가 전 세계적으로 창출하는 천문학적인 경제적 파급 효과를 의미하는 말이다. 이는 단순한 앨범 판매나 공연 수익을 넘어 관광, 패션, 식품, 미용 등 한국 산업 전반에 미치는 영향력을 가리키는 용어로 사용되고 있다. BTS노믹스의 주요 구성 요소로는 우선 앨범 판매량과 스트리밍 수익 창출 등에 따른 음악산업 효과를 들 수 있다. 또 해외 팬들이 공연이나 팬미팅 등을 위해 한국을 방문하면서 생기는 관광 수익, BTS가 사용하는 제품이 전 세계 팬덤에 노출되면서 소비시장에 미치는 영향력, 한국 문화 관심 증가에 따른 소프트파워와 국가브랜드 가치 상승 등이 이에 포함된다. 이처럼 BTS노믹스는 단일 문화 콘텐츠가 어떻게 한 국가의 거시경제 영역에까지 영향을 미칠 수 있는지를 보여주는 성공적인 모델로 꼽히고 있다.

세계디자인수도
(WDC·World Design Capital) ▼

디자인 분야 국제기구인 세계디자인기구(WDO)가 경제·사회·문화·환경적 발전을 추구하는 도시를 선정하는 국제 프로그램으로. 2008년 이탈리아 토리노를 시작으로 2년마다 선정이 이뤄지고 있다. 세계디자인수도로 선정된 도시는 해당 연도에 도시 전역을 무대로 다양한 디자인 프로젝트를 실행하며, 지속 가능한 도시 발전을 이끄는 역할을 맡게 된다.

한편, 부산은 「모두를 포용하는 도시, 함께 만들어가는 디자인(Inclusive City, Engaged Design)」이라는 슬로건으로 2025년 7월 21일 세계디자인기구로부터 「2028 세계디자인수도」로 선정된 바 있다. 이로써 부산은 2010년 선정된 서울에 이어 국내에서는 2번째이자 전 세계적으로는 11번째 세계디자인수도로 이름을 올리게 됐다.

슈퍼팬 경제(Superfan Economy) ▼

콘텐츠 산업의 수익 구조가 대중이 아닌 적극적으로 소비하고 지지하는 핵심 팬 중심으로 이동하는 현상으로, 소수의 핵심 팬층에 의한 반복적 소비와 적극적 참여가 콘텐츠 산업의 높은 수익으로 이어지는 것을 가리킨다. 이전에는 글로벌 스트리밍·SNS 플랫폼이 대규모 이용자를 기반으로 성장했다면, 슈퍼팬 경제는 여기서 한 단계 더 진화해 슈퍼팬이라 불리는 상위 핵심 팬층이 중심이 된다. 구체적으로 핵심 팬 1명이 굿즈 구매, VIP 티켓, 멤버십 구독과 후원 등을 통해 일반 소비자 이상의 매출을 일으킨다는 특징이 있다. 대표적인 슈퍼팬 경제 모델로는 K팝 산업을 들 수 있는데, 실제로 온라인 커뮤니티에서 열혈 팬들은 자신이 좋아하는 아티스트들의 팬 플랫폼과 라이브 스트리밍, 유료 멤버십을 적극적으로 소비하며 수익 창출과 콘텐츠 확산에 기여한다.

식스 네이션스 챔피언십
(Six Nations Championship) ▼

잉글랜드, 스코틀랜드, 웨일스, 아일랜드, 이탈리아, 프랑스의 정기 럭비 유니언 국가 대항전을 일컫는다. 매년 2월 초부터 3월 중순까지 열리며, 뉴질랜드·호주·아르헨티나·남아프리카공화국이 매년 리그전을 펼치는 「럭비 챔피언십」과 함께 전 세계 럭비를 이끄는 양대 리그로 꼽힌다. 1871년 열린 잉글랜드와 스코틀랜드 간 첫 국제 럭비 경기 이후, 1883년 잉글랜드·웨일스·스코틀랜드·아일랜드 등이 참가한 가운데 홈 네이션스로 시작됐으며, 이후 프랑스(1910년)와 이탈리아(2000년)가 합류하면서 현재의 6팀 체제 대회가 됐다.

한편, 여자 6개국 대항전(Women's Six Nations Championship)은 1996년 4개국 홈 네이션스로 출발해 1999년과 2000년 프랑스와 스페인이 차례로 참여하면서 6개국 대항전으로 발전했다. 이후 2007년에는 스페인을 대신하여 이탈리아가 참여하면서 현재에 이르고 있다.

예루살렘 성묘교회
(Church of the Holy Sepulcher) ▼

이스라엘 예루살렘 구시가지 기독교 지구에 위치한 교회로, 십자가형을 당한 예수 그리스도가 묻혔다가 부활한 장소로 전해지는 곳 위에 세워져 기독교 성지 중 하나로 꼽힌다. 이 교회는 4세기 초 기독교를 공인한 로마 황제 콘스탄티누스 1세에 의해 약 335년 처음 건립됐다. 이후 614년 페르시아의 침입으로 큰 피해를 입었으며, 십자군 전쟁 시기에 파괴와 재건을 거듭하면서 오늘날과 같은 복합적인 건축 양식을 갖추게 됐다. 성묘교회는 여러 교파가 「현상 유지 협정」 아래 공동으로 관할하는 독특한 구조를 지닌다. 예컨대 그리스 정교회와 로마 가톨릭, 아르메니아 교회 등은 엄격한 교칙에 따라 공간과 예식을 나누어 사용하며 사소한 구조물이더라도 임의로 변경할 수 없다.

이스라엘이 예루살렘 성묘교회 내 가톨릭 미사를 통제했다가 국제사회의 반발이 일자 철회했다. 앞서 3월 29일 예루살렘 라틴 총대주교인 피차발라 추기경이 성지주일 미사를 집전하기 위해 성묘교회로 들어가다가 경찰에 가로막힌 바 있다. 외신에 따르면 성지주일 미사가 통제된 것은 수 세기 만의 일이었다.

와이어 투 와이어(Wire to Wire) ▼

"김효주(31·롯데)가 3월 23일 미국 캘리포니아주 멘로파크 샤론하이츠 골프 앤드 컨트리클럽(파72)에서 끝난 LPGA투어 포티넷 파운더스컵에서 최종합계 16언더파 272타를 기록, 넬리 코르다(미국)를 1타 차로 제치며 우승했다. 특히 이번 대회에서 김효주는 경기 내내 한 번도 선두를 내주지 않는 「와이어 투 와이어」 우승을 달성했다. 이로써 김효주는 지난해 3월 포드 챔피언십 이후 1년 만의 우승을 추가하며 LPGA투어 통산 8승 고지에 올랐다."

스포츠 경기 시작부터 끝까지 한 번도 선두를 내주지 않고 우승하는 상황을 뜻하는 용어로, 말 그대로 「출발선(Wire)에서 결승선(Wire)」까지 계속 1위를 유지했다는 의미를 담고 있다. 이 표현은 18세기 영국의 경마에서 유래한 것으로, 당시 경마 경기에서는 우승자를 판별하기 위해 출발선과 결승선에 「철사(wire)」를 설치했는데, 1등으로 달린 말이 가장 먼저 이 철사를 끊게 된다는 것에서 그 의미가 파생된 것이다.

현대 스포츠에서는 종목에 따라 의미가 조금씩 다르게 적용된다. 예컨대 골프에서는 1라운드부터 최종 라운드까지 단 한 번도 선두를 빼앗기지 않고 우승하는 경우를 가리킨다. 이때 특정 라운드에서 공동 선두를 허용하는 것은 가능하지만 경기 전체에서 단 한 번도 단독 2위 이하로 내려가지 않았다면 일반적으로 「와이어 투 와이어」 우승으로 인정된다. 또 경마와 자동차 경주에서는 출발선부터 1위 자리를 한 번도 내주지 않고 결승선을 통과하는 것을 가리켜 「와이어 투 와이어」라고 한다.

이득타수(SG·Strokes Gained) ▼

골프에서 특정 선수가 각 샷 상황에서 투어 평균 대비 몇 타를 줄였거나 잃었는지를 수치로 나타낸 값이다. 이 지표는 단순한 경기 스코어를 넘어 동일한 위치와 조건에서 기대되는 평균 타수와 실제 결과를 비교함으로써, 선수의 실제 경기 기여도를 정밀하게 평가한다. 특히 티샷, 아이언샷, 그린 주변 어프로치, 퍼트 등 분야별 수행 능력을 구분해 분석할 수 있기 때문에 선수의 강점과 약점을 구체적으로 파악하는 데 용이하다는 특징이 있다.

전주 중앙성당 ▼

"국가유산청이 4월 6일 전주 중앙성당을 국가등록문화유산으로 등록했다. 특히 이곳의 문화유산적 가치를 보존하기 위하여 ▷종탑 상부 조적 기법 ▷지붕 목조 트러스 ▷원형 창호 및 출입문 ▷인조석물갈기 바닥 마감 등 보존가치가 큰 4개 요소를 소유자의 동의를 얻어 필수보존요소로 지정하기로 했다. 필수보존요소는 문화유산의 가치를 보존하기 위해 반드시 보존해야 할 구조나 요소로, 소유자의 동의를 받아 지정하며 변경하려면 당국에 신고하거나 허가받아야 한다."

1956년 건립된 성당으로, 전북특별자치도 전주시 서노송동에 위치하고 있다. 우리나라 최초의 자치교구 주교좌성당(교구의 중심이 되는 성당으로 교구장 주교좌가 있는 성당)으로, 그 지위를 현재까지 유지하고 있다. 내부에는 기둥을 두지 않고 지붕 상부에 독특한 목조 트러스를 활용해 넓은 예배공간을 확보한 구조적 특징을 갖고 있는데, 이는 앞서 등록된 다른 성당건축과의 차별성을 보여주는 것이다.

▲ 전주 중앙성당
(출처: 국가유산청)

지역사랑 휴가지원(반값여행) ▼

문화체육관광부가 한국관광공사·16개 지자체와 함께 시행하는 사업으로, 농어촌 인구감소 지역 여행경비 절반을 지역사랑상품권으로 환급해 주는 것이다. 이는 관광 활성화를 통한 지역 인구소멸에 대응하기 위해 올해 처음 시행되는 제도로, 여행경비 50%를 모바일 지역사랑상품권으로 환급해 지역 재방문을 유도한다. 16개 지자체는 ▷강원 평창·영월·횡성군 ▷충북 제천시 ▷전북 고창군 ▷전남 강진·영광·해남·고흥·완도·영암군 ▷경남 밀양시·하동·합천·거창·남해군 등이다. 이는 지역마다 지원 대상자, 신청 방법, 증빙 방법, 상품권 사용 방법 등 세부사항이 조금씩 다르므로 해당 지역 누리집을 통해 관련 내용을 확인해야 한다. 신청할 수 있는 지역과 지역별 신청사이트는 관광공사가 운영하는 누리집 「대한민국 구석구석」(visitkorea.or.kr)에서 안내받을 수 있다.

제주들불축제(Jeju Fire Festival) ▼

"2026 제주들불축제가 3월 9~14일까지 제주시 애월읍 새별오름 일대에서 「제주, 희망을 품고 달리다」를 주제로 열렸다. 이번 축제는 디지털 축제로 전면 전환했던 지난해와 달리 실제 불을 사용하는 「횃불대행진」과 「달집태우기」를 다시 선보이는 등 불 콘텐츠를 보강했다."

제주시에서 주최하고 제주시 관광축제 추진협의회에서 주관하는 들불을 주제로 하는 테마 축제이다. 이는 들불놓기라는 전통적인 관습을 현대적인 의미로 해석한 축제로, 들불놓기는 해충을 구제하고 가축의 방목을 위해 중간산 초지의 해묵은 풀을 없애는 것이다. 이는 마을별로 시기가 조금씩 다르지만 통상적으로 늦겨울에서 초봄 사이에 진행됐다.

종묘(宗廟) ▼

"국가유산청이 7월 부산에서 열리는 유네스코 세계유산위원회의 상징이 된 「종묘」의 공식 엠블럼을 3월 25일 공개했다.

종묘 정전의 장대한 기와 지붕을 단순한 이미지로 표현한 엠블럼은 좌우로 펼쳐진 지붕 곡선을 통해 조선 왕실 의례 공간의 질서와 전통 건축의 의미를 담았다. 한편, 세계유산위원회는 세계유산 등재와 보존·관리를 논의하는 정부 간 회의로, 올해는 7월 19일부터 29일까지 부산 해운대 벡스코(BEXCO)에서 열렸다. 한국이 행사를 개최하는 것은 1988년 세계유산협약에 가입한 지 38년 만에 처음이다."

조선 왕조 역대 왕과 왕비의 신주(神主·죽은 사람의 위패)를 모시고 제사를 지내는 사당으로, 조선 건국 후인 1395년(태조 4) 「궁궐을 기준으로 왼쪽에 종묘, 오른쪽에 사직을 세운다」는 예에 따라 현재의 자리에 세워졌다. 태조는 4대(목조, 익조, 도조, 환조)의 추존왕을 「정전」에 모셨으나, 세종 때 정종이 승하한 뒤 모셔둘 정전이 없자 중국 송나라 제도를 따라 세종 3년(1421) 「영녕전」을 세워 4대 추존왕의 신위를 옮겨 모셨다. 이후 모시는 신주가 늘어나면서 신실이 몇 차례 증축되면서 현재의 정전 19칸, 영녕전 16칸의 규모가 됐다.

종묘는 정면이 매우 길고 수평선이 강조된 독특한 형식을 갖고 있는데, 이는 종묘 제도의 발생지인 중국에서도 그 유례를 찾아볼 수 없는 것이다. 특히 의례공간의 위계 질서를 반영하여 정전과 영녕전의 기단과 처마, 지붕의 높이, 기둥의 굵기를 달리한 것이 특징이다. 현재 종묘 경내에는 정전과 영녕전 외에도 ▷망묘루(望廟樓, 종묘서의 관원들이 제례에 관한 업무를 보던 곳) ▷향대청(香大廳, 향과 축문을 보관하는 곳) ▷재궁(齋宮, 왕과 세자가 제사를 올릴 준비를 하던 곳) ▷전사청(典祀廳, 제사의 음식을 마련하는 곳) 등의 건물이 있다. 종묘는 사적으로 지정·보존되고 있으며, 1995년 12월에는 유네스코 세계문화유산에 등재됐다.

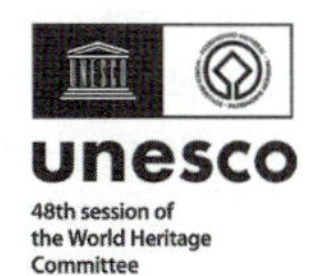

▲ 제48차 유네스코 세계유산위원회 공식 엠블럼(출처: 국가유산청)

타이거 우즈 메달·트로피 ▼

"미국골프협회(USGA)가 「US 아마추어 챔피언십」과 「US 주니어 아마추어 챔피언십」 우승자에게 수여하는 메달과 트로피의 이름을 각각 타이거 우즈 메달과 타이거 우즈 트로피로 변경했다고 3월 3일 발표했다. USGA에 따르면 오는 7월 열리는 제78회 US 주니어 아마추어 챔피언십부터 새 명칭을 적용한다."

US 아마추어 선수권대회와 US 주니어 아마추어 선수권대회 우승자에게 수여하는 메달과 트로피로, 유일하게 두 대회에서 각각 3연패를 달성한 선수인 타이거 우즈의 이름을 붙인 것이다. 우즈는 지난 1991년부터 1993년까지 3년 연속 US 주니어 아마추어 챔피언십을 석권한 후 1994년부터 1996년까지는 US 아마추어 챔피언십 3연패를 달성했다. 우즈는 프로 데뷔 이후에는 USGA가 주관하는 US오픈(2000·2002·2008년)에서 총 세 차례 정상에 올랐다. 이로써 우즈는 USGA 주관대회에서 총 9승을 거두며 대선배인 보비 존스와 이 부문에서 최다 우승 기록을 공유하고 있다.

한편, USGA는 골프 역사를 기리는 의미로 뛰어난 성과를 냈던 선수들의 이름을 각종 시상에 활용하고 있다. 예컨대 USGA는 2012년 US오픈과 US여자오픈의 경우 우승자에게 수여하는 금메달의 명칭을 각각 「잭 니클라우스」(미국)와 「미키 라이트」(미국) 메달로 명명한 바 있다.

칸 명예 황금종려상 ▼

"칸국제영화제 집행위원회가 4월 11일 공식 홈페이지를 통해 5월 개막하는 제79회 칸 국제영화제 명예 황금종려상 수상자로 바브라 스트라이샌드(84)를 선정했다고 발표했다. 1962년 가수로 데뷔한 스트라이샌드는 데뷔 앨범 〈바브라 스트라이샌드 앨범〉으로 그래미어워즈에서 최우수 앨범상과 최우수 여성가수상 등을 수상했다. 이후 영화 〈화니걸〉(1968)로 제41회 아카데미 여우주연상을 받은 데 이어 1984년에는 영화 〈앤틀〉을 연출해 여성 감독 최초로 골든글로브 감독상을 거머쥐는 등 영화계에 큰 업적을 남겼다."

칸 국제영화제에서 수여하는 최고 권위의 명예상 중 하나로, 세계 영화계에 큰 업적을 남긴 감독이나 배우, 시나리오 작가 등의 영화인에게 비정기적으로 주는 특별상이다. 일반적인 경쟁 부문에서 수상하는 황금종려상과 달리 명예 황금종려상은 특정 작품의 성과보다는 수상자의 평생에 걸친 예술적 업적과 영화 산업에 끼친 영향력을 종합적으로 평가해 수여된다. 스웨덴 거장 잉마르 베리만 감독이 1997년 이 상을 처음 받은 이후로 ▷프랑스 감독 아녜스 바르다 ▷이탈리아 감독 마르코 벨로키오 ▷미국 배우 조디 포스터와 메릴 스트립, 로버트 드 니로 등이 수상한 바 있다.

탱킹(Tanking) ▼

농구 등 운동 경기에서 정규리그 하위권 팀이 다음 시즌 신인 드래프트에서 상위 지명권을 노리고 경기에서 고의로 패배하는 행위를 이른다. 이는 주로 플레이오프 진출에 실패할 것으로 예상되는 팀이 경기에서 에이스를 빼고 유망주들을 대신 투입해 고의로 낮은 순위를 기록하는 방식으로 이뤄진다. 이러한 탱킹을 통해 유망주는 경기 경험을 쌓을 수 있고, 팀은 다음 시즌 드래프트에서 유망한 신인을 영입할 수 있어 팀의 전력을 보강하고 향후 순위 상승의 기회로 삼을 수 있다. 그러나 경기의 질이 떨어져 리그 전체 흥행에 타격을 미칠 수 있기 때문에 지나친 탱킹 경쟁에 대한 비판이 있다.

한편, 미국프로농구(NBA) 사무국에서는 2019년부터 지명권 추첨 확률을 개정해 탱킹에 대응하고 있다. 특히 해당 개정 이후 최하위 팀이 1순위 지명권을 획득할 확률은 25%에서 14%로 낮아진 바 있다.

포엣코어(Poetcore) ▼

시인(Poet)과 코어(Core)의 합성어로, 시인의 서정적이고 지적인 감성을 담은 패션 스타일을 말한다. 포엣코어룩은 「꾸민 듯, 안 꾸민 듯」 자연스럽고 여유로운 분위기가 특징으로, 린넨·코튼·울 등 자연스러운 소재와 빈티지하고 낭만적인 무드의 의상이 중심이 된다. 이 스타일은 문학과 독서, 예술적 취향을 멋있게 소비하는 문화인 「텍스트힙(Text hip)」의 영향으로 주목받았다. 이는 책과 글쓰기 등 텍스트 기반 문화가 젊은 세대 사이에서 하나의 라이프스타일로 떠오르면서, 시인의 이미지를 패션으로 표현한 포엣코어룩이 확산된 것이다. 대표적으로는 ▷루즈핏 셔츠 ▷빈티지 가죽 재킷 ▷오버사이즈 터틀넥 ▷롱코트 등이 있으며, 뿔테 안경·넥타이·가죽 가방·스카프 같은 클래식한 액세서리를 더해 시인의 사색적이고 지적인 이미지를 연출한다. 이는 전체적으로 차분한 색감과 편안한 실루엣을 통해 문학적 낭만성과 빈티지한 감성을 표현하는 것이 특징이다.

플래그 풋볼(Flag Football) ▼

미식축구의 변형으로, 상대에게 태클을 거는 대신 공을 든 선수의 허리 플래그(벨트)를 뺏어 다운을 끝내는 스포츠 종목이다. 경기는 길이 64m·너비 27m 내외 직사각형 그라운드에서 양팀이 5 대 5로 맞붙으며, 시간은 전·후반 20분씩 총 40분간 진행된다. 각 선수는 허리에 「플래그(깃발)」를 착용하고 공격수는 플래그를 빼앗기지 않은 상태로 상대 진영으로 공을 들고 전진해 득점을 노린다. 수비는 태클이나 블로킹 등 신체 접촉이 엄격히 금지되며, 오직 공격수의 플래그를 떼어내는 방식으로 플레이를 저지할 수 있다. 공격팀은 부여받은 네 번의 공격 기회에서 중앙선을 넘어야 추가로 네 번의 공격권을 얻게 되는데, 이때 네 번 안에 공을 들고 상대팀 엔드존에 들어가거나 패스를 받으면 터치다운으로 6점을 획득한다. 터치다운 이후에는 추가 득점 기회가 주어지며 5야드 지점에서 성공하면 1점, 10야드 지점에서 성공하면 2점을 추가로 얻을 수 있다. 반대로 공격팀이 주어진 8번의 공격 기회 안에 터치다운에 실패하거나 수비

팀에게 인터셉트를 허용할 경우 공격권은 상대에게 넘어가게 된다.

하이드레이션 브레이크(Hydration Break) ▼

국제축구연맹(FIFA)이 「2026 북중미 월드컵」에서 처음 도입한 제도로, 하프타임 휴식 시간 외에도 전·후반 약 22분이 지난 시점에 3분간 휴식 시간을 부여해 선수들이 물을 마시고 휴식을 취할 시간을 주는 것이다. 현재는 그라운드 온도가 섭씨 32도 이상일 때 심판 재량에 따라 1분간 수분 보충 시간을 주는 「쿨링 브레이크」가 시행되고 있는데, 이는 더운 날씨에 선수 보호를 목적으로 하는 것이다. 하이드레이션 브레이크는 기온이나 환경과 상관 없이 모든 경기에 무조건적으로 부여된다는 점에서 쿨링 브레이크와는 차이가 있다. 또 휴식 시간도 쿨링 브레이크의 1분보다 긴 3분이어서, 해당 시간에 감독·코치가 선수들을 모아놓고 새로운 작전 지시를 하는 것도 가능하다.

한국언어문화 멀티모달 말뭉치 구축 사업 ▼

문화체육관광부 산하 국립국어원이 주관하는 사업으로, 기존의 텍스트 중심 데이터(말뭉치)가 지닌 한계를 보완하기 위해 시작됐다. 기존의 말뭉치는 방대한 한글 데이터를 축적해 왔으나, 실제 의사소통에서 중요한 상황적 맥락이나 비언어적 요소를 온전히 반영하는 데 어려움이 있었다. 이에 국립국어원은 다양한 형태의 의사소통 자료를 통합적으로 수집·정리하는 것을 목표로 하고 있다. 여기서 「멀티모달」은 텍스트뿐 아니라 영상·음성·이미지 등 다양한 정보를 유기적으로 결합해 데이터를 구축하는 방식을 의미한다. 이는 인간의 언어 사용이 단순한 문자나 음성에 그치지 않고 표정, 몸짓, 시선, 공간적 맥락 등 다양한 요소와 결합해 이뤄진다는 점에 주목한 접근이다. 따라서 이 사업에서는 발화

내용과 함께 억양, 발화 속도, 화자의 제스처, 상호작용 상황 등 실제 의사소통 환경을 구성하는 복합적 요소들을 함께 기록하고 분석할 수 있도록 설계된다.

헤일메리(Hail Mary)

미식축구에서 유래한 용어로, 경기 종료 직전 성공 확률이 매우 낮지만 역전을 노리고 시도하는 긴 패스를 뜻하는 말이다. 이는 일반적으로 경기 시간이 거의 남지 않았거나 공격팀이 크게 지고 있을 때 시도되는 도박성 작전이라 할 수 있다. 본래 이는 가톨릭 기도문인 「성모송(Hail Mary)」에서 나온 말로, 스포츠 분야로 그 사용이 확대되면서 「신에게 맡기는 수준의 마지막 시도」라는 의미를 갖게 됐다. 특히 스포츠 분야에서 이 용어가 확산된 것은 1975년 댈러스 카우보이스와 미네소타 바이킹스가 맞붙었던 미국풋볼리그(NFL) 플레이오프 경기 때였다. 당시 경기 종료 24초를 앞두고 댈러스의 쿼터백이었던 로저 스토백은 50야드짜리 터치다운 패스를 성공시키며 극적으로 팀의 역전승을 이끌었다. 로저는 경기 후 가진 인터뷰에서 「공을 던진 뒤 눈을 감고 성모송(Hail Mary)을 외웠다」고 말했고, 이후 해당 표현은 미식축구의 용어로 굳어지게 됐다.
이후 헤일메리는 성공 확률은 낮지만 마지막으로 시도하는 방법을 뜻하는 용어로 그 사용이 확산됐다. 대표적으로 비즈니스나 경제 분야에서는 파산 직전의 기업이 회생을 위해 내놓는 최후의 전략을 뜻하는 말로 사용되며, 정치 분야에서는 선거 패배가 유력한 후보가 막판 역전을 위해 던지는 무리한 공약이나 폭로를 가리키는 말로 쓰인다.

화이트워싱(Whitewashing)

현대 대중문화에서 유색인종, 특히 동양인으로 설정된 인물이나 실제 역사적 인물을 백인 배우가 연기하거나 아예 캐릭터의 인종 자체를 백인으로 변경하는 관행을 가리킨다. 여기서 「화이트워시(Whitewash)」는 본래 더러운 표면이나 결점을 흰색 페인트로 덧칠하거나 결점을 숨긴다는 것을 의미하는 단어다. 화이트워싱은 단순한 각색을 넘어 인종적 다양성을 훼손하고 유색인종 배우들의 기회를 제한한다는 점에서 비판을 받아왔다. 또한 특정 문화나 정체성을 지닌 캐릭터를 백인 중심으로 재구성함으로써 문화적 왜곡을 초래한다는 지적도 있다.

그룹 방탄소년단(BTS)이 3월 13일 공개한 앨범 〈아리랑〉의 홍보 영상이 미국에서 「화이트워싱」 논란에 휩싸였다. 이 영상은 하워드대학교에 재학했던 조선 청년들이 한국 전통음악을 처음 녹음했다는 역사적 사실에서 착안한 것으로, 인종 차별 지적을 받은 부분은 흑인이 소수만 등장하고 나머지는 백인 또는 다른 인종으로 그려진 대목이다. 한편, 영상 속 하워드대학교는 미 인종 분리시대에 대학 입학을 거부당했던 흑인들을 위해 1867년 설립된 곳이다.

힙트레디션(Hiptradition)

「최신 유행이나 세상 물정에 밝은」이라는 뜻을 가진 형용사 힙(Hip)과 전통(Tradition)을 합친 신조어로, 우리 전통문화를 재해석해 즐긴다는 의미를 갖고 있는 말이다. 즉 우리 전통에 MZ세대 특유의 힙한 감성을 입혀 새로운 트렌드를 만드는 것으로, 해당 움직임은 국립중앙박물관 굿즈였던 「반가사유상 미니어처」가 MZ세대를 중심으로 품절 대란을 일으키며 확산된 바 있다.

가명정보(假名情報) ▼

"개인정보보호위원회가 3월 31일 인공지능 전환(AX) 등 급변하는 데이터 활용 환경 변화를 반영해 「가명정보 처리 가이드라인」을 전면 개정하고, 위험도 기반 판단 체계를 확립했다고 밝혔다. 그간 가명정보 처리를 두고 기관·담당자별로 판단 기준이 모호하거나 복잡한 서류 작성 부담이 크다는 지적이 이어져 왔는데, 개보위는 불필요하게 복잡했던 서류와 절차를 간소화하는 방향으로 지침을 재설계했다."

추가 정보의 사용 없이는 특정 개인을 알아볼 수 없도록 조치한 정보로, 개인정보 중 일부를 삭제하거나 모호하게 표시해 누군지 알 수 없게 만든 정보를 뜻한다. 예컨대 이름, 주소, 주민등록번호 등 개인을 알아볼 수 있는 개인정보와 개인을 알아볼 수 없도록 범주화한 익명정보의 중간 개념이다. 가명정보는 데이터 3법 개정안 시행에 따라 도입된 것으로, 정부는 특정 개인이 식별되지 않게 가명 처리하면 정보 주체 동의 없이도 AI 학습 등 과학적 연구를 목적으로 데이터를 가치 있게 활용할 수 있도록 하는 「가명정보 제도」를 운영하고 있다.

갈리앵상(Prix Galien) ▼

제약·바이오·의료기술 분야에서 혁신을 이룬 제품이나 연구·기업 등에 수여하는 상으로, 글로벌 생명과학 분야 최고 권위를 인정받아 「제약계의 노벨상」으로 불린다. 1970년 프랑스 약학사 롤랑 멜(Roland Mehl)이 제정했으며, 현재는 미국 뉴욕에 본사를 둔 비영리단체 갈리앵재단이 주관하고 있다. 응모 대상은 대체로 최근 수년 내에 승인된 신약이나 의료기술 등으로, 심사는 의학·생명과학 분야의 전문가나 연구자 등으로 구성된 심사단이 진행한다. 심사는 ▷의학적 혁신성 ▷임상적 유효성 및 안전성 ▷사회적 및 경제적 기여 ▷과학적 기초 등 엄격한 심사 기준을 적용하는 것으로도 유명하다. 갈리앵상은 전 세계 약 15개국에서 수상이 이

뤄지고 있는데, 각 나라마다 운영 방식은 조금씩 차이가 있다. 여기에 각국의 혁신 의약품·연구를 먼저 선정한 뒤 각국 우수 수상작 중에서 최종 수상자에 「글로벌 갈리앵상(Prix Galien International)」을 수여한다.

고리원전 2호기 ▼

"한국수력원자력이 고리 2호기가 35개월간의 계속운전 설비개선 사업을 성공적으로 마치고 재가동에 들어갔다고 4월 4일 밝혔다."

부산 기장군에 위치한 우리나라 최초의 원자력발전소인 고리원자력발전소에 있는 총 4개의 원자로 중 하나로, 1983년 7월 25일 상업운전이 개시됐다. 시설용량은 650MW급으로, 40년의 운전 허가기간이 만료돼 2023년 4월 8일 정지된 바 있다. 한수원은 고리 2호기의 계속운전을 위해 2022년 4월 규제기관에 「계속운전 안전성 평가서」를 제출했으며, 3년 7개월여 동안의 심사를 거쳐 지난해 11월 계속운전을 승인받은 바 있다.

> **새울 3호기** 울산 울주군에 있는 원전으로, 이르면 오는 9월 상업 운전을 시작할 예정이다. 발전 용량 1400MW(메가와트)의 대형 원전으로, 새울 3호기의 상업 운전이 시작되면 지난 2024년 4월 가동한 신한울 2호기 이후 2년 6개월 만에 신규 원전이 등장하게 된다. 새울 3호기는 9·11 테러 이후 강화된 국제 기준에 맞춰 대형 항공기 충돌에도 격납 건물이 버틸 수 있도록 설계된 국내 최초의 원전이다. 여기에 지진 등으로 외부 전원이 상실될 상황에 대비해 대체 교류 디젤 발전기도 추가 설치됐다. 사용후핵연료 저장 용량도 기존 원전의 3배 수준인 60년 치를 수용할 수 있도록 설계했으며, 설계 수명 역시 기존 40년에서 60년으로 연장됐다.

골드행(Going Gold) ▼

비디오 게임 개발 과정에서 소프트웨어의 개발이 완료돼 유통을 위한 최종 마스터 버전인 「골드 마스터(Gold Master)」 제작을 마친 상태를 의미한다. 이는 게임이 실물 디스크로 복제되거

나 디지털 스토어에 업로드될 수 있는 최종 단계에 도달했음을 뜻하며, 개발 공정의 공식적인 종료와 출시 준비 완료를 알리는 선언적 의미를 지닌다. 이 단계 이후 물리 매체에 수록될 게임 본편 데이터는 원칙적으로 수정되지 않으며, 개발 인력은 출시 당일 배포될 「데이 원 패치(Day One Patch)」 제작이나 추가 콘텐츠(DLC) 개발로 업무의 초점을 전환한다. 아울러 마케팅 측면에서 골드행은 출시 일정이 확정 단계에 들어섰음을 알리는 신호로 활용된다. 특히 대규모 예산이 투입된 AAA급 게임의 경우, 개발사가 공식 채널을 통해 골드행 달성을 공지하면서 팬과 투자자에게 프로젝트의 안정성을 강조하는 사례가 많다.

그록(Groq)3 LPU ▼

"젠슨 황 엔비디아 최고경영자(CEO)가 3월 16일 미국 캘리포니아주 새너제이 SAP센터 기조연설 무대에 올라 엔비디아의 추론 전용 칩을 소개하며 「삼성이 우리를 위해 그록3 언어처리장치(LPU) 칩을 제조하고 있다」고 밝혔다. 이어 해당 칩이 엔비디아의 차세대 AI 플랫폼 베라 루빈 시스템에 탑재돼 올해 하반기쯤 출하가 시작될 것이라고 덧붙였다."

엔비디아가 지난해 인수한 스타트업 「그록」이 개발한 추론용 인공지능(AI) 칩으로, AI 추론 성능을 강화하기 위해 도입했다. 이는 거대언어모델(LLLM)의 추론 작업 속도를 대폭 끌어올렸는데, 엔비디아의 AI 플랫폼인 「베라 루빈」에 통합할 예정이다. 이에 대규모 연산은 루빈이 담당하고, 실시간 토큰 생성과 같은 초저지연 작업은 LPU가 맡아 처리량을 확대한다. 통상적으로 AI 모델은 고대역폭메모리(HBM)를 사용하는데, 그록3는 고속 정적램(SRAM)을 활용해 데이터 처리 지연을 최소화할 수 있다. 이는 AI 모델에서 주로 쓰이고 있는 GPU가 작업 환경에 따라 자원을 동적으로 배분하는 반면, LPU는 데이터 처리 순서 및 속도를 미리 결정해 놓는 데 따른 것이다.

글루카곤 유사 펩타이드-1 (Glucagon Like Peptide-1) ▼

인간의 장에서 음식을 소화시킬 때 분비되는 호르몬으로, 장내분비세포인 L세포와 뇌의 솔방울샘 핵에 있는 특정 뉴런에서 생성된다. GLP-1은 장관 내 포도당 농도에 자극을 받아 분비돼 인슐린 분비를 자극하는 반면, 혈당을 높이는 글루카곤의 분비는 억제해 체내 혈당 조절에 도움을 준다. 또한 뇌의 식욕중추에 작용해 식욕을 떨어뜨리거나 포만감을 유발하기도 한다. 이처럼 GLP-1은 혈당을 조절하고 식욕을 줄여 체중을 감량하는 효과가 있지만, 체내 반감기가 3분 정도로 짧다. 최근 이러한 GLP-1을 화학적으로 변형한 GLP-1 유사체가 당뇨와 비만을 포함한 여러 질병의 치료제로 활용되고 있다. 대표적으로 GLP-1을 모방해 반감기를 대폭 늘려 체내에서 오래 효과를 내도록 한 「위고비」나 「젭바운드」 같은 GLP-1 계열 비만치료제를 꼽을 수 있다.

최근 식품업계에서는 GLP-1의 부작용으로 꼽히는 근육 손실을 방지하기 위해 칼로리가 적은 제로 슈거(Zero sugar) 제품을 넘어 고단백·저열량·고식이섬유 제품 라인을 확대하고 있다.

뇌-컴퓨터 인터페이스 (BCI·Brain-Computer Interface) ▼

인간의 두뇌와 컴퓨터를 연결해 뇌파로 외부 기기를 제어하거나 외부 신호로 신체의 신경세포를 자극하는 기술이다. 인간이 특정 동작을 수행하려고 할 때 뇌에서 생성되는 전기 신호를 컴퓨터에 전달하면, 컴퓨터가 이 신호를 통해 외부 기기를 작동시키는 원리다. 이러한 BCI를 구현하는 방식으로는 ▷뇌에 직접 센서를 부착하는 삽입형 ▷헤드셋 등 외부 장비로 뇌파를 간접 측정하는 부착형이 있는데, 최근에는 센서를 혈관에 넣는 등의 간단한 시술로 뇌파를 측정하는 하이브리드형 기술이 개발되고 있다. 특히 뇌에 전극을 심어 컴퓨터와의 통신을 실현하는 뇌 임플란트는 BCI를 구현하기 위한 대표적인 기술 중 하나로 꼽힌다.

한편, 우리 정부는 최근 BCI 기술을 국가 전략 과제인 「K-문샷」으로 낙점하고, 4500억 원가량의 사업비를 책정했다.

뉴글렌(New Glenn) ▼

"미국 아마존 창업자 제프 베이조스가 이끄는 우주기업 블루오리진이 4월 19일 오전 7시 25분 미국 플로리다주 케이프커내버럴 우주군 기지에서 대형 발사체 뉴글렌 3호기를 발사했다. 특히 3호기에는 지난해 11월 2차 사용됐다 회수한 1단 부스터(추진체)가 재사용됐으며, 이로써 블루오리진은 스페이스X에 이어 로켓 재사용에 성공한 두 번째 민간 기업이 됐다. 다만 블루오리진은 탑재된 위성을 목표 궤도에 올리는 데는 실패했다."

아마존 창업자 제프 베이조스의 우주기업 블루오리진(Blue Origin)이 2016년부터 개발해 2025년 1월 처음으로 발사한 재사용 발사체로, 높이 98m·지름 7m의 2단 로켓이다. 이는 베이조스가 회사 설립 25년 만에 내놓은 첫 궤도 발사체로, 미국에서 처음으로 궤도비행을 한 우주비행사 존 글렌(John Glenn, 1921~2016)의 이름을 딴 것이다. 뉴글렌은 지구 상공 2000km 이하 저궤도(LEO)에 부피가 큰 탑재체를 운반하기 위해 설계됐는데, 정지궤도에는 최대 13t의 페이로드(운송 중량)를 올릴 수 있고 지구 저궤도에는 최대 45t을 실어나를 수 있다. BE-4 엔진 7개를 탑재한 1단 부스터의 추진체는 액화천연가스(LNG)와 액체산소(LOX)를 사용하며, BE-3U 엔진 2개가 탑재된 2단 발사체는 액체수소와 액체산소를 추진체로 한다.

둘리사우루스 허미니
(Doolysaurus huhmini) ▼

"전남대 한국공룡연구센터·미국 오스틴 텍사스대 정종윤 박사팀이 3월 19일 국제 학술지 〈화석 기록(Fossil Record)〉에 전남 신안군 압해도에서 찾아낸 신종 공룡에 대한 연구 결과를 발표했다. 이는 한반도에서 발견된 세 번째 신종 공룡으로, 특히 국내 최초로 두개골 일부가 남아 있는 화석이다. 그간 한반도에서는 전남 보성에서 발견된 「코리아노사우루스 보성엔시스」가 2010년 공개됐고, 이듬해인 2011년에는 경기 화성에서 발견된 「코리아케라톱스 화성엔시스」가 학계에 보고된 바 있다."

1억 1300만 년 전~9700만 년 전 중생대 백악기에 살았던 원시 신조반류 공룡으로, 한반도에서 발견된 세 번째 신종 공룡이다. 해당 공룡의 학명 중 「둘리사우루스」는 한국에서 가장 사랑받는 만화 캐릭터 중 하나인 둘리 이름을 딴 것이며, 「허미니」는 전남대 한국공룡센터 설립자인 허민 국가유산청장의 이름을 딴 것이다. 둘리사우루스 화석은 2023년 전남 신안군 압해도의 중기 백악기 일성산층(Ilseongsan Formation)에서 발견됐으며, 이후 연구팀은 암석 속에 묻힌 뼈의 발달 상태를 컴퓨터단층촬영(CT)을 통해 확인한 뒤 이 공룡이 대략 2세 미만의 어린 개체라고 추정했다. 그리고 화석 분석 결과 치아 15개가 달린 두개골, 척추, 발, 위석 등이 발견됐는데, 무엇보다 한반도에서 공룡 두개골과 위석이 발견된 것은 처음 있는 일이었다. 아울러 계통발생학적 분석 결과 둘리사우루스는 1억 1300~9400만 년 전 중기 백악기 동아시아와 북아메리카에 살았던 이족보행 공룡 중 하나인 「테스켈로사우루스과(thescelosaurid)」에 속하는 것으로 분류됐다. 테스켈로사우루스류는 백악기 중기에 있었던 베링 육교를 통해 아시아에서 북미로 넘어간 종으로, 그간 테스켈로사우루스과 공룡 대부분은 북미에서 발견돼 왔다. 그런데 둘리사우루스는 원시적인 형태의 테스켈로사우루스과 공룡이 아시아에서 발견된 유일한 사례로, 이는 테스켈로사우루스류의 탄생 지역이 아시아라는 증거가 된다는 점에서 매우 중요하다는 평이다.

디지털 배지(Digital Badge) ▼

개인이 취득한 자격증, 교육 이수내역, 수상실적 등 다양한 성취 결과를 온라인 환경에서 증명하기 위해 사용되는 디지털 표식이다. 디지털 배지는 단순한 이미지 파일이 아니라 ▷발급 기관 ▷발급 대상 ▷취득 조건 ▷발급 일자 ▷유효 기간 등의 관련 정보를 메타데이터 형태로 포함한다. 이를 통해 온라인상에서 해당 성취의 진위 여부를 확인할 수 있으며, 종이 증명서나 상장을 전자적 형태로 대체하는 수단으로 활용된다. 특히 최근 일부 디지털 배지는 블록체인(Blockchain)과 분산신원증명(DID, Decentralized Identifier) 기술을 기반으로 운영되고 있다. 분산신원증명은 중앙기관이 개인정보를 일괄 관리하는 방식이 아닌, 개인이 자신의 신원 정보를 직접 보유·통제하는 구조를 의미한다. 블록체인 기반 시스템에서는 데이터가 분산 저장돼 변경 이력이 기록되므로, 위·변조 여부를 확인할 수 있다.

렙틴 저항성(Leptin Resistance) ▼

지방세포에서 분비되는 식욕 억제 호르몬인 렙틴(Leptin)의 혈중 농도가 상승해 있음에도 불구하고, 뇌의 시상하부(Hypothalamus)가 해당 신호에 적절히 반응하지 않는 상태를 의미한다. 정상적인 생리 상태에서는 체지방이 증가하면 렙틴 분비가 증가해 식욕을 억제하고 에너지 소비를 촉진하는 방향으로 조절이 이루어진다. 그러나 렙틴 저항성이 발생하면 이러한 신호 전달이 둔화되어 식욕 억제 기능이 충분히 작동하지 않을 수 있다. 렙틴 저항성은 포만감 저하, 단 음식 선호 증가, 체중 감소 제한 등과 관련돼 있으며, 렙틴 저항성에 대한 관리 전략으로는 식습관 개선, 신체활동 증가, 수면관리 등이 논의된다. 구체적으로 정제 탄수화물 섭취를 줄이고 식이섬유와 단백질 비중을 높이는 식단 구성, 유산소 및 근력운동 병행, 충분한 수면 확보 등이 대사 건강을 개선시킬 수 있다.

모바일 월드 콩그레스
(MWC·Mobile World Congress) ▼

「지능의 시대(The IQ Era)」를 주제로 3월 2일 스페인 바르셀로나에서 열린 MWC 2026이 5일 폐막했다. 이번 MWC에는 전 세계 200여 개 국가·지역에서 2900여 개 기업이 참여했고 10만 명이 넘는 참관객이 찾았다. 올해 행사 역시 지난해에 이어 인공지능(AI) 기술 고도화가 핵심이 됐으며, 6세대(6G) 이동통신 논의도 활발히 이뤄졌다."

세계이동통신사업자협회(GSMA)가 주최하는 세계 최대의 이동통신전시회로, 1987년 첫 전시회 이후 점차 규모가 커지면서 현재 「모바일 올림픽」으로 불린다. 처음에는 행사가 프랑스 칸에서 열렸지만 참가 기업과 관람객이 급증하면서 2006년부터는 스페인 바르셀로나로 장소가 이전됐다. 매년 행사에는 이동통신 관련 기기와 인터넷·콘텐츠 등 정보통신기술(ICT) 분야의 최신 기술이 소개되는 것은 물론, 각종 컨퍼런스와 전시회가 함께 열리고 있다. 또한 업계 리더들의 연설을 들을 수 있는 것도 특징으로, 페이스북의 최고경영자(CEO) 마크 저커버그의 경우 2016년까지 3년 연속 기조연설자로 나선 바 있다. 여기에 MWC는 행사와 무관한 단순 방문객의 관람을 통제하기 위해 유료 입장을 원칙으로 하고 있다.

MWC 2026의 주요 키워드들은?

6G	5세대 이동통신(5G) 이후의 표준 무선통신 기술로, 5G보다 5배 빠른 100Gbp의 속도를 구현할 수 있는 차세대 이동통신 기술
AI 보이스 에이전트	음성 기반으로 사용자 목표를 이해하고 외부 도구를 활용해 실제 행동을 수행하는 인공지능(AI)
에이전틱 AI	단순히 코드를 생성하는 수준을 넘어 기획, 개발, 테스트, 배포 등 여러 작업을 연계해 수행하도록 설계된 AI 기반 개발 방식. 사람의 개입 없이 복잡한 업무를 자율 실행한다는 특징이 있다.

뮤탄스균(Mutans Streptococci) ▼

인간의 구강 내에 상주하는 세균으로, 치아우식증(충치) 발생과 밀접한 관련이 있는 구강 상주 미생물이다. 이는 1924년 제임스 클라크에 의해 보고된 후 치아우식증의 병인균으로 연구돼 왔다. 뮤탄스균은 출생 직후의 영유아 구강에는 거의 존재하지 않으며, 주로 타액을 매개로 한 접촉을 통해 전파되는 것으로 알려져 있다. 치아우식증은 뮤탄스균이 당류를 대사하는 과정에서 생성하는 유기산에 의해 치아 경조직이 탈회되는 과정으로 설명된다. 구체적으로 뮤탄스균은 자당을 이용해 끈적한 다당류인 글루칸(Glucan)을 합성하고, 이를 통해 치아 표면에 부착돼 치면세균막(치태, plaque)을 형성한다. 치태 내부에서 세균은 당분을 분해하여 젖산을 생성하며, 이로 인해 구강 내 산도가 임계 pH 약 5.5 이하로 감소하면 법랑질의 무기질이 용출되는 탈회 현상이 발생한다. 그리고 이러한 과정이 반복될 경우 치아우식증으로 진행될 수 있다.

뮤즈 스파크(Muse Spark) ▼

"메타가 4월 8일 첫 번째 대규모언어모델(LLM)인 뮤즈 스파크를 공개했다. 이는 알렉산더 왕 메타 최고AI책임자(CAIO)가 이끄는 메타초지능연구소(MSL)가 9개월에 걸쳐 개발한 메타의 첫 폐쇄형 AI 모델이다. 메타는 강점을 갖고 있는 AI 안경과 사회관계망서비스(SNS)에 새 AI를 적극 적용한다는 계획이다."

메타 최고AI책임자(CAIO)인 알렉산더 왕이 이끄는 메타의 메타초지능연구소(MSL)가 내놓은 첫 인공지능(AI) 모델이다. 메타는 지난해까지 주력 모델 라마 시리즈를 개방형(오픈소스)으로 공개했지만, 이번 뮤즈 스파크는 폐쇄형으로 출시하면서 전략을 바꿨다. 메타가 공개한 성능지표(벤치마크) 점수에 따르면 뮤즈 스파크는 ▷오픈AI의 GPT-5.4 ▷구글의 제미나이3.1 프로 ▷앤스로픽의 클로드 오퍼스4.6 등과 비슷하거나 능가하는 성적을 나타냈다. 특히 차트 이해 능력을 보여주는 지표(CharXiv Reasoning)는 86.4%로 비교 대상 모델 중 가장 높았다. 여기에 메타는 복잡한 문제를 해결하기 위해 여러 AI가 협업해 최적의 답을 도출하는 「심사숙고(Contemplating) 모드」를 도입했다. 아울러 메타 AI 모델의 가장 큰 차별점 중 하나는 메타가 장악한 SNS와의 시너지가 꼽히는데, 메타는 뮤즈 스파크를 페이스북·인스타그램·스레드 등 자사 SNS와 AI 안경에 적용할 계획이다.

미국 안보 로보틱스 법안 ▼

척 슈머 민주당 상원 원내대표와 톰 코튼 공화당 상원의원이 3월 26일 공동 발의한 법안으로, 미국 연방정부 기관이 적대국 기업의 휴머노이드 로봇과 무인지상차량(UGV)을 사용하는 것을 금지한다는 내용이다. 또 특정 국가의 완성품뿐 아니라 로보틱스 핵심 부품 사용 및 조달도 금지하고 있는데, 이는 적대국 기업의 로봇 기술이 미국 공공시설에 침투하는 것을 사전에 차단하겠다는 취지다. 해당 법안에 따른 제재 대상 국가는 중국·러시아·이란·북한으로, 법안이 발효되면 1년 뒤부터 해당 국가의 기업과 관련한 로보틱스 시스템 사용과 보조금 지급이 제한된다.

미토스(Mythos) ▼

미국의 인공지능(AI) 기업인 앤트로픽이 4월 7일 공개한 고성능 인공지능(AI) 모델로, 기존 AI와 달리 단순 코드 생성이나 분석을 넘어 운영체제(OS)와 웹브라우저의 보안 취약점을 스스로 탐지하고 이를 실제 공격 코드로 변환할 수 있는 역량을 갖춘 것으로 평가된다. 앤트로픽에 따르면 「미토스 프리뷰(미리보기)」 버전은 이미 주요 OS와 브라우저에서 수천 개의 고위험 결함을 찾아냈는데, 특히 이 중에는 20년 이상 방치됐던 해킹 경로도 포함된 것으로 확인됐다. 아울러 소프트웨어 개발사조차 인지하지 못한 이른바 「제로데이(Zero-Day) 약점」을 대량으로 찾아내면서 전 세계 기술 및 금융시장에 거대한 파장을 일으켰다. 이에 미국 재무부와 연방준비제도(Fed·연준)는 4월 7일 대형 금융기관 최고경영자(CEO)들과 비공개회의를 열고 AI로 촉발된 시스템적 리스크에 대한 전격 점검에 나서기도 했다.

한편, 앤트로픽은 이러한 위험성을 고려해 미토스의 전면 공개를 제한하고 있다. 현재 해당 모델은 엔비디아, 아마존, 애플, JP모건체이스 등 40여 개 기관이 참여하는 「프로젝트 글래스윙

(Project Glasswing)」을 통해 미리보기 버전으로만 제공되고 있다. 이는 보안에 민감한 핵심 기업들이 적대적 세력보다 먼저 취약점을 파악하고 방어 체계를 구축하도록 하기 위함이다.

바이브 코딩(Vibe Coding) ▼

사람이 인공지능(AI)과 자연어(인간의 언어)로 대화하면서 원하는 프로그램을 설명하면 AI가 코딩을 통해 이를 구현하는 개발 방식을 말한다. 바이브 코딩은 복잡한 문법이나 코드 작성 없이 자연어로 AI에게 지시를 내리는, 자연어 기반의 상호작용이 특징이다. 특히 프로그래밍에 대한 깊은 지식이 없는 사람들도 소프트웨어 개발에 참여할 수 있다는 점에서 혁신으로 여겨진다. 다만 바이브 코딩은 빠른 개발과 실험에는 유리하지만, 오류 발생 시 원인 파악이 어려울 뿐더러 자동 생성된 코드의 보안 취약점이나 유지보수에 어려움이 발생할 수 있다는 한계도 존재한다.

블랙마블(Black Marble) ▼

"저주 미국 코네티컷대 교수팀이 2014년부터 2022년까지 9년간 전 세계 야간 인공조명 변화를 분석한 결과를 국제학술지 《네이처》에 4월 8일 발표했다. 이에 따르면 지구의 밤은 9년간 16% 밝아졌다. 연구팀은 해당 조사를 위해 미 항공우주국(NASA)의 「블랙마블」 위성 시스템을 활용했다."

우주에서 바라본 지구의 야간 조명을 고해상도로 포착한 것으로, 미국 항공우주국(NASA)이 2012년부터 공개하고 있는 프로젝트이다. 이는 단순히 지구의 밤을 촬영한 사진이 아니라, 인간의 활동으로 발생하는 인공 불빛과 자연 현상을 정밀하게 수치화해 ▷재난 대응 ▷경제 분석 ▷환경 연구 등 다양한 분야에 활용할 수 있도록 가공된 첨단과학 데이터라 할 수 있다. 예컨대 대지진이나 전쟁 등의 재난이 발생했을 때, 평상시의 정상적인 불빛 데이터와 직후의 데이터를 비교해 대규모 정전 지역과 피해 규모를 정확히 파악하고 구조 및 복구 우선순위를 정하는 데 블랙마블이 사용된다. 또 야간 불빛의 밝기와 밀집도는 특정 지역의 경제력 및 인프라 수준과 비례하는 경향이 있기 때문에, 이를 통해 통계가 부족한 개발도상국의 빈곤율, 경제 성장 추이 등을 객관적으로 추정하는 데도 도움이 된다. 블랙마블은 2011년에 발사된 지구 관측 위성인 「수오미-NPP(Suomi NPP)」를 비롯해 최신 기상위성인 NOAA-20, NOAA-21 등을 기반으로 데이터를 수집한다. 특히 우주에서 밤에 찍은 위성사진은 구름이나 지형, 대기 상태 등에 따라 불빛이 심하게 왜곡되는데, 블랙마블은 NASA의 독자적인 알고리즘으로 자연적 방해 요소를 완벽하게 제거해 순수한 야간 불빛의 변화만을 추출해 낸다는 특징이 있다.

소캠(SOCAMM) ▼

"SK하이닉스가 4월 20일 10나노급 6세대(1c) LPDDR5X 저전력 D램을 기반으로 하는 소캠2 192GB 제품을 본격 양산한다고 밝혔다. 소캠2는 저전력 D램인 LPDDR을 기반으로 인공지능(AI) 서버에 특화된 메모리 모듈을 말한다. 한편, SK하이닉스에 앞서 삼성전자는 올해 3월 엔비디아 공급용 소캠2 양산을 시작한 바 있다."

Small Outline Compression Attached Memory Module의 약자로. 저전력 D램(LPDDR) 메모리 여러 개를 하나로 묶은 인공지능(AI) 서버 특화 모듈을 말한다. 이는 AI에서 추론의 중요성이 커지며 AI 서버에 다양한 형태의 메모리가 필요해지면서 등장한 것이다. 현재 업계에서는 소캠을 HBM과 DDR5 사이의 공백을 메우는 AI 서버용 메모리 솔루션으로 보고있다.

신기술(NET) 인증 ▼

산업통상부가 국내에서 최초로 개발된 기술이나 기존 기술을 혁신적으로 개선·개량한 우수 기술을 신기술로 인증해 상용화를 촉진하는 제도이다. 2006년 처음 제도가 도입된 뒤 지난해까지 총 1817개 기술이 인증을 받았다. 무엇보다 NET는 3년(연장 시 6년)이란 특정 기간만 인증 유효기간이 주어지는 것이어서, 여타 정부 인증 대비 신뢰도가 높다. 신기술 인증을 획득하게 되면 정부 기술개발사업 및 인력지원사업 신청 시 가점 부여, 조세지원 등을 받을 수 있다.

알파고 마피아(AlphaGo Mafia) ▼

알파고(AlphaGo) 프로젝트에 참여했던 연구자들이 이후 인공지능(AI) 산업과 연구를 주도하며 형성된 네트워크를 가리키는 비공식 용어다. 즉, 한 프로젝트에서 함께 일했던 AI 연구자들이 이후 업계를 이끄는 영향력 있는 그룹이 된 현상을 지칭한다. 이는 과거 실리콘밸리에서 사용된 페이팔(PayPal) 출신 창업자 네트워크인 「페이팔 마니아(PayPal Mafia)」와 비슷한 개념이다. 이러한 알파고 마피아는 2016년 구글 딥마인드가 내놓은 AI 알파고가 우리나라의 이세돌 바둑 기사를 상대로 승리한 「알파고 쇼크」에서 시작됐다. 관련 프로젝트에 참여했던 연구자들은 이후 새로운 AI 스타트업을 창업하거나 대형 AI 연구기관의 리더가 되면서 AI 산업 전반에 큰 영향력을 행사하게 됐다. 특히 알파고 마피아들은 AI 연구에 있어 큰 전환점을 이뤘는데, 대표적으로 이들에 의한 기술로는 강화학습, 몬테카를로 트리 탐색, 딥러닝 등이 있다. 해당 기술들은 현재 로봇, 신약 개발, 과학 연구 등에 광범위하게 사용되고 있다. 대표적인 알파고 마피아로는 ▷데미스 하사비스(딥마인드 공동 창업자) ▷무스타파 술레이만(딥마인드 공동 창업자) ▷데이비드 실버(알파고 핵심 연구자) ▷아자황(알파고 엔지니어) 등을 꼽을 수 있다.

SAI(Superhuman Adaptable Intelligence, 초인적 적응 지능) ▼

인공지능(AI) 분야 세계 4대 석학으로 꼽히는 얀 르쿤 뉴욕대 교수가 빅테크들이 개발에 몰두하고 있는 「범용인공지능(AGI)」을 비판하며 주장한 개념이다. 르쿤은 뉴욕대·컬럼비아대 연구진과 함께 2월 27일 〈AI는 SAI을 통해 전문화를 수용해야 한다〉는 논문을 발표하면서, SAI를 「모든 작업에서 인간을 능가하도록 적응할 수 있으며, 동시에 인간의 영역 밖에 있으면서도 유용한 작업들에도 적응할 수 있다」라고 규정했다. 그러면서 르쿤은 AI의 발전 목표를 「인간처럼 무엇이든 잘할 수 있느냐」(AGI)가 아닌 「새로운 환경과 과업에 얼마나 빠르게 적응해 성과를 내느냐」(SAI)로 옮겨야 한다고 주장했다. 르쿤이 제시한 SAI의 핵심은 적응성(Adaptability)으로, 이는 AI가 새로운 환경을 학습하고 스스로 적응하는 능력을 가리킨다.

> **AGI(Artificial General Intelligence)** 모든 상황에서 스스로 학습하고 창작할 수 있는 능력을 갖춘 인공지능(AI)으로, 인간의 학습·추론·문제 해결 및 다양한 환경에서의 적응 능력 등 다양한 지적 작업을 수행할 수 있는 능력을 갖춘 AI를 말한다. 즉, AI가 인간이 설정한 조건 아래 제한된 업무를 수행하는 것이 아닌 사람처럼 인지능력을 갖추고 익숙하지 않은 상황에 직면해도 해결책을 찾는 것이다.

AI네트워크 얼라이언스 (AINA·AI Network Alliance) ▼

정부가 「인공지능(AI) 네트워크 1등 국가」를 목표로 구성한 민·관 및 산·학·연 협의체로, 3월 4일 스페인 바르셀로나 모바일월드콩그레스 2026(MWC 2026) 현장에서 출범식이 개최됐다. AINA에는 정부·유관기관·연구기관과 통신사(KT·SKT·LG U+), 장비 제조사(삼성전자·LG전자·에릭슨·노키아·국내 중소기업), AI 기업(아마존웹서비스) 등 30개 이상의 회원사가 참여했으며, 대표 의장사는 KT가 맡았다. AINA는 2028년 「6G 표준 완성」과 2030년 이후 「6G 상용화」 등 네트워크 세대 진화에 발맞춰 AI-RAN을 비롯한 현재 5%인 차세대 이동통신 시장 점유율을 20%까지 끌어올린다는 목표다. 이를 위해 ▷산업계 수요 기반 기술개발 로드맵 제시 ▷전후방(AI) 생태계와 긴밀히 연계한 AI네트워크 수요 창출 ▷해외시장 진출을 위한 글로벌 주요 기업·단체와의 협력을 주도한다.

◾ AI 레디데이터(AI-Ready Data) ▼

인공지능(AI)이 즉시 학습·추론에 쓸 수 있도록 가공된 데이터로, 방대한 텍스트·문서를 숫자 좌표(임베딩 벡터)로 변환해 저장한 형태다. 네이버의 경우 AI 성능을 고도화하기 위해 AI 레디데이터를 핵심 과제로 설정하고 관련 사업을 확대하고 있다. 이에 4월 7일에는 EBS와 콘텐츠 협약을 맺었는데, 양사는 동식물·건강·금융·재난 등 포털 내에서 신뢰도 높은 콘텐츠가 부족한 분야를 중심으로 숏폼 콘텐츠를 공동 제작해 네이버의 AI 모델 학습과 서비스 고도화에 활용한다는 방침이다. 여기에 구글·메타·오픈AI 등의 글로벌 빅테크들도 저작권 분쟁을 피하면서 정제된 데이터를 확보하기 위해 언론사 등과 대규모 유료 계약을 맺고 있다.

◾ AI 스케일링 법칙(AI Scaling Laws) ▼

인공지능(AI), 특히 딥러닝과 대규모언어모델(LLM) 분야에서 모델의 크기, 학습 데이터의 양, 컴퓨팅 연산량을 늘리면 AI의 성능이 수학적 규칙에 따라 예측 가능하게 향상된다는 법칙을 말한다. AI의 성능을 결정하는 세 가지 주요 축은 ▷모델을 훈련하는 데 사용되는 총 연산량(FLOPs) ▷모델이 학습하는 텍스트나 이미지 등의 정보량 ▷AI 모델의 뇌 용량을 뜻하는

파라미터 수(Parameters) 등이 있다. 스케일링 법칙에 따르면 이 세 가지 요소 중 어느 하나라도 병목현상이 발생하지 않도록 균형 있게 늘려주면, 모델의 성능은 꾸준히 향상된다. 이러한 스케일링 법칙은 거대모델을 훈련하기 전에 먼저 작은 모델들을 훈련시켜 본 뒤 그 결과값을 바탕으로 거대모델의 최종 성능을 정확히 예측할 수 있다는 점에서, 천문학적 비용의 위험을 줄일 수 있다는 장점이 있다. 다만 최근에는 데이터 고갈이나 전력·비용 인프라 한계 등으로 인해 무작정 규모만 키우는 스케일링 법칙이 한계에 직면했다는 우려도 나오고 있다.

◾ AX 스프린트(AX Sprint) ▼

"기획예산처가 3월 18일 산업과 일상 전반의 AI 전환(AX)을 가속화하기 위해 부처 합동으로 「AI 응용제품 신속 상용화 지원사업(AX 스프린트)」 계획을 추진한다고 밝혔다."

제조 현장에서부터 도시, 농촌, 가정 등 우리 사회 전반의 인공지능(AI) 전환을 가속하기 위해 11개 관계부처 합동으로 추진되는 사업이다. 구체적으로 과기정통부, 산업부, 농식품부, 기후부, 국토부 등 11개 부처가 협력해 총 246개 AI 응용제품의 개발과 상용화를 지원한다. 사업 규모는 2026~2027년까지 총 7540억 원을 투입하며, 이 중 2026년에만 6135억 원이 집중 지원된다. 지원 대상은 제조, 농·축·어업, 국토·교통, 보건·복지·환경, 생활·보안·방산 등 5대 분야로, 신속 출시를 목표로 하는 「애자일(Agile) 트랙」 145개와 2년 내 기술 고도화를 추진하는 「빌드업(Build-up)」 트랙 101개로 나뉜다. 사업은 AI 기술 공급기업, AI 응용제품 도입기업, 대학·연구기관 등이 참여하는 컨소시엄 또는 개별 기업 단위로 신청할 수 있다. 그리고 정부는 AI 모델 개발, 실증 및 양산체계 구축, 인증·지식재산권 획득 등을 위한 비용을 지원하게 된다.

에이지 테크(Age Tech) ▼

고령 인구를 대상으로 하는 기술을 통칭하는 말로, 노인들의 접근 가능성과 용이성을 우선순위로 두는 기술을 말한다. 경제 발전에 따른 영양 상태 개선, 의학 발달에 따른 평균수명 연장 등으로 인해 전 세계 고령 인구는 급증하고 있으며, 이에 기업들은 노인들의 삶의 질 향상을 위해 에이지 테크의 발전을 모색하고 있다. 에이지 테크의 예시로는 ▷노인들의 신체활동을 돕고 위치추적 기능을 제공하는 「시니어 스마트 워치」 ▷GPS 기능을 탑재해 착용자의 위치를 파악하고 보호자에게 알람을 제공하는 「치매노인 실종 예방 신발」 ▷노인의 건강 및 영양 상태를 실시간으로 추적해 예방 치료를 제공하는 스마트폰 앱 ▷노인들의 친구가 되어 외로움을 달래주는 「돌봄 로봇」 등이 있다.

HBF(High Bandwidth Flash) ▼

"SK하이닉스가 2월 25일 미국 샌디스크 본사에서 「HBF 스펙 표준화 컨소시엄 킥오프」 행사를 샌디스크와 함께 열고 인공지능(AI) 추론 시대를 겨냥한 차세대 메모리 솔루션 고대역폭플래시메모리(HBF·High Bandwidth Flash)의 글로벌 표준화 전략을 발표했다."

D램 대신 낸드 플래시를 수직으로 적층해 만든 차세대 메모리로, 여기서 「낸드 플래시(Nand Flash)」는 전원이 꺼진 상태에서도 데이터가 계속 저장되는 비휘발성 플래시메모리를 말한다. HBF는 초고속 메모리인 HBM(High-Bandwidth Memory)과 대용량 저장장치인 SSD 중간에 위치하는 새로운 메모리로, 인공지능(AI) 기술 발전으로 가격이 비싸진 HBM을 대체하기 위해 등장한 것이다. 낸드 플래시를 수직으로 적층하면 평면 구조보다 속도나 내구성·소비전력에서 향상된 성능을 낼 수 있다. 특히 전원이 끊기면 데이터가 사라지는 D램과 달리 낸드는 데이터가 유지된다. 또한 HBM과 비교해도 용량이 8~16배 크고, 전력 소모량은 적

다는 이점이 있다. 다만 지연이 발생할 수 있고, 데이터 처리 속도가 D램보다는 느려 아직 상용화에 이르지는 못했다. 업계에서는 이르면 올해 1세대 제품이 출시되고, 본격적인 양산은 2028년 이후에 가능할 것으로 전망하고 있다. 여기에 HBM과 HBF에서 한발 더 나아간 「HBS(고대역폭 스토리지)」라는 개념도 등장했는데, 이는 D램과 낸드 플래시를 하나로 묶어 적층한 고성능 반도체를 말한다.

LPDDR
(Low Power Double Data Rate SDRAM) ▼

"SK하이닉스가 3월 10일 10나노급 6세대(1c) 공정을 적용한 16Gb(기가비트) LPDDR6 D램을 세계 최초로 개발하는 데 성공했다고 밝혔다. 1c LPDDR6는 온디바이스 AI가 탑재된 스마트폰이나 태블릿 같은 모바일 제품에 주로 활용된다."

스마트폰·태블릿·노트북 같은 모바일 기기에 사용되는 저전력 D램으로, 전력 소모를 크게 줄이도록 설계된 것이다. 이는 낮은 전압을 사용하고, 대기 전력을 최소화하며, 높은 데이터 전송 속도를 특징으로 한다. LPDDR은 전력 절감을 위해 여러 기술을 사용하는데, 대표적으로 ▷Deep Power Down(메모리 일부를 완전히 꺼서 전력 절약) ▷Self Refresh(CPU가 없어도 메모리가 스스로 데이터 유지) ▷DVFS(전압과 주파수 동적 조절) 등이 있다. 이는 규격명에 LP(Low Power)가 붙으며, 규격은 1-2-3-4-4X-5-5X-6 순으로 개발되며 꾸준히 진화를 거듭하고 있다. LPDDR의 활용 범위는 초기에는 스마트폰과 태블릿 등의 모바일 기기 중심 메모리였지만 점차 AI 데이터센터와 자율주행차, 휴머노이드 로봇 등의 분야에서도 사용이 늘고 있다. 특히 엔비디아가 AI 가속기 플랫폼에서 CPU 메모리로 LPDDR을 채택하면서 시장의 관심이 더욱 고조된 바 있다. 여기에 스마트폰과 노트북에서 직접 AI를 구동하는 온디바이스 AI 탑재가 증가하면서 일반 D램 제품(DDR) 수요를 빠르게 대체할 것이라는 전망도 있다.

NO. 239 최신시사상식

MAS(Multi-Agent System) ▼

여러 개의 자율적 에이전트(Agent)가 하나의 환경에서 서로 상호작용하며 문제를 해결하는 인공지능(AI) 시스템 구조를 말한다. 즉, 분산 처리와 자율성을 통해 복잡한 문제를 효과적으로 해결할 수 있도록 고안된 것으로, 최근 AI 수요 급증과 함께 급성장하고 있는 분야다.

MAS는 각 에이전트가 독립적으로 의사를 결정하는 자율성을 지니고 있으며, 중앙 컨트롤러 없이 분산된 시스템으로 동작한다는 특징을 갖고 있다. 또 각 에이전트가 상황에 따라 협력과 경쟁을 반복하며, 서로 간의 상호작용을 통해 결론을 도출한다. 대표적으로 여러 로봇이 협력하는 로봇 군집, 차량들이 서로 정보를 공유해 교통 흐름을 최적화하는 자율주행 교통, 스마트 그리드, 게임 분야 등에서 MAS가 많이 사용되고 있다. 이처럼 MAS는 복잡한 문제를 여러 에이전트가 나누어 해결함으로써 성능을 향상시킬 수 있으며, 일부 에이전트가 패하더라도 시스템 전체가 지속적으로 운영된다는 장점이 있다. 다만 에이전트 간의 상호작용을 설계하고 관리하기 어렵다는 복잡성과 에이전트 간의 협력이 필요할 때 조정이 어렵다는 단점도 존재한다.

오픈월드 게임(Open World Game) ▼

플레이어가 거대한 가상세계를 자유롭게 돌아다니며, 정해진 순서 없이 스스로 목표와 진행 방식을 선택할 수 있는 게임 장르를 말한다. 기존에는 정해진 방식을 따라가는 선형적(Linear) 인 게임이 많았으나, 현재는 거의 제한 없이 원하는 방식으로 플레이가 가능한 오픈월드 게임이 주류 장르로 부상했다. 오픈월드 게임의 특징으로는 우선 높은 자유도를 들 수 있는데, 플레이어는 메인 스토리를 무시하고 자신이 원하는 대로 게임을 할 수 있다. 또 정해진 루트가 아닌 완전히 다른 길의 개척도 가능하며, 퀘스트 해결 순서나 방식도 플레이어의 선택에 의해 좌우된다. 아울러 플레이어의 행동이 게임 세계의 환경이나 평판에 영향을 미치는 등의 상호작용도 특징으로 한다. 다만 메인 스토리 라인이 느슨해져 스토리 몰입도가 저하될 수 있으며, 구현해야 할 세계가 너무 방대하고 변수가 많다는 단점도 있다. 대표적인 오픈월드 게임으로는 ▷GTA(Grand Theft Auto) 시리즈 ▷엘더스크롤 5: 스카이림(The Elder Scrolls V: Skyrim) ▷젤다의 전설 ▷위쳐 3: 와일드 헌트(The Witcher 3: Wild Hunt) 등을 들 수 있다.

오픈클로(OpenClaw) ▼

"3월 22일 신화통신에 따르면 중국 국가인터넷응급센터와 사이버안전협회는 이날 공동으로 「오픈클로 안전 사용 실천 가이드라인」을 발표했다. 가이드라인은 일반 사용자에 대해서는 전용 장비나 가상 머신·컨테이너에 오픈클로를 설치하고 환경을 잘 격리해야 하며, 일상 사무용 컴퓨터에 설치해서는 안 된다고 권고했다. 또 관리자나 슈퍼유저(관리자가 사용하는 특수 계정) 권한으로 오픈클로를 운용해서는 안 되고, 오픈클로 환경에서 개인정보를 저장·처리해서도 안 된다고 명시했다."

2025년 11월 오스트리아의 공학자 페터 슈타인베르거가 개발한 오픈소스 기반의 자율형 인공지능(AI) 에이전트이다. 이는 오픈소스로 공개돼 있어 누구나 무료로 설치할 수 있다. 오픈클로는 오픈AI의 챗GPT나 구글의 제미나이와 같은 챗봇 모델에서 한 단계 더 나아가 인간처럼 스스로 목표를 이해하고 계획을 세우며 실행까지 하는 등 전 과정을 수행한다는 특징이 있다. 또한 왓츠앱(WhatsApp)이나 텔레그램(Telegram) 등의 메시징 앱을 인터페이스로 사용, 사용자가 평소 사용하는 메신저로 AI에게 명령할 수 있다. 아울러 GPT-4와 제미나이(Gemini) 등 다양한 대형언어모델(LLM)을 연결해 사용할 수 있도록 설계된 것도 특징이다. 다만 잘못된 판단으로 인한 오류가 누적될 수 있고, 강력한 권한(파일 수정, 메시지 발송 등)을 가진다는 점에서 보안에 대한 우려도 있다. 대표적으로 2026년 초 연동 플랫폼인 몰트북(Moltbook)에서 일부 개인정보 노출 사고가 발생하면서 관련 논쟁이 일기도 했다. 오픈클로는 특히 중국 시장에서 큰 인기를 끌고 있는데, 현

지에서는 특유의 바닷가재 로고 모양을 본떠 「랍스터 키우기」라는 별칭으로까지 불리고 있다.

2026 베이징 휴머노이드 로봇 하프마라톤 대회

"4월 19일 중국 베이징에서 열린 휴머노이드 로봇 하프마라톤 대회에서 중국 스마트폰 제조사인 아너(Honor)가 만든 휴머노이드 로봇 샤덴을 활용한 로봇이 48분 19초를 기록했다. 이는 하프마라톤 인간 세계기록(56분 42초)보다 약 8분 빠른 기록이다. 지난해 대회에서는 베이징휴머노이드로봇혁신센터의 텐궁 모델이 2시간 40분 42초의 기록으로 우승했는데, 이번 로봇은 해당 기록을 무려 2시간 가까이 단축한 것이다."

4월 19일 중국 베이징 이좡경제기술개발구에서 열린 제2회 휴머노이드 로봇 하프마라톤 대회를 말한다. 이 대회에는 중국 100개·해외 5개 등 총 105개 팀의 300여 대에 달하는 로봇이 참가했으며, 대회 코스는 이좡 퉁밍호 공원에서 출발해 난하이즈 공원으로 들어오는 21.0975km 거리로 구성됐다. 트랙은 두 개로 나눠 사람과 휴머노이드 로봇의 동선을 분리했는데, 특히 휴머노이드 로봇의 경우 충돌을 방지하기 위해 약 1분 간격으로 순차 출발했다. 대회는 단순한 속도 경쟁을 넘어 로봇 기술을 검증하는 데 초점이 맞춰졌는데, 대표적으로 로봇이 균형을 유지

하며 동력과 제동을 정밀하게 제어하는 능력을 시험하기 위한 설계가 이뤄졌다.

GTC

엔비디아(NVIDIA)가 2009년부터 매년 개최하고 있는 개발자 콘퍼런스로, GTC는 「GPU(그래픽처리장치) Technology Conference」의 준말이다. GTC에서는 GPU와 인공지능(AI) 기술 외에도 딥러닝, 로보틱스, 자율주행, 헬스케어 기술 등 다양한 첨단기술 분야의 최신 연구 결과와 관련 업계 종사자들의 강연 등 최신 기술 동향 공유 등이 이뤄진다. 특히 젠슨 황 엔비디아 최고경영자(CEO)의 기조연설(키노트(Keynote))은 AI 업계의 판도를 예측하는 지표로 활용돼 전 세계적인 주목을 받고 있다. 행사 참여는 개발자·연구자·학생 등 누구나 가능한데, 일반적으로 사전 등록 후 무료 또는 유료티켓 구매로 이뤄진다. 또 온라인 콘퍼런스의 경우 「다시보기(Video on Demand)」가 제공된다.

케이-드리프트(K-DRIFT, KASI Deep Rolling Imaging Fast Telescope)

"우주항공청과 한국천문연구원이 국내 기술로 개발된 초극미광 천체 관측용 국산 망원경 「케이-드리프트(K-DRIFT)」 1세대가 첫 영상 관측에 성공했다고 2월 27일 밝혔다. 연구진은 현재 진행 중인 시험 관측을 마무리한 뒤 올해 상반기 내 남반구 밤하늘을 대상으로 본격적인 초극미광 영상 탐사에 착수할 예정이다."

국내 기술로 개발된 초극미광(Ultra-Low Surface Brightness) 천체 관측용 망원경으로, 구경 0.5m의 소형 광학망원경이다. K-드리프트는 3개의 반사경을 모두 자유곡면으로 가공하여 제작된 비차폐 반사형 망원경인데, 0.5m급 망원경에 이러한 첨단광학 설계를 적용해 지상 관측에 성공한 것은 세계 최초다. K-드리프트는 독창적인 설계와 내부 산란광을 최소화하고 배경 하늘값의 요동을 낮춰, 극도로 어두운 천체를 선명하게 포착할 수 있다. 아울

러 구경이 8.4m에 달하는 세계 최대 규모의 루빈천문대 망원경보다 구경은 작지만, 시야각은 2배나 넓다.

K-문샷 프로젝트(K-Moonshot Project) ▼

"정부가 3월 11일 제5회 과학기술관계장관회의에서 K-문샷 프로젝트의 8대 분야 12대 국가 미션을 확정했다. 이에 따르면 분야 최고 전문가에 미션을 총괄하는 프로그램 디렉터(PD)를 맡겨 기존 사업 조정과 신규 대형 연구개발(R&D) 기획, 과제 통합·조정과 예산 우선 배분 등 모든 권한을 준다는 방침이다."

인공지능(AI)과 과학기술을 융합해 국가 핵심 미션을 해결하고 과학기술 혁신을 가속하겠다는 범국가 프로젝트다. 과학기술 AI 자원과 연구 역량을 결집해 2030년까지 연구 생산성을 2배로 높이고, 2035년까지 첨단바이오·소재·미래에너지·피지컬AI 등 8대 분야 12대 국가 미션을 해결하는 것을 목표로 한다. 이에 따라 각 기관이 개별적으로 수행하던 연구는 가칭 「국가과학AI연구센터」를 중심으로 통합하고, 정부가 확보한 GPU 8000개와 슈퍼컴퓨터 6호기 등 공공 컴퓨팅 자원을 공동 활용하게 된다.

한편, 「문샷(Moonshot)」은 1969년 미국 항공우주국(NASA)이 달 탐사선을 발사한 아폴로 프로젝트에서 유래한 표현으로, 당시 기술적으로 거의 불가능해 보이던 도전에 착수한 데서 비롯돼 오늘날에는 혁신적이고 도전적인 목표를 상징하는 용어로 널리 사용되고 있다.

12대 국가 미션에는 ▷신약개발 속도 10배 이상 증가 ▷뇌 임플란트 상용화 ▷보급형 초고효율 다중접합 태양광 모듈 개발 ▷한국형 핵융합 소형 실증로 개발 ▷친환경 소형모듈원자로(SMR) 선박 조기 실현 ▷휴머노이드 ▷범용 피지컬 AI 모델·컴퓨팅 플랫폼 내재화 ▷우주 데이터센터 실증 ▷희토류 ▷세계 최고 수준 AI과학자 ▷초고성능·저전력 AI 가속기 ▷오류정정 양자컴퓨터 개발 등이 포함된다.

테라팹(Terafab) ▼

"일론 머스크 테슬라 최고경영자(CEO)가 3월 21일 인공지능(AI) 칩을 자체 생산하기 위한 초대형 공장인 「테라팹 프로젝트」를 발표했다. 이와 같은 머스크의 반도체 직접 생산은 기존 반도체 공급망만으로는 AI 칩 수요를 충족할 수 없다는 판단에 따른 것으로 전해졌다."

일론 머스크 테슬라 최고경영자(CEO)가 발표한, 인공지능(AI) 칩을 자체 생산하기 위한 초대형 공장 프로젝트를 말한다. 이는 미국 텍사스주 오스틴에 대규모 반도체 공장을 건설해 테슬라 차량과 옵티머스 휴머노이드 로봇, 스페이스X 위성 등에 사용될 칩을 생산하는 것을 목적으로 한다. 테라팹은 설계·제조·패키징이 분리된 기존 반도체 산업 구조와 달리 반도체 파운드리(위탁생산)와 메모리 양산, 첨단 패키징을 한데 묶어 칩 생산과 개선 속도를 끌어올리겠다는 구상이다. 이에 따라 테라팹에는 반도체 생산에 필수적인 첨단 리소그래피(노광) 장비를 비롯해, 설계와 테스트 등 생산 전 과정을 처리할 수 있는 설비가 구축된다. 테라팹은 월 100만 장의 웨이퍼 생산을 목표로 하는데, 이를 통해 머스크가 확보하려는 AI 연산능력은 연간 약 1테라와트(TW) 규모로 알려졌다. 테라팹에서는 테슬라 자율주행차와 휴머노이드 로봇 옵티머스에 들어가는 저전력 추론칩, 우주 환경에서 구동되는 고성능 AI 칩 등이 생산될 예정인데, 특히 우주용 칩은 방사선과 고에너지 입자 등 극한 환경을 고려해 별도로 설계된다.

튜링상(Turing Award) ▼

"미국 컴퓨터학회(ACM)가 3월 18일 캐나다 몬트리올대 질 브라사르 교수와 미국 IBM리서치의 찰스 H. 베넷 IBM펠로우를 2025년 A.M. 튜링상 공동 수상자로 선정했다고 밝혔다. ACM은 두 사람이 「양자정보과학의 기초를 세우고, 안전한 통신과 컴퓨팅을 바꾸는 데 핵심적인 역할을 했다」고 밝혔다."

미국 계산기학회에서 컴퓨터 과학에 중요한 업적을 남긴 사람들에게 1966년부터 매년 수여하는 상으로, 수학자이자 암호학자인 앨런 튜링(Alan Turing, 1912~1954)을 기리기 위해 제정돼 「컴퓨터 과학의 노벨상」이라고 불린다. 초기에는 인텔이 후원하다가 2007년부터 구글이

스폰서 역할을 하고 있으며, 상금으로는 100만 달러(약 11억 원)가 수여되고 있다.

한편, 앨런 튜링은 제2차 세계대전 중 암호 해독기 폭탄을 만들어 독일군의 암호체계인 「에니그마(Enigma)」를 해독했는데, 이 암호 해독기 시스템은 현대 컴퓨터 과학의 시초가 되었다.

파킨슨병(Parkinson's disease) ▼

"광주과학기술원(GIST)이 의생명공학과 오창명 교수 연구팀이 뇌세포 내 지방 성분인 세라마이드의 생성을 억제해 파킨슨병 진행을 완화할 수 있다는 연구 결과를 발표했다고 3월 23일 밝혔다. 해당 연구 결과는 네이처 계열 국제학술지 《npj Parkinson's Disease》에 지난 1월 21일 온라인 게재됐다."

영국의 의사 제임스 파킨슨이 1817년 처음으로 보고하면서 명명된 질환으로, 대개 손발 떨림부터 시작돼 점차 전신의 수의(隨義)운동이 불가능해지는 질환이다. 이는 중뇌 흑질 부위의 신경전달물질인 도파민의 분비가 감소되면서 뇌세포가 점점 괴사하는 질병인데, 어떠한 원인으로 흑색질의 신경세포가 파괴되는지는 아직 밝혀지지 않았다. 파킨슨병은 대표적 노인성 신경계 질환으로, 발병 연령은 50세 이상에서 70대 중반에서 가장 많다. 또 정확한 통계 자료는 없으나 인구 1000명당 1명 정도의 비율로 발병한다고 알려져 있다. 파킨슨병은 발병 초기에는 근경직, 운동완서(동작이 느려지는 증상), 진전(무의식적으로 일어나는 근육의 불규칙한 운동) 등이 나타난다.

헌법 기반 AI(Constitutional AI) ▼

인공지능(AI)이 명시적인 원칙(헌법)을 기준으로 스스로 행동을 평가하고 수정하도록 하는 학습 방식을 말한다. 즉, 일반적인 AI가 사람의 평가로 학습하는 반면, 헌법 기반 AI는 AI 스스로 규칙을 기준으로 답변을 검토하고 수정하도록 해 더욱 안전하고 신뢰 있는 대화가 가능하다는 특징이 있다. 헌법 기반 AI는 AI 발전 속도가 급격해지면서 대두된 개념으로, 초기 대형 언어모델의 일반적인 「RLHF(Reinforcement Learning from Human Feedback)」 방식의 문제점이 거론되면서 본격화됐다. RLHF는 사람이 AI의 답변을 평가하는데, 인간 평가 비용이 매우 큰 데다 평가 기준이 사람마다 달라 일관성이 부족하다는 단점을 노출했다. 그러나 헌법 기반 AI는 우선 AI에게 윤리원칙 목록을 제공하는 데서 시작하며, 이후 AI가 이를 스스로 평가하고 문제가 있을 경우 스스로 답을 다시 작성하는 단계로 이어진다. 헌법 기반 AI는 인간 평가자 없이도 대규모 학습이 가능하며, 사람보다 일관된 규칙을 적용하며, 이를 통해 유해 콘텐츠 생성이 감소돼 안전성을 향상시킬 수 있다는 장점이 있다. 하지만 누가 헌법을 만드느냐에 따라 헌법 자체가 편향될 수 있으며, AI가 자신의 답을 잘못 평가할 가능성이 존재한다는 한계도 있다.

시사인물

1969.　출생
1987.　이란혁명수비대 입대
1989.　「호자톨에슬람」 직급 성직자
2026. 3.　이란 제3대 최고지도자 선출

🔺 사진 출처: 위키피디아

🔴 모즈타바 하메네이(Mojtaba Khamenei)

미국과 이스라엘의 공습으로 사망한 아야톨라 알리 하메네이(이란의 2대 최고지도자)의 뒤를 이은 3대 최고지도자(56)로, 하메네이의 차남이다.

1969년 이란 마슈하드에서 하마네이의 여섯 자녀 중 둘째 아들로 태어났으며, 1987년 이란혁명수비대(IRGC)에 입대했다. 이후 1988년까지 이어진 이란·이라크 전쟁 말기까지 복무했으며, 1989년 부친 하메네이가 아야톨라 루홀라 호메이니의 뒤를 이어 최고지도자에 오르자 이란 중부 종교도시 곰(Qom)에서 성직자 교육을 받고 「호자톨에슬람」 직급의 성직자가 됐다. 그는 하메네이 생전에 공식적인 직책을 맡지 않았으나, 이란 정보·보안기관 내 핵심 인사들과 수십 년간 교류하면서 막후에서 영향력을 행사한 것으로 알려져 있다. 대표적으로 2005년 강경 보수 성향의 마무드 아마디네자드의 대선 승리 때 모즈타바가 선거 과정 전반을 설계한 배후 인물이라는 의혹이 일었다. 여기에 미국 재무부는 2019년 알리 하메네이가 자신의 일부 권한을 모즈타바에게 위임했으며, 모즈타바가 혁명수비대 쿠드스부대 사령관 및 바시즈 민병대와 긴밀히 협력해 지역 불안정화를 추진했다며 제재를 가하기도 했다.

한편, 알리 하메네이가 2월 28일 미국의 공습으로 사망한 이후 이란 전문가회의는 3월 9일 모즈타바 하메네이를 이란의 새로운 최고지도자로 선출했다. 다만 모즈타바의 선출을 두고 1979년 이슬람혁명 당시 세습 군주제 폐지를 목표로 내걸었던 신정일치 세력이 최고지도자의 부자(父子) 세습을 허용했다는 비판이 제기되기도 했다. 그러나 미국과 이스라엘의 공습으로 이란 내 강경파들이 결집한 데다, 모즈타바가 이번 공습에서 부모·부인·자녀 등을 잃으며 「순교자 가족」이라는 이미지가 부각된 것이 정치적 정당성을 부여하고 있다는 분석도 나온다.

이란 최고지도자　이란은 통치권을 행사하는 최고지도자 아래 대통령 중심의 행정부, 입법부, 사법부가 3권 분립의 형태를 취하고 있다. 따라서 최고지도자는 국가 최고 통치권자로서 절대 권력을 행사한다. 임기는 종신직으로, 사망이나 직무이행 불능 시 국가지도자운영회의가 후임자를 선출한다.

⬤ 아야톨라 알리 하메네이(Ayatollah Ali Khamenei)

1939~2026. 신정(神政)일치 국가인 이란을 37년간 철권통치한 제2대 최고지도자로, 2월 28일 미국과 이스라엘의 공습으로 사망했다. 향년 87세.
1939년 7월 17일 이란의 성지인 마슈하드에서 태어났으며, 1958년 시아파 성지인 곰으로 이주해 호메이니에게서 신학을 배우며 정치활동을 시작했다. 그는 당시 팔레비 왕조에 반대하다 여러 차례 체포·추방됐으며, 1978년 호메이니와 함께 이란 이슬람혁명을 일으켰다. 그리고 이듬해인 1979년 팔레비 왕조를 전복시킨 뒤 이슬람공화국을 수립하는 데 성공했다. 이후 호메이니가 초대 최고지도자에 오른 뒤 국방차관으로 공직에 입문해 이슬람혁명수비대(IRGC)를 감독하는 역을 맡았다. 그리고 1980년에는 이란에서 가장 권위 있는 테헤란 금요예배 인도자로 지명됐으며, 1981년에는 대통령에 당선돼 8년간 대통령직을 역임했다. 그러다 1989년 호메이니가 세상을 떠나면서 후계자였던 하메네이가 2대 최고지도자로 선출됐다.
그는 신정체제 수호를 위해 창설된 최고지도자 직속의 군사조직인 IRGC를 통해 반대파를 숙청하며 권력 기반을 다졌다. 대외적으로는 필요에 따라 실용적 태도를 보였는데, 대표적으로 2015년 버락 오바마 미 정부와 합의한 이란핵합의(JCPOA)에 대해서는 회의적 입장을 유지하면서도 이행 자체를 저지하지는 않았다. 그러나 대내적으로는 엄격한 이슬람 율법에 기반해 여성·동성애자·종교적 소수자 등을 탄압했고, 2000년대 들어 지속적으로 이어진 반정부 시위에 강경 진압으로 일관하며 비판을 받았다. 특히 2025년 말 경제난에 지친 테헤란 상인들의 반발로 시작된 대규모 반정부 시위를 강경 진압하며 위기에 처하기도 했다. 무엇보다 미국은 해당 시위에 군사개입을 시사하며 핵협상 재개를 종용했으며, 2월 28일에는 이스라엘과 함께 이란을 공습해 하메네이를 제거했다.

⬤ 리오넬 조스팽(Lionel Jospin)

1937~2026. 자크 시라크 전 프랑스 대통령 시절 동거정부를 운영한 사회당 출신의 전 총리로, 3월 22일 별세했다. 향년 88세.
1937년 태어난 그는 프랑스 정치인의 엘리트 코스로 꼽히는 국립행정학교(ENA)를 나온 뒤 외교관으로 공직 생활을 시작했다. 이후 1971년 사회당에 입당했으며, 1981년 미테랑 정부가 출범하자 그해 총선에서 당선되면서 주목을 받기 시작했다. 이후 1988년 미테랑 전 대통령이 재선에 성공한 뒤 교육부 장관으로 임명돼 1992년까지 재임했다. 그리고 1995년 사회당 후보로 대선에 처음 출마했으나, 자크 시라크 전 대통령에게 패배했다. 이후 사회당 대표로 복귀한 그는 사회당과 공산당, 녹색당을 아우르는 좌파연합을 구축했으며, 1997년 조기 총선에서 승리하면서 좌파가 다수인 의회의 총리가 됐다. 이로써 프랑스에서는 우파인 시라크 대통령과 좌파인 조스팽 총리가 이끄는 좌우 동거정부가 탄생했다. 그는 총리 재임 중 정통 좌파의 가치를 고수하면서도 실용주의적 개혁을 단행했다. 대표적으로 주 39시간이던 법정 근로시간을 35시간으로 단축하고, 저소득층도 의료 혜택을 받을 수 있는 보편적 의료보장제도를 도입했다. 또 결혼하지 않은 커플(이성·동성 포함)에게도 법률적 혼인관계에 준하는 권리와 의무를 부여하는 「시민연대협약(PACS)」 법안을 통과시키기도 했다. 이후 2002년 대선에 다시 도전한 그는 1차 투표에서 극우 후보인 장 마리 르펜에게 밀려 3위로 탈락하는 충격적인 결과를 맞았고, 이 일을 계기로 정계 은퇴를 선언했다.
한편, 고인은 총리 재임 시기였던 2000년 김대중 당시 대통령이 프랑스를 국빈방문했을 때, 1866년 병인양요 때 프랑스군이 가져간 「외규장각 의궤」를 한국에 반환하는 문제를 논의하기도 했다. 이 외규장각 의궤는 이후 협의를 거쳐 2011년에 장기임대 형식으로 한국에 돌아온 바 있다.

🟠 미셸 박 스틸(Michelle Park Steel)

주한 미국대사 후보 지명자로, 한국명은 박은주(70). 도널드 트럼프 미국 대통령이 4월 13일 2기 행정부 첫 주한 미국대사 후보로 한국계 정치인 미셸 박 스틸 전 연방 하원의원을 지명했다. 스틸 지명자가 상원 인사청문회와 인준 절차를 통과한 뒤 정식 임명되면 지난해 1월 이임한 필립 골드버그 전 대사 이후 1년 넘게 이어진 주한 미국대사 공백을 메우게 된다. 아울러 성 김 전 대사(2011~2014년) 이후 두 번째 한국계 주한 미국대사가 된다.

1955년 서울에서 태어나 청소년기를 일본에서 보낸 뒤 1970년대 중반 가족과 함께 미국으로 이주했다. 스틸 지명자의 부모는 한국전쟁 당시 북한을 탈출한 실향민이다. 이후 캘리포니아주 페퍼다인대를 졸업하고 서던캘리포니아대(USC) 경영대학원에서 MBA 학위를 받았다. 그러다 2006년 캘리포니아 조세형평위원회 위원 선거에 당선됐으며, 오렌지카운티 슈퍼바이저(행정 책임자) 등을 역임한 후 2021년부터 4년간 연방 하원의원을 지냈다. 의정 활동에서는 2023년 초당적 기구 「미·중 전략경쟁 특별위원회」에 참여하는 등 중국에 대한 강경 노선을 견지했으며, 중국 내 탈북자 인권 개선을 위한 결의안 발의에도 참여했다. 또 한국 관련 현안에서는 일본군 위안부 역사왜곡 문제 대응, 한국에 대한 코로나 백신 공급 확대 촉구를 위한 법안을 발의한 바 있다.

🟠 위르겐 하버마스(Jurgen Habermas)

1929~2026. 「공론장」 개념 등을 제시한 독일 출신의 세계적인 철학자이자 사회학자로, 3월 14일 별세했다. 향년 96세.

1929년 독일 뒤셀도르프에서 태어났으며, 1949년 괴팅겐대에서 철학을 전공한 뒤 취리히대와 본대 등에서 철학·심리학·독일문학·경제학을 두루 공부했다. 그는 프랑크푸르트학파의 대표적 1세대 학자인 테오도어 아도르노(1903~1969) 아래에서 연구했으며, 스승의 비판 이론을 비판적으로 계승하며 「의사소통 합리성」, 「공론장」 개념 등을 발전시켰다. 그는 1961년 《공론장의 구조변동》이라는 저서를 출간했는데, 이는 민주사회에서 여론 및 공론장의 발전과 중요성을 탐구한 기념비적 연구다. 이후 1981년 발표한 《의사소통 행위 이론》에서는 인간 사회가 정치적 또는 경제적 힘이 아니라 합리적인 대화능력에 의해 유지된다고 주장했는데, 이러한 이론은 나치 체제 붕괴 이후 처음으로 자유로운 정치 토론을 접한 서독 사회에 큰 반향을 일으켰다. 여기에 고인은 학문적 연구에 머무르지 않고 공적 논쟁에 적극적으로 참여한 지식인이기도 했다. 대표적으로 1980년대 일부 역사학자들이 홀로코스트를 유럽의 전쟁과 폭력이라는 맥락 속에서 이해해야 한다고 주장하며 논쟁을 일으켰을 때, 하버마스는 역사적 과오를 직시하고 반성하는 「과거사 청산」을 국가 정체성의 핵심으로 삼아야 한다고 역설했다.

한편, 1990년대 국내 학계에서도 하버마스의 학문은 큰 인기를 끌었는데, 1996년 4월 그의 방한 때는 강연과 학술 행사마다 수천 명의 청중이 몰려들기도 했다. 특히 하버마스는 자신의 제자였던 송두율 독일 뮌스터대학 교수가 2003년 국가보안법 위반 혐의로 구속기소되자 서울지방법원(현 서울중앙지방법원)에 송 교수 석방을 위한 탄원서를 보내는 등 구명운동에 앞장서기도 했다.

🟠 이근안(李根安)

1938~2026. 군사독재 시기 학생과 재야인사 등 민주화 운동가들을 악랄하게 고문하면서 「고문기술자」로 불린 전 경기경찰청 공안분실장으로, 3월 25일 88세를 일기로 세상을 떠났다.

1970년 순경으로 경찰에 입문한 그는 대부분 대공 분야에만 근무한 공안통이었다. 경찰 재직기간 매번 특진으로 고속 승진했고 재직 시기 모두 16차례의 표창을 받았는데, 이 중에는 「간첩 검거 유공」이 4회나 포함됐다. 그는 군사독재 시기 학생과 재야인사 등의 민주화 운동가들을 악랄하게 고문하면서 「고문기술자」로 불렸다. 특히 1979년 남민전 사건, 1981년 전노련 사건, 1985년 12월 납북어부 김성학 간첩조작사건, 1986년 반제동맹사건과 관련한 피의자를 고문했으며, 1988년 12월 24일부터는 김근태 전 민청련 의장을 고문한 혐의로 수배를 받았다. 그가 관여한 공안사건 가운데 일부는 이후 재심에서 조작 정황이 인정되며 무죄가 선고되기도 했다. 이근안은 12년째 검경의 수배를 피해 도피하다가 1999년 10월 검찰에 자수했으며, 2000년 9월 징역 7년에 자격정지 7년의 대법원 판결을 받았다. 이후 여주교도소에서 수감생활을 하다가 2006년 만기출소했으며, 2008년 목사가 됐으나 이 씨가 소속된 교단은 2011년 1월 그의 목사직을 박탈했다.

한편, 2012년 11월 개봉된 영화 〈남영동 1985〉는 군사독재 시절 남영동 대공분실에서 벌어진 22일간의 기록을 담은 실화로, 고(故) 김근태 의원의 자전적 수기를 바탕으로 정지영 감독이 영화화한 작품이다.

🔲 신현송(申鉉松)

신임 한국은행 총재(67). 이재명 대통령이 4월 20일 여야 합의로 인사청문 경과보고서가 채택된 신현송 한국은행 총재 후보자에 대한 임명안을 재가했다고 강유정 수석대변인이 밝혔다. 이에 신현송 총재는 4월 21일 취임하며 4년 임기를 시작했다.

1959년 대구 출생인 신 후보자는 영국 옥스퍼드대학에서 정치경제학·철학(PPE)을 전공했으며 같은 대학에서 경제학 석사와 박사 학위를 받았다. 이후 미국 프린스턴대학교 경제학과 교수, 국제통화기금(IMF) 상주학자, 뉴욕 연방준비은행 금융자문위원 등을 역임했다. 이명박 정부 시절에는 청와대 국제경제보좌관을 맡았고, 2014년부터는 국제결제은행(BIS) 경제보좌관 겸 통화경제국장으로 재직해 오고 있다. 특히 신 후보는 지난 2005년 잭슨홀 미팅과 2006년 IMF 연차총회에서 글로벌 금융위기를 예측한 것으로 명성이 높다.

🔲 서명숙(徐明淑)

1957~2026. 제주올레길을 개척해 걷기 열풍을 일으킨 사단법인 제주올레 이사장으로, 4월 7일 별세했다. 향년 68세.

1957년 10월 23일 제주 서귀포에서 태어났으며, 고려대학교 교육학과를 졸업한 뒤 1985년 월간지 〈마당〉 기자로 언론인 생활을 시작했다. 1989년 〈시사저널〉 창간 멤버로 입사해 편집장을 지냈으며, 2005~2006년에는 오마이뉴스 편집국장을 역임했다. 그러다 2006년 기자직을 내려놓고 떠난 스페인 산티아고 순례길에서 영감을 얻은 그녀는 고향 제주로 돌아와 「놀멍 쉬멍 걸으멍(놀며 쉬며 걸으며)」 즐기는 길인 제주올레를 만들기 시작했다. 그 결과 2007년 9월 서귀포시 시흥리에서 광치기해변까지 이어지는 제주올레 1코스가 개장된 이래 2022년 27번째 코스인 18-2코스가 개장되며, 437km 길이의 제주올레 27개 코스가 완성됐다. 제주올레 길은 국내에 도보여행·생태여행 문화를 확산시킨 대표 사례로 꼽히는데, 특히 제주의 자연과 문화유산을 지키면서 지역 공동체가 함께 성장할 수 있는 지속가능한 관광 모델을 보여줬다는 평가를 받았다. 고인은 이러한 공로를 인정받아 2013년 사회혁신가에게 주어지는 「아쇼카 펠로우」에 선정됐으며, 2017년에는 「국민훈장 동백장」을 받았다.

제주 올레길에서 「올레」는 큰길에서 집앞까지 이어진 골목길을 뜻하는 제주방언이다. 이곳은 걷기여행이라는 새로운 여행 트렌드를 이끌면서 전국적으로 도보여행길 조성 열풍을 일으킨 바 있다.

128

🔶 비루테 갈디카스(Birute Galdikas)

1946~2026. 오랑우탄 보호와 연구에 평생을 헌신한 캐나다의 과학자로 3월 24일 별세했다. 향년 79세.

리투아니아계 캐나다인인 갈디카스는 브리티시컬럼비아대를 거쳐 미국 로스앤젤레스 캘리포니아대(UCLA)에서 동물학 학사와 인류학 석사 학위를 받았다. 이후 1971년 인도네시아 보르네오섬 중부 칼리만탄의 「탄중 푸틴 국립공원」에서 오랑우탄 생태계 연구를 시작한 이래 약 55년 동안 오랑우탄과 열대우림 서식지를 연구·보전하는데 힘을 기울였다. 그녀의 행동 및 생태 연구는 단일 종에 대한 역사상 가장 오랜 기간 단독으로 진행된 연구였다. 특히 갈디카스의 연구 가운데 가장 잘 알려진 업적 중 하나는 오랑우탄의 출산 간격이 평균 7.7년으로 매우 길다는 점을 밝힌 것이다. 또한 고인은 인도네시아 최초로 대규모 장기 오랑우탄 재활 프로그램을 시작해, 450여 마리의 오랑우탄을 야생으로 되돌려 보내기도 했다. 아울러 1986년에는 국제오랑우탄재단을 설립했고, 인도네시아 정부의 자문관으로 위촉돼 오랑우탄 보호정책 수립·실행에도 관여했다. 이에 고인은 생전 저명한 침팬지 연구자였던 세계적 동물학자 제인 구달(1934~2025), 「고릴라의 친구」로 불렸던 다이앤 포시(1932~1985)와 함께 여성 유인원 연구자 삼총사로 명성을 떨쳤다.

🔶 척 노리스(Chuck Norris)

1940~2026. 영화 〈델타 포스〉, 〈대특명〉 시리즈 등으로 잘 알려진 미국 할리우드 액션 배우로, 3월 19일 별세했다. 향년 86세.

1940년 3월 10일 미국 오클라호마주에서 태어났으며, 1958년 미 공군에 입대해 한국에 주둔할 때 당수도를 접했다. 1962년 전역한 뒤 세계 가라데대회에서 6번 우승한 그는 무술 도장을 차렸고, 프리실라 프레슬리·스티브 맥퀸 등에게 무술을 가르치며 「스타들의 트레이너」로 명성을 얻었다. 특히 1972년에는 영화 〈맹룡과 강〉에 브루스 리(李小龍·이소룡)와 일대일 대결을 펼치는 상대로 등장해 대중의 주목을 받았다. 그리고 1980년대에는 〈델타 포스〉, 〈대특명〉 시리즈, 〈매트 헌터〉 등의 주연을 맡으며 액션 스타로 부상했다. 또 1993년부터 2001년까지 CBS에서 방영된 드라마 〈워커, 텍사스 레인저〉 시리즈에서는 정의로운 법 집행관인 코델 워커 경사 역을 맡아 특유의 회전 발차기로 화제를 모았다. 그는 2000년대에도 〈익스펜더블 2〉(2012), 〈피구의 제왕〉(2004) 등에 출연하며 건재함을 과시했다. 여기에 그의 터프가이 이미지를 과장해 풍자하는 「척 노리스의 진실(Chuck Norris facts)」이라는 밈이 부상하면서 인기를 얻기도 했다. 한편, 고인은 생전 보수적 정치 성향과 기독교 신앙을 공개적으로 밝혀왔으며, 특히 전미총기협회(NRA) 활동에도 참여하는 등 대표적 총기 소지 권리 옹호자로 활동하기도 했다.

🔶 셀린 디온(Celine Dion)

캐나다의 싱어송라이터(58). 희귀질환으로 활동을 중단했던 세계적인 팝스타 셀린 디온이 9~10월 프랑스 파리 라데팡스 아레나에서 열리는 대형 콘서트로 복귀할 전망이다. 이는 마지막 단독 공연이었던 2020년 미국 뉴욕 투어 이후 6년 만이다.

1968년 3월 30일 캐나다 퀘백주에서 태어났으며, 13세이던 1981년 첫 공식 앨범을 발매하며 데뷔했다. 이듬해인 1982년에는 「도쿄 야마하 월드 송 페스티벌」에 참가해 14세의 나이로 금상을 수상하며 국제 무대에서 주목받기 시작했다. 이후 프랑스권에서 활동하며 음악적 기반을 다진 그녀는 1990년 인터내셔널 데뷔앨범 〈Unison〉을 발표하며 영어권 시장에 성공적으로 진출했다. 이후 1990년대 중반 발표한 〈Falling into You〉, 〈Let's Talk About Love〉 등이 연이어 큰 성공을 거뒀고, 이에 휘트니 휴스턴·머라이어 캐리와 함께 「3대 디바」로 불리며 세계적인 인기를 구가했다. 특히 1997년 영화 〈타이타닉〉의 주제가인 〈My Heart will Go On〉을 발매해 빌보드 싱글차트 1위를 기록한 것은 물론 아카데미 주제가상과 그래미상을 수상하며 명성을 더욱 공고히 했다. 그녀는 이러한 음악적 성취를 바탕으로 영국에서 싱글 200만 장 이상의 판매 기록을 보유한 여성 아티스트 가운데 한 명으로 이름을 올렸으며, 전 세계적으로는 2억 장 이상의 판매고를 기록했다. 그러나 2022년 희귀 신경질환인 「강직인간증후군(SPS)」 진단을 받고 활동을 중단했다. 이후 긴 공백을 깨고 2024년 7월 파리 하계올림픽 개회식에서 프랑스의 전설적인 가수 에디트 피아프(1915~1063)의 〈사랑의 찬가〉을 열창하며 화제를 모았다.

🔸 진은숙(陳銀淑)

작곡가이자 통영국제음악제 예술감독(65). 3월 18일 스페인 BBVA 재단에 따르면 작곡가 진은숙이 한국인 최초로 「지식 프린터어상(Frontier of Knowledge Award)」 가운데 음악·오페라 부문 수상자로 선정됐다.
1961년 서울에서 태어났으며, 서울대와 독일 함부르크 음대에서 작곡을 전공했다. 이후 베를린 도이체 심포니 오케스트라의 상임작곡가 시절 작곡한 〈바이올린 협주곡〉(2002)으로 음악계의 노벨상이라 불리는 「그로마이어」 작곡가상을 2004년에 수상하며 최고의 작곡가 반열에 올랐다. 2006년부터 2017년까지는 서울시립교향악단에서 상임작곡가 겸 공연기획자문으로 지내면서 〈아르스 노바〉 공연을 기획해 한국 현대음악의 대중화에 기여했다. 2017년에는 작곡 분야에서 최고 권위로 알려진 핀란드 「비후리 시벨리우스 음악상(Wihuri Sibelius

Prize)」을 아시아 최초로 수상했다. 그러다 2018년 12년 만에 서울시향을 떠난 뒤에는 창작 활동에 몰두했으며, 2022년부터는 윤이상을 기리는 통영국제음악제의 음악감독을 맡았다. 이후 2024년에는 세계적 작곡가로서의 명성을 인정받아 아시아인 최초로 「에른스트폰 지멘스상」 수상자로 선정됐다. 이 외에도 ▷아놀드 쇤베르크상(2005) ▷모나코 피에르대공 작곡상(2010) ▷크라비스 음악상(2018) ▷바흐 음악상(2019) ▷레오니소닝 음악상(2021) 등 음악계의 주요한 상들을 수상했다.

> **지식 프런티어상(Frontier of Knowledge Award)** 스페인 금융그룹 BBVA의 비영리재단이 스페인 국립연구위원회(CSIC)와 함께 운영하는 상으로, 2008년 제정됐다. 이 상은 ▷생물학·생의학 ▷정보통신기술 ▷기후변화 및 환경과학 ▷경제학·재무·경영 ▷인문학 ▷사회과학 ▷음악·오페라에 이르기까지 총 8개 부문에서 수상자를 선정하며, 역대 수상자로는 스티븐 호킹과 노엄 촘스키(과학·인문 분야), 피에르 불레즈와 존 애덤스(음악 분야) 등이 있다.

🔸 장한나(張漢娜)

대한민국의 첼로 연주자이자 지휘자(44). 문화체육관광부가 4월 6일 예술의전당 사장에 지휘자 장한나를 임명한다고 발표했다. 이에 장한나는 1987년 예술의전당 개관 이후 첫 음악인 출신 여성이자 최연소 사장으로, 4월 24일부터 3년 임기의 예술의전당 사장으로 취임한다.
1982년 12월 23일 경기도 수원에서 태어났으며, 3살 때부터 피아노를 배우며 음악을 시작했다. 6살 때 첼로를 시작해 4년 만에 음악잡지인 〈월간음악〉이 주최한 전국 콩쿠르에서 1위를 차지했다. 1993년 2월 뉴욕 줄리아드음대에 특별 장학생으로 입학, 이듬해인 1994년 11세 나이에 로스트로포비치 국제 첼로 콩쿠르에서 최우수상을 차지하며 세계 무대에 데뷔했다. 그는 므스티슬라프 로스트로포비치(Mstislav Rostropovich), 미샤 마이스키

(Mischa Maisky), 주세페 시노폴리(Giuseppe Sinopoli) 등 여러 음악가들의 전폭적인 후원을 받았다. 여기에 베를린필하모닉, 뉴욕필하모닉, 런던심포니 등 세계 정상급 오케스트라와 협연하며 예술적 역량을 인정받았다. 2002년에는 하버드대학교에 입학해 문학과 철학을 전공했고, 2003년에는 영국 그라모폰 음반상과 독일 에코 음반상을, 2004년에는 칸 클래식 음반상 협주곡 부문상을 수상했다. 이후 2007년부터 지휘자 커리어를 꾸준히 쌓은 그녀는 유럽과 북미를 중심으로 다양한 오케스트라를 지휘했으며, 국내에서는 「장한나 대전 그랜드페스티벌」(대전 예술의전당, 2024~2025년) 등을 이끌었다. 현재는 독일 함부르크심포니 수석 객원 지휘자를 맡고 있다.

🟠 장웅(張雄)

1938~2026. 북한올림픽위원회 사무총장·부위원장·아시아올림픽협의회(OCA) 부회장 등을 역임하며 남북 관계 개선에 앞장선 인물로, 3월 29일 별세했다. 향년 87세.

1938년 7월 5일 북한 평양에서 태어난 그는 18세이던 1956년부터 11년간 북한 대표팀 농구 선수로 활약했다. 은퇴 후에는 농구계에서 지도자로 활동했으며, 이후 북한올림픽위원회에서 행정가로 일했다. 영어와 일본어에 능통했던 그는 1976년 몬트리올올림픽에서 북한 선수단 통역을 맡으며, 국제 스포츠 무대에서 입지를 다지기 시작했다. 이후 1985년 북한올림픽위원회 서기장에 오른 그는 1996년 IOC 총회에서 고(故) 이건희 회장과 함께 IOC 의원으로 선출돼 약 20년간 북한을 대표하는 스포츠계 인사로 활동했다. 특히 그는 스포츠를 통해 남북 간 긴장 완화에 기여한 인물이라는 평가를 받았다. 대표적으로 1986년 남북체육회담에서 핵심 역할을 했고, 1991년 지바 세계탁구선수권대회에서는 단일팀 실무위원회 북측위원장으로서 남북 단일팀 결성에 크게 기여했다. 또 2000년 시드니 하계올림픽과 2018년 평창 동계올림픽 개회식에서 남북 공동입장을 성사시키는 데도 중요한 역할을 맡았다.

한편, 그는 스포츠를 통해 남북 긴장 완화와 교류 확대에 기여한 공로를 인정받아 2023년 10월 인도 뭄바이에서 열린 IOC 141차 총회에서 올림픽 훈장(공로장)을 수상했다.

🟠 네미시오 오세게라(Nemesio Oseguera)

세계 최대 마약 조직인 멕시코의 「할리스코 신세대 카르텔(CJNG)」의 수장이었던 인물(일명 엘 멘초(El Mencho))로, 2월 22일 멕시코군의 카르텔 소탕작전 과정에서 사살됐다. CJNG는 2009년 멕시코 최대 카르텔 시날로아에서 분리돼 급성장한 범죄 조직으로, 시날로아 카르텔과 함께 멕시코의 양대 마약 밀매 조직으로 꼽힌다.

1990년대부터 마약 밀매 활동을 벌여온 엘 멘초는 시날로아 카르텔 수장인 호아킨 구스만(엘 차포)이 체포된 후 멕시코에서 가장 강력한 마약왕으로 꼽히던 인물이다. 그는 1994년 미국 캘리포니아주 북부 연방지방법원에서 마약유통 모의 혐의로 3년을 복역했으며, 출소 후 멕시코로 돌아가 마약밀매를 지속했다. 이에 2017년 이후 미국 법원에서 여러 차례 기소됐는데, 특히 도널드 트럼프 행정부는 지난해 2월 CJNG를 테러 조직으로 지정하며 엘 멘초에 1500만 달러(약 217억 원)의 현상금을 건 바 있다. 한편, 엘 멘초 사살 후 멕시코 전역에서는 보복성 폭력이 확산하며 치안 불안이 고조됐으며, 할리스코주에는 휴교령까지 내려졌다.

한편, 할리스코주의 주도인 과달라하라는 오는 6월 한국 대표팀의 경기를 포함한 2026 북중미 월드컵 경기가 열리는 장소라는 점에서 관련 일정 차질도 예상되고 있다.

박왕열

「동남아 마약왕」으로 불리며, 살인 혐의로 필리핀에서 복역 중이던 악명 높은 인물(47)로, 3월 25일 인천국제공항을 통해 국내로 압송됐다. 박왕열은 살인 혐의로 필리핀에서 수감된 상태에서도 텔레그램을 통해 매달 300억 원대 마약을 국내에 유통한 혐의를 받고 있다.

박왕열은 1조 원대 다단계 금융사기 사건인 IDS홀딩스에서 모집책으로 활동하다 경찰 수사망에 오르자 필리핀으로 도주했다. 이후 필리핀에서 카지노 사업을 하던 그는 2016년 한국인 3명을 유인해 은신처를 제공한 뒤, 같은 해 10월 이들을 살해했다. 당시 이 사건은 국내외 언론에 대대적으로 보도됐고 그는 37일 만에 현지에서 검거됐다. 하지만 박왕열은 2017년과 2019년 두 차례 탈옥을 시도하는 등 도주와 검거를 반복하다 2022년 4월 필리핀 법원에서 단기 52년·장기 60년의 징역형을 선고받았다. 그는 도주 기간 중 텔레그램에서 「전세계」라는 닉네임으로 활동하며 「바티칸 킹덤」이라는 하부조직을 구축하고 「던지기」 수법을 통해 국내에 막대한 양의 필로폰을 유통시켰다. 이후 뉴빌리비드 교도소(NBP)에 수감된 그는 호화 수감 생활을 하면서 휴대전화를 사용해 외부와 연락하며 마약 유통을 지속한 것으로 알려졌다. 이러한 상황에서 법무부는 2017년부터 필리핀에 범죄인 인도를 청구했으나 필리핀 측은 자국 재판과 형 집행을 이유로 사실상 거절해 왔다. 그러다 이재명 대통령이 3월 3일 한국·필리핀 정상회담에서 직접 페르디난드 마르코스 주니어 필리핀 대통령에게 박왕열의 임시인도를 요청했고, 마르코스 대통령이 이에 화답하며 강제송환이 성사되기에 이르렀다. 임시인도는 해외에서 재판이나 형 집행을 받는 사람을 수사를 위해 일정 기간 넘겨받는 제도로, 국내에서 형이 확정될 경우 박왕열은 먼저 필리핀에서 남은 형기를 마친 뒤 다시 한국으로 돌아와 복역해야 한다.

패리스 하비(Pharis Harvey)

1935~2026. 1935년 미국 콜로라도주에서 태어났으며, 대학을 졸업한 뒤인 1960~1970년 일본에서 선교사로 활동하며 한국 인권 상황에 관심을 가지게 됐다. 그는 북미한인인권위원회(NACHRK)의 사무국장 등을 맡으며 5·18 민주화운동 당시 광주의 참상을 국제사회에 알리는 데 핵심 역할을 했다. 그는 사건 직후 미국인 의사를 포함한 조사팀이 파견되고 보고서를 작성하는 데 관여했고, 이를 미 국무부에 전달하며 진상 규명과 국제사회의 대응을 촉구했다. 1981년에는 미 하원 국제관계 및 인권 소위원회 청문회에 증인으로 출석해 계엄군의 유혈 진압, 삼청교육대, 노동·언론 탄압 등 한국의 인권유린 실태들을 고발했다. 또 김대중 전 대통령이 1980년 사형선고를 받았을 때는 구명운동에 앞장서기도 했다. 한편, 우리 정부는 2020년 한국 민주주의와 인권 증진에 기여한 공로로 고인에게 대통령 표창을 수여한 바 있다.

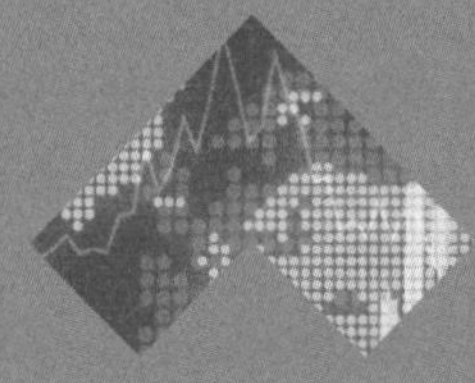

TEST ZONE

최신시사상식 239집

최신 기출문제(광명도시공사) / 실전테스트 100

한국사능력테스트 / 헷갈리는 우리말 & 띄어쓰기

광명도시공사

2026. 3. 8.

다음 물음에 알맞은 답을 고르시오. [1~20]

01 2004년 우크라이나 대통령 선거에서 여당의 부정선거를 규탄하며 일어난 시민혁명으로, 당시 시위자들이 야당을 상징하는 색깔의 옷을 입거나 깃발을 들고 시위에 참여한 데서 붙은 명칭이다. 무엇인가?

① 장미혁명
② 오렌지혁명
③ 재스민혁명
④ 벨벳혁명
⑤ 카네이션 혁명

02 희소성을 갖는 디지털 자산을 대표하는 「대체 불가능 토큰(NFT)」의 올바른 영어 표기는?

① Non-Fungible Token
② New Financial Token
③ Network File Token
④ Non-Free Token
⑤ Network Financial Token

03 타인의 심리나 상황을 교묘하게 조작해 그 사람이 스스로를 의심하게 만듦으로써 타인에 대한 지배력을 강화하는 행위를 이르는 용어는?

① 언더도그마
② 인지부조화
③ 가스라이팅
④ 그루밍 성범죄
⑤ 확증편향

04 국제기구의 영어 약자가 잘못된 것은?

① 국제에너지기구: ILO
② 세계보건기구: WHO
③ 국제상업회의소: ICC
④ 세계무역기구: WTO
⑤ 만국우편연합: UPU

05 다음 중 가장 많은 나이는?

① 耳順(이순)
② 古稀(고희)
③ 喜壽(희수)
④ 不惑(불혹)
⑤ 而立(이립)

06 〈보기〉에서 봄에 해당하는 절기를 고르면?

보기

㉠ 청명 ㉡ 망종
㉢ 처서 ㉣ 상강
㉤ 백로

① ㉠
② ㉡
③ ㉢
④ ㉣
⑤ ㉤

07 다음 중 우리나라가 본선에 진출하지 못했던 월드컵은?

① 1954년 스위스 월드컵
② 1982년 스페인 월드컵
③ 1986년 멕시코 월드컵
④ 1990년 이탈리아 월드컵
⑤ 1994년 미국 월드컵

01 ① 2003년 11월 당시 조지아(러시아명 그루지야)의 대통령이었던 에두아르트 세바르드나제를 퇴진시킨 무혈혁명
③ 2010~2011년 벤 알리 대통령의 독재 정권에 반대하며 전국적 시위로 확산된 튀니지의 민중혁명
④ 1989년 체코(당시 체코슬로바키아)의 공산정권 붕괴를 불러온 시민혁명
⑤ 1974년 4월 포르투갈 군부가 40년 넘게 이어져 온 독재 정부를 무너뜨린 혁명

02 ① NFT는 블록체인 기술을 활용하지만, 기존의 가상자산과 달리 디지털 자산에 별도의 고유한 인식 값을 부여하고 있어 상호교환이 불가능하다는 특징이 있다.

03 ① 힘이 약한 쪽을 사실관계와 별개로 더 도덕적이고 옳은 존재로 보는 사고 경향
② 신념과 행동이 불일치할 때 느끼는 불편과 이를 해소하려는 경향
④ 가해자가 피해자에게 호감을 얻거나 돈독한 관계를 만드는 등 심리적으로 지배한 뒤 성폭력을 가하는 것
⑤ 자신의 견해를 지지하는 증거만을 찾고, 반대되는 증거는 무시하거나 경시하는 인지 편향

04 ① 국제에너지기구(International Energy Agency)의 약자는 IEA이다. ILO(International Labour Organization)는 국제노동기구다.

05 ① 60세 ② 70세 ③ 77세 ④ 40세 ⑤ 30세

06 ㉠ **청명(淸明)**: 양력 4월 5일경 ㉡ **망종(芒種)**: 양력 6월 6일경(여름) ㉢ **처서(處暑)**: 양력 8월 23일경(여름)
㉣ **상강(霜降)**: 양력 10월 23일경(가을) ㉤ **백로(白露)**: 양력 9월 8일경(가을)

07 ① 대한민국 월드컵 사상 첫 본선 진출이 이뤄진 대회(2패)
③ 1무 2패로 16강 진출 실패
④ 3패로 16강 진출 실패
⑤ 2무 1패로 16강 진출 실패

1. ② 2. ① 3. ③ 4. ① 5. ③ 6. ① 7. ②

08 다음 그림의 작가는?

① 앙리 마티스
② 빈센트 반 고흐
③ 조르주 브라크
④ 피에트 몬드리안
⑤ 파블로 피카소

09 다음 중 시인과 그의 작품이 바르게 나열
된 것은?

① 서정주-향수
② 청포도-김억
③ 현해탄-이용악
④ 오감도-이상
⑤ 성북동 비둘기-김기림

10 제시된 컴퓨터 기억용량의 단위 중 가장
큰 것은?

① GB
② TB
③ PB
④ ZB
⑤ YB

11 성공한 특정 상품의 브랜드를 앞세워 전체
브랜드의 성격과 이미지를 극대화하는 매
장을 무엇이라 하는가?

① 팝업 스토어
② 앵커 스토어
③ 다크 스토어
④ 플래그십 스토어
⑤ 디스카운트 스토어

12 「음악의 아버지」와 「음악의 어머니」로 불리
는 음악가를 순서대로 바르게 나열한 것은?

① 바흐, 쇼팽
② 바흐, 헨델
③ 헨델, 베토벤
④ 헨델, 모차르트
⑤ 바흐, 모차르트

13 「크게 될 사람은 쉽게 이루어지지 않는다」
는 의미로 쓰이거나, 나이가 들어 늦게 성
공하는 경우를 뜻하는 한자성어는?

① 大器晩成
② 雪上加霜
③ 轉禍爲福
④ 苦盡甘來
⑤ 刻舟求劍

14 제2차 세계대전 이후 미국과 소련 그 어느 진영에도 가담하지 않고 비동맹 노선을 취했던 개도국들을 총칭하는 용어는?

① 제1세계
② 제2세계
③ 제3세계
④ 신흥공업국
⑤ 글로벌 사우스

15 채무불이행이 있을 경우 채무자가 지급할 것으로 미리 약정한 금전을 무엇이라 하는가?

① 보증금
② 구상권
③ 대위변제
④ 위약금
⑤ 손해배상

08 제시된 작품은 1932년에 발표된 피카소의 〈꿈〉으로, 캔버스에 유채 작품이다.

09 ④ 〈오감도〉는 이상이 1934년 발표한 시로, 난해함으로 인해 당시 문학계에 큰 충격을 일으켰으며 독자들의 강력한 항의로 연재가 중단되기도 했다.
① 〈향수〉는 정지용 ② 〈청포도〉는 이육사 ③ 〈현해탄〉은 임화 ⑤ 〈성북동 비둘기〉는 김광섭의 작품이다.

10 킬로바이트(KB)−메가바이트(MB)−기가바이트(GB)−테라바이트(TB)−페타바이트(PB)−엑사바이트(EB)−제타바이트(ZB)−요타바이트(YB)

11 ① 짧은 기간 운영하는 임시 매장
② 특정 상권을 대표하거나 대형 상가의 핵심이 되는 유명 점포
③ 고객이 주문한 상품을 도심 내 소규모 물류거점에서 배송하는 오프라인 매장
⑤ 시중가보다 제품을 저렴하게 판매하기 위해 대량으로 판매하는 유통 형태

12 바흐(Johann Sebastian Bach)는 독일의 작곡가로, 평균율을 통해 음악의 기술적 기반을 확립한 인물이다. 헨델(Georg Friedrich Händel)은 일반 시민도 즐길 수 있는 음악을 만드는 등 대중화에 기여한 음악가로, 「음악의 어머니」라 불린다.

13 ① 大器晩成(대기만성)
② 雪上加霜(설상가상) ③ 轉禍爲福(전화위복) ④ 苦盡甘來(고진감래) ⑤ 刻舟求劍(각주구검)

14 냉전 시기 세계는 ▷제1세계(자본주의 진영) ▷제2세계(공산주의 진영) ▷제3세계(두 진영에 속하지 않거나 개발이 덜된 국가)로 구분됐다.
⑤ 북반구의 저위도나 남반구에 위치한 아시아·아프리카·남미·오세아니아의 개발도상국과 신흥국들을 총칭하는 말로, 선진국을 뜻하는 「글로벌 노스」에 대비되는 개념이다.

15 ① 민법상 채무이행을 보증하기 위하여 채무자가 채권자에게 주는 금전
② 채무를 대신 변제해 준 사람이 채권자를 대신하여 채무 당사자에게 반환을 청구할 수 있는 권리
③ 채무자가 은행에 대출금을 변제하지 못할 경우 보증기관에서 채무자를 대신하여 채무를 상환하는 것
⑤ 일정한 사실에 의하여 타인에게 입힌 손해를 전보(塡補)하고 손해가 발생하지 않은 것과 똑같은 상태로 원상 복귀시키는 것

8. ⑤ 9. ④ 10. ⑤ 11. ④ 12. ② 13. ① 14. ③ 15. ④

16 다음 중 국가와 그 수도가 바르게 짝지어 지지 않은 것은?

① 베트남-하노이
② 미얀마-양곤
③ 캄보디아-프놈펜
④ 말레이시아-쿠알라룸푸르
⑤ 인도네시아-자카르타

17 재외동포 및 외국인의 한국어 사용능력을 측정·평가해 그 결과를 국내 대학 유학 및 취업 등에 활용하기 위해 치르는 시험으로, 교육부 국립국제교육원이 주관한다. 이 시험은?

① TOEIC
② JLPT
③ HSK
④ TOPIK
⑤ DELF

18 동영상 플랫폼에서 시청자의 관심을 끌기 위해 영상 내용을 대표하는 작은 미리보기 이미지로, 사용자의 영상 클릭 여부에 큰 영향을 미치는 요소는?

① 알고리즘
② 섬네일
③ 브이로그
④ 해시태그
⑤ 스트리밍

19 다음 중 「미란다 원칙」에 해당하지 않는 것은 무엇인가?

① 체포되거나 구금될 경우 진술을 거부할 권리가 있음을 고지받는다.
② 자신에게 불리한 진술을 하지 않을 권리가 있음을 고지받는다.
③ 변호인의 도움을 받을 권리가 있음을 고지받는다.
④ 경제적 사정으로 변호인을 선임할 수 없는 경우 국선변호인을 제공받을 수 있음을 고지받는다.
⑤ 경찰이 영장 없이도 피의자의 주거를 수색할 수 있음을 고지받는다.

20 「기울어진 (   )」은 사회·경제·정치 등 여러 분야에서 공정한 경쟁이나 균등한 기회가 보장되지 않고, 특정 집단이나 세력에게 유리하게 편향돼 있는 상태를 비유적으로 이르는 말이다. (   ) 안에 들어갈 말은?

① 수레
② 저울
③ 학교
④ 정거장
⑤ 운동장

16 ② 미얀마의 수도는 네피도이다. 본래 수도는 양곤이었으나, 2005년 11월 네피도로 이전하였다.

17 ① Test of English for International Communication의 약자로, 미국교육평가위원회(ETS)가 상업 및 국제적 공용어로서의 영어 숙달 정도를 측정하기 위해 개발한 시험
② Japanese Language Proficiency Test의 약자로, 일본어를 모국어로 하지 않는 사람을 대상으로 하는 국제 표준 일본어 능력 평가시험
③ 한어수평고시(Hanyu Shuiping Kaoshi)의 약자로, 중국어가 모국어가 아닌 사람의 중국어 실력을 객관적으로 평가하는 시험
⑤ 프랑스어 실력을 공식적으로 증명하는 시험으로, 프랑스 교육부 산하 France Éducation International이 운영하는 공인 인증시험

18 ① 콘텐츠 추천 및 노출 방식을 결정하는 시스템
③ 자신의 일상을 동영상으로 촬영한 영상 콘텐츠
④ 소셜네트워크서비스(SNS) 등에서 「#특정단어」 형식으로, 특정 단어에 대한 콘텐츠라는 것을 표현하는 기능
⑤ 데이터를 다운로드하지 않고 실시간으로 재생하는 방식

19 미란다 원칙에는 ▷진술거부권(묵비권) ▷진술이 법정에서 불리한 증거로 사용될 수 있음 ▷변호인의 조력을 받을 권리 ▷변호인을 선임할 수 없을 경우 국선변호인 제공 등의 내용이 포함된다.

16. ② 17. ④ 18. ② 19. ⑤ 20. ⑤

실전테스트 100

●○ **다음 물음에 알맞은 답을 고르시오. (1~70)**

01 〈보기〉는 2월 28일 미국·이스라엘의 이란 공습으로 시작된 「이란 전쟁」의 주요 전황을 정리한 것이다. ㉠~㉤ 중 잘못된 것은?

> **보기**
>
> - 레바논 남부에 근거지를 둔 이슬람 무장단체 ㉠ 헤즈볼라가 3월 1일 이스라엘 북부 도시 하이파 일대를 공격하며 이란 전쟁에 참전했다.
> - 도널드 트럼프 대통령이 3월 5일 ㉡ 쿠르드족의 이란전 개입에 대해 전적으로 찬성한다는 입장을 밝히면서 지상전 전개 우려를 높였으나, 불과 2일 만에 입장을 바꿨다.
> - 이란은 미국과 이스라엘의 공습 이후 세계 원유 수송량의 약 30%가 지나는 ㉢ 호르무즈 해협을 봉쇄한 것은 물론, 이곳에 기뢰 설치까지도 시사했다.
> - 미국이 3월 14일 이란 원유 수출의 약 90%를 처리하는 핵심 터미널이 위치해 있는 ㉣ 하르그섬의 해군 기뢰 저장시설 등 90여 개의 군사 목표물을 정밀 타격했다고 밝혔다.
> - 예멘의 친이란 무장단체 후티 반군이 3월 28일 이란 전쟁에 공식 참전하면서, 전 세계 해상 원유 수송량의 10%가 통과하는 홍해의 ㉤ 말라카 해협 봉쇄 우려도 높아졌다.

① ㉠   ② ㉡   ③ ㉢   ④ ㉣   ⑤ ㉤

02 트럼프 대통령이 3월 미주 지역 범죄 카르텔에 대한 군사적 대응을 목적으로 하는 연합체인 「미주 카르텔 대응연합」을 출범시켰다. 이를 두고 ㉠ 서반구에서 미국의 패권을 강화하고 외부의 간섭을 배제하는 대외정책 기조를 반영한 것이라는 해석이 나왔는데, ㉠에 해당하는 용어는?

① 타코(TACO)
② 마가(MAGA)
③ 트럼피즘
④ 돈로독트린
⑤ 골든돔

03 다음 밑줄 친 부분과 관련이 없는 국가는?

> 도널드 트럼프 미국 대통령이 3월 14일 트루스소셜을 통해 한국을 비롯한 5개 국을 향해 호르무즈 해협으로의 군함 파견을 사실상 요구하고 나섰다. 이는 미국·이스라엘–이란 전쟁의 장기화 가능성이 높아지는 가운데, 미국이 제3국에 군사작전 동참을 처음으로 요청한 것이다.

① 일본   ② 중국
③ 러시아   ④ 영국
⑤ 프랑스

04 핵무기를 보유한 국가가 핵을 보유하지 않은 동맹국가의 안전을 보장하는 것을 이르는 말로, 유럽은 제2차 세계대전 이후 북대서양조약기구(나토)를 통해 미국이 제공하는 (　　)에 의존해 왔다. (　　) 안에 들어갈 용어는?

① 핵친화
② 전략자산
③ 전술핵
④ 핵도미노
⑤ 핵우산

05 다음의 밑줄 친 「이 인물」은?

> 이스라엘 의회(크네세트)가 지난 3월 말 테러 혐의로 유죄 판결을 받은 팔레스타인인에게 사형을 기본 형량으로 적용하는 법안을 통과시켜 논란이 됐다. 이스라엘은 1962년 나치 전범인 <u>이 인물</u>을 교수형에 처한 이후 60년 넘게 사형을 집행한 적이 없다. 철학자 한나 아렌트의 1963년작에 나오는 문구인 「악의 평범성」은 <u>이 인물</u>과 관련한 용어로도 잘 알려져 있다.

① 아돌프 아이히만
② 요제프 괴벨스
③ 헤르만 괴링
④ 요제프 멩겔레
⑤ 하인리히 힘러

01 ⓓ 말라카 해협이 아닌 바브엘만데브 해협이다. 바브엘만데브 해협은 북쪽으로는 수에즈 운하와 연결돼 중동과 유럽·아시아를 이어주는 핵심 길목으로, 이곳이 봉쇄되면 중동 원유는 남아프리카공화국 희망봉으로 돌아가야 해 운송 기간과 운임이 급등하게 된다.

02 ① 「트럼프는 항상 겁먹고 물러선다(Trump Always Chickens Out)」의 머리글자를 딴 용어
② Make America Great Again의 약어로, 트럼프 정치를 상징하는 말이자 미국 공화당의 핵심 세력을 가리키는 말
③ 트럼프 대통령이 지난 2016년 미국 공화당 대선후보로 선출됐을 당시, 트럼프의 극단적 주장에 대중이 열광했던 현상
⑤ 트럼프 대통령이 지난해 5월 발표한 미국 본토 전체를 보호하는 우주 기반 미사일방어 체계

03 트럼프 대통령이 3월 14일 트루스소셜을 통해 한국, 일본, 중국, 영국, 프랑스 등 5개국에 이란이 사실상 봉쇄 중인 호르무즈 해협으로 군함을 보내줄 것을 요구했다. 그러나 대부분의 국가들이 잇따라 파병에 선을 긋거나 답변을 미루는 모습을 보이자 트럼프 대통령은 3월 17일 트루스소셜을 통해 강한 불만을 표출했다.

04 ⑤ 핵무기를 보유한 국가가 핵을 보유하지 않은 동맹국가의 안전을 보장하는 것이다. 핵우산은 동맹국 간 신뢰를 바탕으로, 핵을 보유하지 않은 국가가 적대국으로부터 핵무기 공격을 받을 경우 핵보유 동맹국이 그 적대국을 핵무기로 공격한다는 전제가 깔려 있다.

05 ① 독일의 나치스 친위대 대령이었던 인물로, 제2차 세계대전 중 수백만의 유대인을 학살한 혐의로 1960년 5월 이스라엘 비밀경찰에 의해 아르헨티나에서 체포됐다. 그리고 1961년 이스라엘 예루살렘에서 재판을 받고 그해 12월 사형에 처해졌다.

🎯 1. ⑤　2. ④　3. ③　4. ⑤　5. ①

06 유럽 안보를 위해 핵무기 보유량을 늘리겠다고 3월 2일 공식 발표한, 유럽연합(EU) 내 유일한 핵 보유국은?

① 영국
② 프랑스
③ 스페인
④ 독일
⑤ 이탈리아

07 국내 독자 기술로 개발한 4.5세대 전투기인 KF-21 「보라매」의 양산 1호기 출고식이 3월 25일 열렸다. 이와 관련, KF-21에 대한 설명으로 바르지 못한 것은?

① 한국은 전 세계에서 4.5세대 이상 초음속 전투기 개발에 성공한 여덟 번째 국가다.
② 김대중 전 대통령이 2001년 국산 전투기 개발을 공식 지시하면서 KF-21 개발이 시작됐다.
③ 공동 개발국인 말레이시아는 당초 KF-21 개발 비용의 20%에 해당하는 약 1조 7000억 원을 부담하기로 했다가, 6000억 원만 내기로 입장을 바꾼 바 있다.
④ 개발 과정에서 기술 이전을 약속한 미국이 입장을 바꾸면서 자체 개발로 선회했다.
⑤ 공군은 2032년까지 총 120대를 실전 배치해 노후화된 F-4, F-5 전투기를 완전 대체하는 것을 목표로 하고 있다.

08 대법관 증원, 법왜곡죄 신설, 재판소원제 도입 등 이른바 「사법개혁 3법」이 3월 12일 공포됐다. 이에 대한 내용으로 바른 것은?

① 대법관은 올해부터 3년간 매년 4명씩 순차적으로 늘려 28명으로 증원된다.
② 재판소원은 법원의 재판을 헌법재판소의 위헌법률심판 대상에 포함시키는 것이다.
③ 법왜곡죄 도입에 따라 법왜곡이 의심되는 법관 등을 수사기관에 고소·고발할 수 있다.
④ 사법개혁 3법 모두 공포 즉시 시행에 들어갔다.
⑤ 재판소원 청구기간은 확정 판결로부터 60일 이내다.

09 ㉠, ㉡에 들어갈 인물이 바르게 짝지어진 것은?

> • 이재명 대통령이 2월 23일 국빈 방한한 (㉠) 브라질 대통령과 청와대에서 정상회담을 가졌다. (㉠) 대통령의 국빈 방한은 2005년 첫 임기 당시 이후 21년 만에 이뤄진 것이다.
> • 이재명 대통령이 4월 3일 (㉡) 프랑스 대통령과 정상회담을 열고 양국 관계를 「글로벌 전략적 동반자 관계」로 격상하기로 했다. (㉡)의 방한은 2017년 취임 후 처음 이뤄진 것이다.

① ㉠: 룰라 다 시우바 ㉡: 에마뉘엘 마크롱
② ㉠: 룰라 다 시우바 ㉡: 키어 스타머
③ ㉠: 하비에르 밀레이 ㉡: 에마뉘엘 마크롱
④ ㉠: 하비에르 밀레이 ㉡: 프리드리히 메르츠
⑤ ㉠: 클라우디아 셰인바움 ㉡: 키어 스타머

10 다음은 3월 국회를 통과한 공소청과 중대범죄수사청(중수청) 설치법의 내용을 표로 정리한 것이다. ㉠~㉤ 중 잘못된 부분을 고르면?

중수청 (㉠ 행정안전부 소속)	• 기본 역할: 중대범죄 수사 • 수사 범위: ㉡ 부패, 경제, 방위사업, 마약, 국가보호(내란 및 외환죄 등), 사이버범죄 등 6대 범죄 • 인력구조: 1~9급 수사관 단일 체제
공소청 (법무부 소속)	• 기본 역할: ㉢ 기소 및 공소 유지, 특별사법경찰(특사경)에 대한 지휘·감독권 • 조직 구조: ㉣ 공소청–광역공소청–지방공소청 등 3단 구성 • 공소청의 장(長) 명칭: ㉤ 검찰총장으로 하고, 임기는 2년 단임

① ㉠ ② ㉡ ③ ㉢ ④ ㉣ ⑤ ㉤

11 국회가 3월 윤석열 정권 시절 검찰의 조작기소 의혹에 대한 국정조사 계획서를 의결했다. 국정조사는 재적의원 ( ) 이상의 요구가 있을 때 특별위원회 또는 상임위원회로 하여금 국정의 특정사안에 관한 조사를 시행하는 제도를 말한다. ( ) 안에 들어갈 내용은?

① 2분의 1 ② 3분의 1
③ 4분의 1 ④ 3분의 2
⑤ 5분의 1

12 국내 최초의 중형급(3000t) 잠수함인 장보고–Ⅲ급 1번함으로, 오는 6월 한국·캐나다 해군 연합협력훈련 참가를 위해 대한민국 잠수함 역사상 최초로 태평양을 횡단할 예정인 잠수함은?

① 도산안창호함 ② 신채호함
③ 다산정약용함 ④ 안무함
⑤ 유관순함

06 에마뉘엘 마크롱 프랑스 대통령이 3월 2일 유럽 안보를 위해 핵무기 보유량을 늘리겠다고 공식 발표했다. 프랑스는 1990년대 초까지는 핵탄두 약 540기를 보유했지만 냉전 종식 이후 자발적으로 감축해 현재는 약 290기를 갖고 있다.

07 ③ KF-21의 공동 개발국은 말레이시아가 아니라 인도네시아이다.

08 ① 현행 14명인 대법관은 2028년부터 3년간 매년 4명씩 순차적으로 늘려 26명으로 증원하게 된다.
② 재판소원은 법원의 재판을 헌재의 헌법소원심판 대상에 포함시키는 것이다.
④ 재판소원제와 법왜곡죄는 공포 즉시 시행됐다. 다만 대법관 증원법의 경우 공포 후 2년이 지나 시행되므로, 2028년 3월부터 3년에 걸쳐 이뤄지게 된다.
⑤ 재판소원 청구기간은 확정 판결로부터 30일 이내다.

10 ㉢ 공소청 검사의 직무는 ▷공소 제기 여부 결정 및 그 유지 ▷영장 청구 ▷범죄 수사에 관한 사법경찰관리와의 협의·지원 등으로 규정됐으며, 그 외의 경우에는 법률에 따라 정하도록 명시했다.

12 ② 장보고–Ⅲ급 2번함 ③ 정조대왕급(이지스구축함) 2번함 ④ 장보고–Ⅲ급 3번함 ⑤ 214급(1800t급) 잠수함

6. ② 7. ③ 8. ③ 9. ① 10. ③ 11. ③ 12. ①

13 6·3 지방선거에서 첫 통합단체장을 선출해 40년 만에 통합특별시로 출범하게 될 지방자치단체는?

① 충남·대전 ② 전남·광주
③ 대구·경북 ④ 부산·경남
⑤ 충북·청주

14 다음 제시된 내용과 관련된 용어는?

> 효율성을 높이지만 이곳이 막힐 경우 모든 물자 이동이나 네트워크 교류가 마비될 수 있는 취약 지점을 말한다. 이는 글로벌 공급망이나 에너지 안보와 함께 많이 거론되는 개념이기도 한데, 에너지 분야에서는 ▷호르무즈 해협 ▷말라카 해협 ▷수에즈 운하 ▷바브엘만데브 해협 등이 대표적으로 꼽힌다.

① 멜팅포인트 ② 매치포인트
③ 티핑포인트 ④ 초크포인트
⑤ 서핑포인트

15 국민의힘을 제외한 여야 6당과 우원식 국회의장이 6월 지방선거와 동시에 국민투표에 부치기 위한 개헌안을 발의했다. 해당 개헌안에 따르면 현재 헌법 전문의 4·19 민주이념 계승에 두 민주화운동이 추가되는데, 이를 〈보기〉에서 고르면?

보기
㉠ 부마민주항쟁
㉡ 6·10 민주항쟁
㉢ 3·15 의거
㉣ 5·18 민주화운동

① ㉠, ㉡ ② ㉡, ㉢
③ ㉠, ㉣ ④ ㉡, ㉣
⑤ ㉢, ㉣

16 다음 헌법 개정 절차에서 틀린 것은?

① 대통령은 발의된 헌법개정안에 대해 20일 이상 공고해야 한다.
② 국회는 개정안이 공고된 날로부터 60일 이내에 의결해야 한다.
③ 개헌안 의결 정족수는 재적의원의 과반수 찬성이다.
④ 국회에서 찬성으로 의결할 경우 30일 이내에 국민투표에 부쳐야 한다.
⑤ 국회의원 선거권자 과반수의 투표와 투표자 과반수의 찬성을 얻으면 헌법 개정이 확정된다.

17 ㉠, ㉡에 들어갈 숫자가 순서대로 바르게 짝지어진 것은?

> • 도널드 트럼프 미국 대통령이 미 연방대법원의 위법 판결로 중단된 상호관세 대신 전 세계에 부과하기로 한 「글로벌 관세」가 2월 24일부터 발효됐다. 이에 따라 (㉠)%의 관세율이 우선 적용됐다.
> • 트럼프 미국 행정부가 4월 2일 철강·알루미늄·구리 함량이 높은 파생제품에 대해 제품 가격 기준 (㉡)%의 관세를 일률적으로 부과하겠다고 밝혔다.

	㉠	㉡
①	10	20
②	15	20
③	10	25
④	15	25
⑤	10	15

18 미국 무역대표부(USTR)가 3월 한국·중국·일본 등 전 세계 16국에 대해 「무역법 301조(Section 301)」에 따른 조사에 착수한다고 밝혔다. 이와 관련, 무역법 301조에 대한 내용이 바르지 못한 것은?

① 미국이 세계무역기구(WTO)의 분쟁 해결 절차 등을 거치지 않고 독자적으로 보복할 수 있는 수단이다.

② 1988년 제정된 종합무역법을 근거로 한다.

③ 4년마다 재검토가 의무화돼 있지만, 미국 기업들이 관세 유지를 주장하면 연장할 수 있어 사실상 영구적으로 유지될 수 있다.

④ 관세율 상한이 없으며, 국가별·품목별로 세밀하게 조정할 수 있다.

⑤ 트럼프 대통령은 2017년 8월 지식재산권 침해 등을 이유로 중국을 대상으로 301조를 처음 발동한 바 있다.

19 한국의 아세안(ASEAN) 첫 자유무역협정(FTA) 체결국인 이 나라와의 FTA가 2006년 발효돼 올해로 20주년을 맞았다. 우리나라와 3월 2일 FTA 개선협상 개시 합의를 이룬 나라는?

① 태국
② 미얀마
③ 싱가포르
④ 인도네시아
⑤ 말레이시아

13 3월 5일 열린 국무회의에서 전라남도와 광주특별시의 행정통합을 위한 「전남광주통합특별시 설치를 위한 특별법안」이 처리되면서 오는 6월 지방선거에서 통합단체장 선출이 이뤄지게 된다.

14 ④ 말 그대로 「목을 조이는 지점」이라는 뜻으로, 효율성을 높이지만 이곳이 막힐 경우 모든 물자 이동이나 네트워크 교류가 마비될 수 있는 취약 지점을 가리킨다. 본래는 지리학이나 군사학적 관점에서 「적의 이동을 제한하고 방어를 유리하게 만드는 핵심 지형」이라는 용어로 많이 사용됐으나, 현재는 글로벌 공급망이나 에너지 안보와 함께 많이 거론되고 있다.

15 ㉠ 1979년 10월 16일부터 5일간 부산과 마산에서 박정희 유신독재에 반발하며 일어난 민주화운동
㉡ 1987년 6월 10일을 기점으로 전국적으로 벌어진 반정부 시위
㉢ 1960년 3월 15일 경남 마산시(현 창원시)에서 3·15 부정선거에 대한 항의로 일어난 시위
㉣ 1980년 5월 18~27일까지 전남도민 및 광주시민들이 계엄령 철폐와 전두환 퇴진 등을 요구하며 벌인 민주화운동

16 ③ 개헌안 의결 정족수는 재적의원 3분의 2 이상이다.

18 ② 슈퍼 301조에 대한 설명이다. 슈퍼 301조는 1989~1990년까지 2년간 한시적으로 운영됐다가 폐기됐으나, 이후 빌 클린턴 행정부가 행정명령으로 세 차례 부활시키며 강력한 통상 압박 수단으로 활용했었다.

19 이재명 대통령이 3월 2일 로렌스 웡 싱가포르 총리와 정상회담을 갖고 「한·싱가포르 자유무역협정(FTA) 개선협상 개시 합의 공동 선언문」을 발표했다. 싱가포르는 한국의 아세안(ASEAN) 첫 FTA 체결국으로, 양국 간 FTA는 2006년 발효돼 올해로 20주년을 맞았다.

---

13. ② 14. ④ 15. ③ 16. ③ 17. ③ 18. ② 19. ③

20 미국 증권거래위원회(SEC)가 3월 비트코인과 이더리움 등 주요 가상자산을 연방 증권법상 규제 대상인 증권이 아닌 「이것」으로 분류하는 유권해석을 내렸다. 이것은?

① 디지털 도구 ② 디지털 상품
③ 디지털 수집품 ④ 디지털 증권
⑤ 스테이블코인

21 (   ) 안에 들어갈 알맞은 숫자는?

> 국회가 4월 10일 중동전쟁에 따른 유가 상승 등에 대응하기 위해 정부가 제출한 26조 2000억 원 규모의 전쟁 추가경정예산(추경)안을 처리했다. 이번 추경의 핵심은 소득 하위 (   )%에게 10만~60만 원의 고유가 피해지원금을 지급하는 4조 8000억 원 규모의 사업이다. 지원금은 소득수준과 수도권 및 비수도권, 인구감소지역 여부에 따라 차등적으로 지급된다.

① 40 ② 50
③ 60 ④ 70
⑤ 80

22 4월 국회를 통과한 추경안에 따르면 중동사태로 수급이 불안해진 「이 원료」의 예산에 6743억 원이 반영됐다. 석유화학의 기초유분인 에틸렌과 프로필렌의 주원료로, 끓는점 범위가 200~300℃에 있는 유분은?

① 휘발유 ② 윤활기유
③ LPG ④ 아스팔트
⑤ 나프타

23 다음은 지난해부터 올해 2월까지 국회를 통과한 1·2·3차 상법 개정안의 주요 내용이다. 잘못된 부분은?

1차	㉠ 이사의 충실의무 대상을 「주주」로 확대 ㉡ 전자투표 상장사 도입 및 대규모 상장사 의무화
2차	㉢ 의무공개매수제도 도입 ㉣ 감사위원 분리선출 확대
3차	㉤ 자사주 취득 시 1년 내 소각 원칙

① ㉠ ② ㉡ ③ ㉢ ④ ㉣ ⑤ ㉤

24 다음의 내용과 관련이 있는 용어는?

> 사업자가 다른 사업자와 서로 짜고 물건의 가격이나 생산량 등을 조정하는 방법으로 제3의 업체에 대해 부당하게 경쟁을 제한하거나 이를 통해 부당한 이익을 챙기는 행위를 말한다. 공정거래위원회가 3월 이 행위의 적발 시 과징금으로 관련 매출액의 10% 이상을 부과하는 내용의 고시를 행정예고했다.

① 담합
② 독과점
③ 구속조건부거래
④ 리니언시
⑤ 컨소시엄

25 회사 청산 시 주주가 배당받을 수 있는 자산의 가치로, 금융위원회가 3월 자본시장 안정과 정상화 간담회에서 「이것」이 1배 미만인 기업 명단을 반기마다 공개하겠다고 밝혔다. 무엇인가?

① PBR
② PER
③ BPS
④ EPS
⑤ EBITDA

26 ㉠에 들어갈 숫자는?

> 금융위원회가 4월 17일부터 수도권·규제 지역 아파트를 보유한 다주택자의 아파트 주담대 만기 연장을 금지하는 방안을 발표했다. 다만 예외적 허용도 됐는데, 대책 시행일 전일(4월 16일)까지 이뤄지는 묵시적 갱신에는 갱신된 계약 종료 시점까지 대출 만기 연장이 허용된다. 이는 주택임대차보호법상 계약 만기 (㉠)개월 전까지 갱신 여부를 통보하지 않으면 자동 연장되는 점을 고려한 조치다.

① 1   ② 2   ③ 3   ④ 4   ⑤ 5

20 가상자산에 대한 미국 법령해석 지침안의 내용은 다음과 같다.

유형	SEC 지위	예시
디지털 상품	증권 아님	비트코인, 이더리움, 리플, 솔라나 등
디지털 수집품	증권 아님	크립토펑크, 팬토큰 등
디지털 도구	증권 아님	멤버십 토큰, 이벤트 티켓 토큰 등
스테이블코인	원칙적으로 증권 아님	달러 기반 중앙화 스테이블코인 등
디지털 증권	증권 맞음	토큰화 주식, 토큰화 채권

22 ① 원유에서 분리된 물질 중 약 30~200℃의 끓는점 범위를 갖는 혼합물
② 자동차/선박 엔진오일을 비롯한 각종 윤활유의 주원료
③ 액화석유가스
④ 원유를 증류시켰을 때 남은 찌꺼기로 얻어진 물질

23 ⓒ 의무공개매수제도 도입은 현재 추진 중에 있다. 2차 상법 개정안의 핵심은 집중투표제 의무화와 감사위원 분리선출 확대 등이다.

24 ② 특정 시장에서 점유율이 지나치게 높거나 경쟁자가 별로 없는 사업자
③ 정당한 이유 없이 사업자가 거래 상대방의 사업 활동을 부당하게 구속하는 조건을 내걸고 거래하는 행위
④ 담합 자진신고자 감면제도로, 담합행위를 스스로 신고한 기업에게 과징금을 감면이나 면제해 주는 것
⑤ 공동 목적을 위해 조직된 협회나 조합

25 ② 주가가 그 회사 1주당 수익의 몇 배가 되는가를 나타내는 지표로, 주가를 1주당 순이익(EPS)으로 나눈 것이다.
③ 주당 순자산가치. 기업의 총자산에서 부채를 빼면 기업의 순자산이 남는데, 이 순자산을 발행주식수로 나눈 수치를 말한다.
④ 기업이 벌어들인 순이익(당기순이익)을 유통되는 보통주 주식 수로 나눈 값으로, 해당 회사가 1년간 올린 수익에 대한 주주의 몫을 나타내는 지표라 할 수 있다.
⑤ 법인세·이자·감가상각비 차감 전 영업이익으로, 기업이 영업활동을 통해 벌어들이는 현금창출능력을 보여주는 수익성 지표이다.

---

20. ② 21. ④ 22. ⑤ 23. ③ 24. ① 25. ① 26. ②

27 영국 런던증권거래소(LSE) 파이낸셜타임스 스톡익스체인지(FTSE) 러셀이 발표하는 세계 3대 채권지수 중 하나로, 우리나라가 4월 1일부터 편입된 지수는 무엇인가?

① WGBI
② BBGA
③ GBI-EM
④ S&P 500
⑤ MSCI

28 법무부가 2월 23일 미국계 헤지펀드 엘리엇 매니지먼트를 상대로 한 국제투자분쟁(ISDS) 중재판정 취소소송에서 승소했다고 밝혔다. 이와 관련, 엘리엇 사건의 핵심 쟁점으로 옳은 것은?

① 외환은행 매각 과정에서의 정부 개입 문제
② 정부의 해외 투자 실패 문제
③ 삼성물산과 제일모직 합병 과정에서 국민연금공단의 의결권 행사 문제
④ 국제상설중재재판소의 절차적 오류 문제
⑤ 한미 FTA 협정 자체의 무효 여부 문제

29 3월 이란의 미사일 공격으로 액화천연가스(LNG) 생산시설이 큰 피해를 입으면서 한국 등과 맺은 LNG 장기계약에 대해 불가항력을 선언한 나라는?

① 오만
② 카타르
③ 쿠웨이트
④ 아랍에미리트
⑤ 사우디아라비아

30 기업의 영업 실적이 시장이 예상했던 것보다 높아 주가 상승에 긍정적 신호를 주는 것을 일컫는 말로, 삼성전자의 올해 1분기 영업이익이 57조 2000억 원으로 잠정 집계되면서 많이 언급된 용어다. 무엇인가?

① 펀더멘탈
② 어닝쇼크
③ 블록딜
④ 어닝 서프라이즈
⑤ 턴어라운드

31 다음 중 용어에 대한 설명이 바르지 못한 것은?

① 개인종합자산관리계좌(ISA): 국내상장 주식, 펀드, ETF, 예·적금 등 다양한 금융상품을 하나의 계좌에 모아 투자할 수 있는 절세형 계좌 상품이다.
② 비축유 스와프: 석유 수급 불안 시에 정부·국제기구가 보유한 전략 비축유를 시장에 풀어 유가를 안정시키려는 조치다.
③ 석유 최고가격제: 국내 석유제품 판매 가격이 비정상적으로 급등할 때 정부가 최고가격을 지정해 가격을 일정 수준 이상으로 올리지 못하도록 한 제도다.
④ 전속고발권: 공정거래법, 하도급법, 가맹사업법 등 공정위 소관 6개 법률위반 사건에 대해 공정위 고발이 있어야만 검찰이 재판에 넘길 수 있도록 한 제도다.
⑤ JIC(Just In Case): 돌발 변수를 대비한 조달이라는 뜻으로, 원자재와 부품 재고를 쌓아 공급망 리스크에 대비하는 생산 방식을 말한다.

32 ( ) 안에 들어갈 용어로 바른 것은?

> 한 국가의 국민이 국내외에서 벌어들인 소득을 총인구로 나눈 뒤 달러로 환산한 값을 1인당 ( )라 하는데, 이는 개별 국민의 실질적인 소득과 생활 수준을 보여주는 지표이다. 지난해 한국의 이 지표는 3만 6855달러로, 3년 만에 일본(3만 8000달러, 추정치)과 대만(4만 585달러) 모두에 역전당한 것으로 나타났다.

① GNI
② GDP
③ GNP
④ PPP
⑤ GND

33 노동자의 교섭권을 확대하는 내용 등을 담은 「노란봉투법」이 3월 10일 시행됐다. 이 가운데 노조법 3조의 경우 다수의 신설 조항을 두어 파업 노동자에 대한 손해배상 청구를 합리적으로 제한했는데, 여기에 포함되지 않는 조항은?

① 정당방위
② 동일 적용
③ 남용 금지
④ 책임 감경
⑤ 신원 보증인 면책

27 ② 블룸버그–버클레이즈 글로벌 종합지수
③ JP모건 신흥국 국채지수
⑤ 미국의 모건스탠리캐피털 인터내셔널사가 작성·발표하는 세계적인 주가지수

28 엘리엇 사건은 2015년 이재용 삼성전자 회장의 경영권 승계 과정에서 삼성물산과 제일모직의 합병 비율이 삼성물산에 불리했는데도, 주요 주주였던 정부 기관인 국민연금공단이 이에 찬성해 삼성물산 주주에게 손해를 끼쳤다는 것이 핵심이다. 당시 삼성물산 주주였던 엘리엇은 자신들의 반대에도 합병이 성사된 것에 대해 국민연금공단의 합병 찬성 의결권 행사 등을 문제 삼아 2018년 7월 한미 자유무역협정(FTA)에 근거해 ISDS를 제기했다.

29 카타르 국영 에너지 기업인 카타르에너지가 3월 24일 한국, 이탈리아, 벨기에, 중국 등과 맺은 액화천연가스(LNG) 장기계약에 대해 「불가항력(Force Majeure)」을 선언했다. 불가항력 선언은 전쟁이나 천재지변 등 통제 불가능한 사태로 계약을 정상적으로 이행할 수 없을 때, 배상 등의 법적 책임을 면하기 위해 해당 상황을 고지하는 것이다.

30 ① 한 나라의 경제 상태를 나타내는 데 가장 기초적인 자료가 되는 주요한 거시 경제 지표를 일컫는 말
② 기업이 실적을 발표할 때 시장에서 예상했던 수치보다 저조한 실적을 발표하는 것
③ 매도자와 매수자 간의 주식 대량 매매거래를 체결시켜 주는 제도
⑤ 기업 내실이 큰 폭으로 개선되며 주가가 급등, 상대적으로 높은 수익을 투자자에게 안겨주는 종목

31 ② 비축유 스와프는 정유사가 원유 대체 물량을 확보한 뒤 이를 증명하면 정부가 비축유를 먼저 빌려준 뒤, 정유사가 해외에서 확보한 대체 원유가 국내에 도착하면 같은 양을 돌려받는 방식을 말한다. 제시된 보기는 「비축유 방출」에 대한 설명이다.

32 ① Gross National Income(국민총소득)
② Gross Domestic Product(국내총생산) ③ Gross National Product(국민총생산)
④ Purchasing Power Parity(구매력평가) ⑤ Gross National Demand(국민총수요)

33 노조법 제3조에 다수의 신설 조항을 두어 파업 노동자에 대한 손해배상 청구를 합리적으로 제한했는데, 여기에는 ▷정당방위 조항 ▷남용 금지 조항 ▷책임 감경 규정 ▷신원보증인 면책 등이 포함됐다.

27. ① 28. ③ 29. ② 30. ④ 31. ② 32. ① 33. ②

실전테스트 100

34 고용노동부가 3월 25일 (　) 분야 노·정 협의체를 구성해 운영한다고 밝혔다. 이는 노란봉투법 시행 이후 노동계와 정부가 마련한 공식적인 첫 협의체인데, 해당 분야는?

① 돌봄
② 배달
③ 캐디
④ 문화예술
⑤ 고객상담

35 보건복지부가 2월 발표한 「제5차 암 관리 종합계획」에 따르면 2028년부터 45~74세 성인이라면 누구나 이상 증세가 없어도 10년마다 무료로 이 검사를 받을 수 있게 되는데, 무엇인가?

① 복부초음파
② 흉부CT
③ 흉부엑스레이
④ 대장내시경
⑤ 경동맥초음파

36 다음 (　) 안에 들어갈 숫자는?

> 국가데이터처가 3월 5일 발표한 「국민 삶의 질 2025」 보고서에 따르면 소득 불평등 수준을 보여주는 「상대적 빈곤율」이 같은 기간 0.4%p 상승해 15.3%를 기록했다. 상대적 빈곤율은 중위소득의 (　)% 미만인 계층이 전체 인구에서 차지하는 비율을 뜻한다.

① 40　　② 50
③ 60　　④ 70
⑤ 80

37 국가데이터처가 3월 발표한 「2025년 혼인·이혼 통계」에 따르면 지난해 혼인 건수는 24만 300건으로, 2018년 이후 7년 만에 최대치를 기록했다. 이는 이들 세대가 결혼 적령기인 30대 초반에 진입한 것이 주요인으로 꼽히는데, 1991~1995년생이 속하는 이 세대는?

① 2차 베이비붐 세대
② 밀레니얼 세대
③ 2차 에코붐 세대
④ 알파 세대
⑤ 파피붐 세대

38 3월 3일 우리나라 24번째 국립공원이자 대한민국 최초의 도심형 국립공원이 된 곳으로, 부산광역시 금정구·북구·동래구·기장군 일대에 걸친 산은?

① 금정산
② 주왕산
③ 봉래산
④ 승학산
⑤ 가야산

39 국회가 3월 가결한 「가습기살균제 피해구제를 위한 특별법」 개정안에 따라 기존 기후에너지환경부 소속 피해구제위원회는 (　) 소속 배상심의위원회로 개편된다. 무엇인가?

① 대통령
② 국무총리
③ 행정안전부
④ 보건복지부
⑤ 고용노동부

40 밑줄 친 ㉠은 무엇인가?

> 세계기상기구(WMO)가 3월 20일 발표한 「2025년 전 지구 기후 현황 보고서」에 ㉠ 지구가 태양으로부터 받는 에너지양과 지구가 우주로 방출하는 에너지양의 차이를 나타내는 수치인 이 지표가 처음으로 채택됐다.

① 지구 온난화지수
② 지구 자기장
③ 지구 복사열
④ 지구 열교란
⑤ 지구 에너지불균형

41 5월 12일 열리는 제79회 칸영화제 장편 경쟁부문 심사위원장에 한국인 최초로 위촉된 감독은 누구인가?

① 나홍진
② 이창동
③ 홍상수
④ 봉준호
⑤ 박찬욱

34 고용노동부가 3월 25일 보건복지부, 교육부, 성평등가족부 등 관계부처가 노동계와 「돌봄 분야 노·정협의체」를 구성하기로 하고 첫 실무회의를 열었다고 밝혔다. 이는 노란봉투법 시행 이후 정부와 노동계가 만든 첫 공식 협의체.

35 보건복지부가 2월 24일 대장암 검진 시 분변(대변) 잠혈 검사 대신 대장내시경 검사 도입을 추진하고 폐암 국가검진 대상을 확대하는 내용 등을 담은 「제5차 암 관리 종합계획」을 발표했다. 이에 따르면 대장암 조기 진단을 위해 2028년부터 국가 암검진에 대장내시경 검사를 도입해 45~74세 성인이라면 누구나 이상 증세가 없어도 10년마다 무료로 대장내시경 검사를 받을 수 있다.

37 혼인 증가는 2차 베이비붐 세대(1964~1974년 출생)의 자녀 세대인 2차 에코붐 세대(1991~1995년생)가 결혼 적령기인 30대 초반에 진입한 데다, 결혼에 대한 인식이 긍정적으로 바뀐 것 등이 이유로 꼽힌다.

38 부산 금정산이 3월 3일 국내 최초의 도심형 국립공원으로 공식 지정됐다. 이는 지난해 10월 말 국립공원위원회에서 국립공원 지정이 확정된 지 약 4개월 만이다.

39 개정안에 따르면 기존 기후에너지환경부 소속 피해구제위원회는 국무총리 소속 배상심의위원회로 개편된다. 이 밖에 개정안에는 교육지원·치료휴가·계속치료비 지원 등 피해자 지원을 강화하는 내용도 담겼다.

40 ① 이산화탄소가 지구 온난화에 미치는 영향을 기준으로 다른 온실가스가 지구 온난화에 기여하는 정도를 나타낸 것
② 지구 내부의 액체 금속(외핵) 대류로 만들어지는 자기장
③ 태양으로부터 받은 에너지가 지표면에서 흡수·반사된 뒤, 적외선 형태로 다시 방출되는 열

41 박찬욱 감독이 5월 12일 개최되는 제79회 칸영화제 장편 경쟁부문 심사위원장에 위촉됐다. 한국인이 칸영화제 심사위원장에 위촉된 것은 이번이 처음이다.

34. ① 35. ④ 36. ② 37. ③ 38. ① 39. ② 40. ⑤ 41. ⑤

42 영화 〈왕과 사는 남자〉가 3월 6일 개봉 31일 만에 1000만 관객을 돌파하며, 역대 34번째 천만 영화에 이름을 올렸다. 이와 관련, 〈보기〉에 제시된 사극 장르 영화 중 천만 관객을 동원한 작품이 바르게 묶인 것은?

> **보기**
> ㉠ 〈관상〉
> ㉡ 〈왕의 남자〉
> ㉢ 〈명량〉
> ㉣ 〈사도〉
> ㉤ 〈광해, 왕이 된 남자〉

① ㉠, ㉡, ㉢
② ㉡, ㉢, ㉤
③ ㉡, ㉢, ㉣
④ ㉡, ㉢
⑤ ㉠, ㉣

43 그룹 방탄소년단(BTS)의 정규 5집 타이틀곡 〈스윔〉이 3월 30일 미국 빌보드 「핫 100」 1위를 기록했다. 빌보드 핫100과 관련된 BTS의 기록으로 바르지 못한 것은?

① BTS는 2020년 〈다이너마이트〉로 처음 핫100에서 1위를 했다.
② BTS는 K팝 가수 최초로 빌보드 핫 100 정상에 올랐다.
③ BTS는 총 6곡의 핫100 1위곡을 보유한 그룹이다.
④ BTS 멤버 중 지민과 정국은 솔로곡으로 핫100 1위를 기록했다.
⑤ BTS의 〈버터〉는 핫100 1위 곡 중 최장 기간 정상을 지킨 곡이다.

44 다음 (　　) 안에 공통으로 들어갈 왕호는?

> 국가유산청이 3월 4일 경기 남양주 봉선사의 15세기 동종(銅鍾)을 「국보」로 지정할 예정이라고 밝혔다. 봉선사 동종은 조선 제8대 왕 예종(재위 1468~1469)이 부왕(父王) (　　)의 명복을 빌기 위해 봉선사를 세운 뒤 제작·봉안한 것이다. (　　)은/는 조선의 제7대 왕으로, 계유정난을 통해 권력을 장악하고 중앙집권을 강화했다.

① 세조　　　　② 문종
③ 중종　　　　④ 영조
⑤ 선조

45 국가유산청이 7월 부산에서 열리는 유네스코 세계유산위원회의를 앞두고, (　　) 을/를 모티프로 한 공식 엠블럼을 공개했다. 정전의 기와 지붕 곡선을 통해 전통 건축과 왕실 의례공간의 질서를 표현한 문화유산은?

① 해인사　　　　② 경복궁
③ 불국사　　　　④ 종묘
⑤ 창덕궁

46 「모두를 포용하는 도시, 함께 만들어가는 디자인(Inclusive City, Engaged Design)」 이라는 슬로건으로 2028년 세계디자인수도로 선정된 국내 도시는 어디인가?

① 서울　　　　② 대구
③ 부산　　　　④ 인천
⑤ 광주

NO. 239 최신시사상식

47 3월 18일 폐막한 제6회 월드베이스볼클래식(WBC)에서 사상 처음으로 우승한 나라는?

① 미국
② 푸에르트리코
③ 도미니카공화국
④ 쿠바
⑤ 베네수엘라

48 남자 프로배구 대한항공이 4월 10일 통산 6번째 챔피언결정전 우승을 차지한 가운데, 컵대회·정규리그·챔프전을 모두 우승한 ( )을/를 기록했다. ( ) 안에 들어갈 용어는?

① 트레블
② 사이클링 히트
③ 와이어 투 와이어
④ 헤트트릭
⑤ 퍼펙트게임

42 • 영화 〈관상〉(2013)은 913만 명, 〈사도〉(2015)는 624만 명의 관객을 동원했다.
• 영화 〈왕의 남자〉(2005)의 누적 관객 수는 1230만 명, 〈명량〉(2014)은 1761만 명, 〈광해, 왕이 된 남자〉(2012)는 1232만 명이다.

43 ③ BTS는 〈다이너마이트〉, 〈새비지 러브〉, 〈라이프 고스 온〉, 〈버터〉, 〈퍼미션 투 댄스〉, 〈마이 유니버스〉, 〈스윔〉 등 총 7곡의 핫100 1위곡을 보유하고 있다.
④ 지민은 〈라이크 크레이지〉로, 정국은 〈세븐〉으로 핫100에서 각각 1위를 차지했다.
⑤ BTS의 〈버터〉는 핫100에서 최장 기간(9주) 1위를 기록한 곡이다.

44 국가유산청이 3월 4일 경기 남양주 봉선사의 15세기 동종(銅鍾)을 국보로 승격할 예정이라고 밝혔다. 봉선사 동종은 조선 제8대 왕 예종(재위 1468~1469)이 부왕(父王) 세조(재위 1455~1468)의 명복을 빌고자 봉선사를 지은 뒤 봉안한 것이다.

45 ① 경남 합천에 있는 사찰로, 왕실 의례 공간과는 관련이 없다.
② 조선 왕조의 궁궐로, 왕과 왕비의 거처 및 정치적 공간이었다. 이는 제례 공간인 종묘와는 목적과 구조가 다르다.
③ 신라시대 사찰로, 불교 건축과 문화유산으로 유명하지만 왕실 제례 공간과는 관련이 없다.
⑤ 궁궐로서 후원과 왕실 거주 공간 중심이며, 의례 공간의 질서 표현과는 차이가 있다.

46 세계디자인기구(WDO)는 지난해 9월 영국 런던에서 총회를 열고 부산시를 2028년 세계디자인수도로 선정한 바 있다. 이는 국내 도시 중에서는 2010년 서울에 이어 두 번째다.

47 베네수엘라가 3월 18일 미국 플로리다주 마이애미 론디포파크에서 열린 2026 월드베이스볼클래식(WBC) 결승전에서 미국을 3-2로 꺾으며 사상 처음으로 대회 정상에 올랐다.

48 ① 배구나 축구 경기에서 컵대회·정규리그·챔피언결정전을 모두 우승한 것
② 야구 경기에서 투수가 무안타, 무사사구, 무실책으로 단 1명의 주자도 출루시키지 않고 승리한 것
③ 경기 내내 1등을 내주지 않고 우승한 것
④ 축구 경기에서 1명의 선수가 1경기에서 3득점한 것
⑤ 테니스에서 게임이 듀스일 경우 12포인트 중 7포인트를 먼저 획득한 자가 승리하는 경기 방식

42. ② 43. ③ 44. ① 45. ④ 46. ③ 47. ⑤ 48. ①

49 다음이 설명하는 경기는 무엇인가?

> 잉글랜드·스코틀랜드·웨일스·아일랜드·이탈리아·프랑스가 참가하는 유럽 국가대표 럭비 리그로, 매년 2월 초부터 3월 중순까지 열린다. 1883년 처음 시작된 후 프랑스(1910)와 이탈리아(2000)가 합류하면서 현재의 6개국 체제가 됐다.

① 럭비 챔피언십
② 식스 네이션스 챔피언십
③ 슈퍼 럭비
④ 유러피언컵
⑤ 럭비 월드컵

50 다음의 밑줄 친 우주선은?

> 아르테미스 2호가 4월 10일 달 탐사를 마치고 지구로 귀환하면서 1972년 12월 아폴로 17호 이후 54년 만에 처음으로 달에 다녀온 인류라는 기록을 세웠다. 또 아르테미스 2호는 이번 탐사에서 지구에서 약 40만 7000km 떨어진 지점까지 도달하며, 이 우주선이 세운 원거리 비행 기록도 경신했다.

① 보스토크 1호
② 루나 1호
③ 아폴로 13호
④ 바이킹 2호
⑤ 찬드라얀 3호

51 아르테미스 2호에는 한국의 초소형 큐브위성인 K-라드큐브도 실렸으나 양방향 교신에는 실패했다. K-라드큐브는 강한 방사선이 집중된 「이곳」을 통과하며 방사선 환경을 측정하는 임무를 맡았는데, 적도 상공을 중심으로 도넛 모양으로 지구를 감싸고 있는 것은?

① 오르트 구름　　② 카이퍼 벨트
③ 사건의 지평선　　④ 밴앨런대
⑤ 로슈한계

52 스마트폰·태블릿·노트북 같은 모바일 기기에 사용되는 저전력 D램으로, 전력 소모를 크게 줄이도록 설계된 것이다. 특히 엔비디아가 AI 가속기 플랫폼에서 CPU 메모리로 채택하면서 많은 관심을 받은 것은?

① HBF　　② SSD
③ SATA　　④ LPDDR
⑤ eMMC

53 구글이 3월 새로운 인공지능(AI) 압축 알고리즘인 「터보퀀트」를 발표하면서 메모리 수요 둔화 전망이 제기됐다. 하지만 업계에서는 ㉠ 메모리 효율 개선에 따른 비용 감소로 오히려 전체 메모리 수요는 늘어날 것이라는 분석을 내놓았는데, ㉠과 관련된 이론은?

① 기펜의 역설
② 제본스의 역설
③ 애벌린의 역설
④ 콩도르세의 역설
⑤ 이스털린의 역설

54 3월 자사를 「공급망 위험」 기업으로 지정한 미 전쟁부(국방부) 등 18개 연방기관을 상대로 소송을 제기한 미국의 인공지능(AI) 기업은?

① 오픈AI
② 구글
③ 앤트로픽
④ 엔비디아
⑤ 팔란티어

55 일본 후생노동성이 3월 세계 최초로 (   )에서 유래한 치료제를 승인했다. 이는 환자의 혈액에서 체세포를 추출한 뒤 특정 단백질 혹은 유전자를 주입해 원하는 조직으로 분화하는 방식으로 개발하는데, 무엇인가?

① 배아줄기세포
② 성체줄기세포
③ 조혈줄기세포
④ 중간엽줄기세포
⑤ 유도만능줄기세포

49 ① 남반구 4개국(뉴질랜드·호주·아르헨티나·남아프리카공화국)이 매년 참가하는 국가대표 럭비리그로, 식스 네이션스 챔피언십과 함께 양대 리그로 꼽힌다.
③ 남반구 프로 클럽팀들이 참가하는 국제 클럽 리그로, 뉴질랜드·호주·남아프리카공화국·아르헨티나·일본 등의 프로팀이 출전한다.
④ 유럽 클럽팀들이 참가하는 럭비 또는 축구 대회로, 프로클럽 단위로 경기가 진행된다.
⑤ 4년마다 열리는 국가대표팀 간 토너먼트로, 럭비에서 가장 권위 있는 국제대회다.

51 ① 태양계를 둘러싼 먼 거리의 혜성 구름
② 해왕성 바깥쪽에서 태양의 주위를 돌고 있는 작은 천체들의 집합체
③ 일반상대성 이론에서 그 너머의 관찰자와 상호작용할 수 없는 시공간 경계면
⑤ 위성이 모행성(또는 큰 천체)의 기조력에 의해 파괴되지 않고 접근할 수 있는 최소 거리

52 ① D램 대신 낸드 플래시를 수직으로 적층해 만든 차세대 메모리
② 반도체 기억 소자를 사용하여 자기 디스크 장치와 같은 접근법을 가능하게 한 기억 장치
③ 데이터 전송을 위해 메인보드에 하드디스크(HDD), SSD를 연결하는 방식
⑤ 데이터를 고속 처리하기 위해 모바일 기기에 내장하는 메모리 반도체

53 제본스의 역설(Jevons' Paradox)은 생산 효율이 좋아지면 비용이 낮아지고 그 결과 소비가 오히려 더 급증한다는 경제이론이다.
① 가격 하락에도 불구하고 수요가 감소하는 수요 법칙의 예외적 현상
③ 한 집단의 결정이 그 어떤 구성원도 원하지 않는 방향으로 이루어지는 역설적인 상황
④ 최다득표제가 유권자의 선호도를 정확하게 반영하지 못하는 현상
⑤ 소득이 일정 수준에 도달하고 기본적 욕구가 충족되면 소득이 증가해도 행복에는 큰 영향을 끼치지 않는다는 이론

55 ① 수정 후 10일 안에 배아에서 추출한, 아직 분화가 시작되지 않은 세포
② 뼈 장기 등 인체 내 특정 조직으로 분화할 수 있는 줄기세포
③ 자가 복제능과 모든 혈액세포로 분화하는 능력을 특징으로 하는 세포
④ 골수와 제대혈에서 채취하는 줄기세포의 하나

49. ② 50. ③ 51. ④ 52. ④ 53. ② 54. ③ 55. ⑤

56 정부가 2월 구글이 요청한 1 대 5000 축척 지도의 국외 반출을 조건부 허가하기로 의결했다. 이와 관련된 조건에 해당하지 않는 것은?

① 길찾기, 내비게이션에 필요한 지도는 반출한다.
② 군사·보안시설의 위성사진은 일부만 노출한다.
③ 구글의 한국 제휴기업을 통해 원본데이터를 가공한다.
④ 글로벌 서비스에서 한국 영토 좌표 표시를 제거한다.
⑤ 조건 위반 시 허가 중단 및 회수가 이뤄진다.

57 3월 28일부터 아시아 국가 중에서는 처음이자 전 세계에서는 호주에 이어 두 번째로 16세 미만 미성년자의 고위험 소셜미디어 이용을 금지하는 조치를 시행한 국가는?

① 태국
② 인도
③ 싱가포르
④ 인도네시아
⑤ 사우디아라비아

58 농업·생활용수 등을 취수할 목적으로 하도를 막아 상류에 일정한 수위를 유지시켜, 취수로를 따라 일정 유량이 유입되도록 설치한 구조물을 무엇이라 하는가?

① 댐
② 보
③ 취수구
④ 저수지
⑤ 도수로

59 다음이 설명하는 소설의 제목은?

> 1978년 발표된 현기영의 사실주의 중편 소설로, 제주 4·3 사건을 다룬 최초의 작품이다. 소설은 1949년 1월 16일 제주도 북제주군 조천면 북촌리에서 벌어진 양민학살을 바탕으로 하고 있다.

① 지슬
② 한라산
③ 순이 삼촌
④ 동백꽃 지다
⑤ 잠들지 않는 남도

60 석유는 1973년 제1차 석유파동과 1979년 제2차 석유파동을 거치며, 단순한 자원을 넘어 세계 경제를 흔들 수 있는 전략 무기가 됐다. 이와 관련, 2차 석유파동의 원인이 된 사건은?

① 유대인 디아스포라
② 밸푸어 선언
③ 걸프전쟁
④ 이란혁명
⑤ 욤키푸르 전쟁

61 주가가 하락할 것으로 예상되는 종목의 주식을 빌려 매도한 후 실제로 주가가 하락하면 되사들여 빌린 주식을 갚음으로써 차익을 얻는 것은?

① 블록딜
② 손절매
③ 공매도
④ 신용거래
⑤ 서킷브레이커

62 제시된 내용이 공통으로 가리키는 인물은?

> - 1492년 10월, 현 바하마제도 와틀링 섬 도착
> - 매년 10월 12일로 지정돼 있는 미국의 연방공휴일
> - 신대륙을 발견한 위대한 탐험가 vs 토착 원주민을 학살한 백인우월주의자

① 페르디난드 마젤란
② 바스코 다 가마
③ 아메리고 베스푸치
④ 크리스토퍼 콜럼버스
⑤ 바르톨로뮤 디아스

63 조선 중기 성리학 대가인 퇴계 이황(1501~1570)의 문인 및 제자들의 학술공간으로, 성리학과 관련된 다양한 철학적 논쟁이 펼쳐진 곳이다. 경북 안동에 있는 서원은?

① 도산서원
② 소수서원
③ 옥산서원
④ 돈암서원
⑤ 무성서원

56　② 군사·보안 시설의 위성사진 등은 가리고, 좌표 표시도 금지된다.

59　① 제주 출신인 오멸(본명 오경현) 감독의 흑백영화로, 1948년 발생한 제주 4·3 사건을 배경으로 한 작품이다.
② 1987년 《녹두서평》 창간호에 처음 발표된 이산하 시인의 장편서사시로 4·3의 대량학살과 진실을 폭로한 작품이다.
④ 제주 4·3 항쟁을 그림으로 보여주는 화가 강요배의 화집이다.
⑤ 가수 안치환이 작사·작곡한 대한민국의 민중가요로, 제주 4·3 사건의 고통을 담고 있다.

60　1979년 중동의 주요 산유국인 이란에서 친미 성향의 팔레비 왕조가 무너지고 이슬람 근본주의 정권이 들어서는 이란혁명이 발발했다. 이와 같은 혁명의 혼란 속에서 이란의 석유 생산과 수출이 전면 중단됐는데, 여기에 1980년 이라크가 이란을 침공하며 전쟁까지 발발하면서 2차 오일쇼크가 일어났다.

61　① 거래소 시장 시작 전후에 대량의 주식을 보유한 매도자와 이를 매수할 수 있는 매수자 간에 거래를 체결시켜 주는 제도
② 주가가 단기간에 상승할 가능성이 없거나 현재보다 더욱 하락할 것이 예상돼, 손해를 감수하면서도 가지고 있는 주식을 매입 가격 이하로 파는 것
④ 투자자가 증권회사에 일정의 보증금을 지불하고, 주식매수대금이나 유가증권을 빌려 주식을 매입 또는 매각하기 위한 방법
⑤ 주식시장의 일시적인 매매 거래 중단 제도

62　④ 콜롬버스 데이는 이탈리아 출신의 탐험가 크리스토퍼 콜럼버스가 아메리카 대륙에 도착한 날을 기념한 날로 매년 10월 12일이다. 1492년 10월 12일 콜럼버스가 이끄는 스페인 항해단은 대서양을 건너 현재 바하마제도의 와틀링섬에 도착했는데, 이는 유럽인들이 「신대륙 발견」이라고 부르는 사건이었다.

63　② 경북 영주에 위치한 조선시대 최초의 사액서원
③ 회재 이언적의 덕행과 학문을 기리기 위해 1573년 설립한 서원으로 경북 경주에 있다.
④ 1634년(인조 12) 건립된, 조선시대 예학(禮學)을 대성한 유학자인 김장생을 추모하기 위해 그 위패를 모신 곳이다.
⑤ 1696년 지방관의 향촌민에 대한 학문 부흥을 목적으로 세워진 서원으로, 전북 정읍에 위치한다.

56. ② 57. ④ 58. ② 59. ③ 60. ④ 61. ③ 62. ④ 63. ①

64 우주에서 가장 빠른 빛조차 빠져나가지 못할 정도로 중력이 강한 천체로, 아인슈타인의 상대성이론에 의해 이론적으로 입증된 것은?

① 화이트홀
② 블랙홀
③ 블루홀
④ 초신성
⑤ 웜홀

65 바둑 용어와 그 뜻이 바르게 연결되지 않은 것은?

① 호구(虎口): 바둑돌 석 점이 둘러싸고 한쪽만 트인 것을 말하는 것으로 패인이 되는 결정적인 악수(惡手)
② 복기(復碁): 바둑 경기가 종료된 후 어떤 수가 좋은 수였는지, 나빴던 수는 어떤 것이었는지 검토하는 것
③ 포석(布石): 바둑에서 중반전의 싸움이나 집 차지에 대비해 초반에 돌을 벌여 놓는 일
④ 불계(不計): 바둑을 두다가 많은 돌들이 상대편에 넘어가 이미 승패가 명백한 경우, 자신이 졌음을 선언하게 되면 집수를 계산하지 않고 경기를 끝내는 것
⑤ 화점(花點): 바둑판 모퉁이에서 각 4번째 선이 교차되는 곳으로, 점으로 표시

66 현재 서울 광화문광장에 건립돼 있는 위인의 동상은?

① 세종대왕, 이순신
② 김구, 신사임당
③ 세종대왕, 신사임당
④ 이순신, 이황
⑤ 김구, 이순신

67 다음 중 헌법기관을 고르면?

㉠ 국회	㉡ 국가정보원
㉢ 감사원	㉣ 대법원
㉤ 국민권익위원회	㉥ 대검찰청

① ㉠, ㉢, ㉣
② ㉠, ㉡, ㉤
③ ㉠, ㉡, ㉢
④ ㉡, ㉢, ㉣
⑤ ㉡, ㉣, ㉤

68 다음 속담의 (   )에 공통으로 들어갈 절기는?

- (   ) 추위는 꿔다 해도 한다.
- (   ) 거꾸로 붙였나
- 가게 기둥에 (   )이라

① 입춘　　　② 우수
③ 경칩　　　④ 청명
⑤ 곡우

69 법률이 위헌이지만 곧바로 무효로 할 경우 생길 법적 공백과 사회적 혼란을 피하기 위해 법 개정 때까지 한시적으로 법의 형식을 유지하는 헌법재판소의 결정은?

① 헌법불합치
② 한정합헌
③ 한정위헌
④ 일부위헌
⑤ 입법촉구

70 다음 중동 국가 중 아랍 국가에 해당하지 않는 나라는?

① 쿠웨이트
② 오만
③ 사우디아라비아
④ 이란
⑤ 카타르

64 ① 우주공간에서 반드시 물질이 그 내부로는 절대 들어갈 수 없는 내뿜기만 하는 세계로, 블랙홀의 반대 개념이다.
③ 과거 동굴이나 석회암 동굴과 같은 지형이 여러 이유로 바다 속으로 수몰돼 얕은 여울에 구멍이 뚫린 듯한 지형이 형성된 것
④ 질량이 태양보다 수십 배 큰 별(항성)의 일생 중 마지막 단계
⑤ 블랙홀과 화이트홀을 연결하는 우주 시공간의 구멍으로, 블랙홀이 회전할 때 만들어진다.

65 ① 호구(虎口)는 바둑돌 석 점이 둘러싸고 한쪽만 트인 것을 말하는 것으로, 호랑이의 입이라는 뜻이다. 바둑에서는 돌들을 연결하는 굉장히 좋은 모양으로 환영을 받지만, 일상생활에서는 「어수룩해 이용하기 좋은 만만한 사람」이라는 뜻으로 쓰인다. 패인이 되는 결정적인 악수(惡手)는 「패착(敗着)」이라고 한다.

66 현재 서울 광화문 사거리에 있는 광화문광장에는 이순신 장군과 세종대왕의 동상이 건립돼 있다. 광화문을 정면으로 두고 봤을 때 이순신 장군 동상이 앞에 있고, 세종대왕 동상은 이순신 장군 동상의 뒤편 약 250m 지점에 위치하고 있다.

67 헌법기관이란 헌법의 규정에 의해 설치된 국가의 기관을 말한다. 현행 헌법상 헌법기관으로는 국회(국회의원), 정부(대통령, 국무총리, 국무회의, 행정부), 법원(대법원과 각급법원), 감사원, 헌법재판소, 중앙선거관리위원회 등이 있다.

68 ① 입춘(立春, 양력 2월 4~5일경)은 24절기 중 첫째 절기로 태양의 황경이 315도일 때이며, 봄의 시작이다.

69 ② 어떤 법률조항이 헌법에 완전 위배되지는 않으나 부분적으로 위배된다고 할 때 헌법에 합치되는 방향으로 한정축소 해석하여 헌법재판소에서 내리는 결정
③ 법률 및 법률 조항의 전부 혹은 일부에 대해 위헌 여부를 결정함에 있어서 개념이 불확정적이거나 여러 가지 뜻으로 해석될 경우, 해석의 범위를 정하고 이를 확대하는 경우 위헌으로 보는 결정
④ 위헌심판의 대상이 된 법률 조문 전체가 아니고 조문의 한 구절이나 한 어구 등 일부에 대하여 행하는 위헌 결정
⑤ 헌법에 완전히 합치되도록 법률의 개정이나 보완을 촉구하는 결정

70 아랍은 혈통과 언어적 정체성이 기준으로, 아랍어를 모국어로 사용하는 사람들과 그 문화를 공유하는 국가들을 가리킨다. 이란은 중동에 위치하고 이슬람 국가이지만, 아랍 국가에는 해당하지 않는다. 이란은 아랍어가 아닌 페르시아어(이란어)를 사용한다.

64. ② 65. ① 66. ① 67. ① 68. ① 69. ① 70. ④

71 2월 미국과 이스라엘의 이란 공습으로 알리 하메네이 이란 최고지도자가 사망한 뒤 후임으로 선출된 제3대 최고지도자는?

72 정부가 이란 전쟁으로 중동국가에 체류 중인 우리 국민 204명의 귀국 지원을 위해 사우디아라비아에 군 수송기(KC-330)를 투입해 성공한 작전명은?

73 「이름만 공화당원」이라는 뜻의 미국 정치용어로, 형식적으로는 공화당 소속이지만 실제 정책이나 행동은 공화당의 전통적·보수적 노선과 맞지 않는 정치인을 비판할 때 사용되는 표현은?

74 미국과의 실리적 통상외교를 지향하면서 대미관계에서 남한 정부의 참여를 봉쇄하는 북한의 외교전략을 지칭하는 말은?

75 북한의 탄도탄 발사와 항공기 공격에 동시 대응하기 위해 국내 기술로 개발된 중거리·중고도 지대공 요격체계로, 고도 30km 이하 하층방어를 담당하는 무기는?

76 미국의 「해외주둔 미군 재배치 검토(GPR)」에 따라 미군을 특정 지역에 고정 배치하지 않고 유연하게 배치하는 것을 뜻하는 용어는?

77 도널드 트럼프 미국 대통령의 권위주의적 행보와 집권에 반대하는 미국 시민들의 시위를 말한다. 지난해 6월 트럼프 정부가 LA 불법 이민자 단속에 반발하는 시위를 강경 진압한 것을 계기로 처음 시작됐던 시위는?

78 지난해 11월 한미 양국이 합의한 총 3500억 달러 규모의 전략적 투자에 관한 양해각서(MOU)에 따라 자본금 2조 원 규모의 「한미전략투자공사」를 설립하는 내용을 담은 법률로, 3월 국회를 통과한 것은?

79 정부가 중동전쟁에 따른 유가 급등으로 「석유 및 석유대체연료 사업법 제23조」에 근거해 3월 13일 0시를 기점으로 시행한 제도다. 석유 가격 상승을 억제해 단기적으로 소비자들의 유류비 부담을 낮추기 위해 실시된 것은?

80 펀드매니저가 종목별 비중을 결정해 지수 대비 초과 수익을 노리는 상품으로, 시장보다 높은 수익을 목표로 한다. 특히 코스닥 시장 기반의 이 상품 2종이 3월 10일 유가증권시장에 상장됐는데, 무엇인가?

81 국회가 3월 개인 투자자가 지난해 12월 23일 전에 보유하고 있었던 해외주식을 매도한 자금을 (   )을/를 통해 1년간 국내 주식시장에 투자하면 양도소득세를 최대 100%까지 공제해주는 내용의 조세특례제한법 개정안을 통과시켰다. (   ) 안에 들어갈 용어는?

82 대(代)를 이어 승계할 만한 사업 노하우가 있는 기업이나 개인이 상속세 부담에 사업을 포기하지 않도록 정부가 지원하려는 취지로 1997년 도입된 제도는?

83 한은 총재를 포함해 금통위원 7명이 향후 6개월 후 기준금리 수준을 각자 3개씩 제시해 모두 21개의 금리 수준이 표시되는 것으로, 2월 26일부터 시범 공개가 이뤄졌다. 무엇인가?

84 실물 자산이 많고 인공지능(AI) 기술 발전으로 사라질 위험이 낮은 기업에 투자하는 전략을 이르는 용어는?

85 기업이나 공공기관이 직종·직급·직무·근속연수·고용형태 등 세부 항목별로 남성과 여성의 고용 현황과 임금을 공개하도록 하는 제도는?

---

71. 모즈타바 하메네이(Mojtaba Khamenei) 72. 사막의 빛(Desert Shine) 작전 73. RINO(Republican In Name Only) 74. 통미봉남(通美封南) 75. 천궁-2 76. 전략적 유연성(Strategic Flexibility) 77. 노 킹스(No Kings) 시위 78. 대미투자특별법 79. 석유최고가격제 80. 액티브 상장지수펀드(Active ETF) 81. 국내시장 복귀계좌(RIA·Reshoring Investment Account) 82. 가업상속공제 83. K-점도표 84. 헤일로 트레이드(HALO Trade) 85. 성평등 임금공시제

86 사회적으로 가치 있는 행위에 대한 보상으로 국민연금 가입 기간을 추가로 인정해주는 제도로, 현재 출산·군복무·실업 등에 대해 도입돼 있다. 무엇인가?

87 노인·장애인 등 돌봄이 필요한 사람이 평소 살던 집과 지역사회에서 의료·요양·돌봄 서비스를 통합적으로 받을 수 있도록 지원하는 사업으로, 3월 27일부터 전국에서 본격 시행됐다. 무엇인가?

88 이재명 대통령이 3월 기초연금의 (   ) 개편을 언급하면서 2014년 도입된 기초연금 제도가 12년 만에 개편될 전망이다. 저소득층에 더 많은 혜택을 부여하는 것을 뜻하는 (   ) 안에 들어갈 용어는?

89 3월 25일 여성 최초로 영국 성공회 최고 성직자이자 실질적 수장인 제106대 캔터베리 대주교에 공식 취임한 인물은?

90 시인의 감성을 담아 자연스러운 소재와 빈티지한 무드를 중심으로 연출하는 패션 스타일을 이르는 용어는?

91 국제축구연맹(FIFA)이 2026 북중미 월드컵에서 처음 도입한 제도로, 전·후반 약 22분이 지난 시점에 3분의 시간을 부여해 선수들이 물을 마시며 휴식을 취하도록 한다. 무엇인가?

92 선수들이 허리에 착용한 깃발을 상대가 떼어내는 방식으로만 수비가 가능하며, 태클과 블로킹 등 신체 접촉이 금지된 스포츠는 무엇인가?

93 골프에서 특정 선수가 각 샷 상황에서 투어 평균 대비 몇 타를 줄였거나 잃었는지를 수치로 나타낸 값을 무엇이라 하는가?

94 미식축구에서 유래한 용어로, 경기 종료 직전 성공 확률이 매우 낮지만 역전을 노리고 시도하는 긴 패스를 뜻하는 말이다. 이후 성공 확률은 낮지만 마지막으로 시도하는 방법을 뜻하는 말로 그 사용이 확산된 용어는?

95 3월 7일 폐막한 밀라노·코르티나 동계패럴림픽에서 크로스컨트리 스키와 바이애슬론에서 금메달을 획득하며, 한국 여자 선수 최초로 2관왕에 오른 선수는?

96 1억 1300만 년 전~9700만 년 전 중생대 백악기에 살았던 원시 신조반류 공룡으로, 한반도에서 발견된 세 번째 신종 공룡이다. 한국에서 가장 사랑받는 만화 캐릭터 중 하나의 이름을 따 붙여진 공룡의 학명은?

97 얀 르쿤 뉴욕대 교수가 빅테크들이 개발에 몰두하고 있는 「범용인공지능(AGI)」을 비판하며 주장한 개념으로, 이는 AI가 새로운 환경을 학습하고 스스로 적응하는 「적응성」을 핵심으로 한다. 무엇인가?

98 일론 머스크 테슬라 3월 최고경영자(CEO)가 발표한, 인공지능(AI) 칩을 자체 생산하기 위한 초대형 공장 프로젝트의 명칭은?

99 1969년 미국 항공우주국(NASA)이 달 탐사선을 발사한 아폴로 프로젝트에서 유래한 표현으로, 혁신적이고 도전적인 목표를 상징하는 용어로 널리 사용되고 있다. 무엇인가?

100 2025년 11월 오스트리아의 공학자 페터 슈타인베르거가 개발한 오픈소스 기반의 자율형 인공지능(AI) 에이전트는?

한국사능력테스트

01   **다음 제시된 내용의 나라에 대한 설명으로 옳은 것은?**

> 사람들이 초가 지붕이 있는 토실(土室, 흙방)을 만들어 거주하는데, 그 모양이 무덤과 비슷하다. 출입문은 위에 있으며, 어른과 아이, 남녀 구별 없이 모든 가족이 토실에서 함께 생활하였다.
>
> – 『삼국지』 위서 동이전

① 송화강 유역의 평야 지대를 중심으로 성장하여 농경과 목축이 성하였다.
② 신지·읍차 등의 군장이 있었으며, 소국의 하나인 목지국의 지배자가 진왕으로 추대되었다.
③ 1세기 초에 왕호를 사용하는 등 발전된 모습을 보였으나 3세기 선비족의 침입으로 쇠퇴하였다.
④ 동방의 예나 남방의 진이 직접 중국의 한과 교역하는 것을 막고, 중계무역의 이익을 독점하였다.
⑤ 10월에 동맹이라는 제천행사를 치렀으며, 왕과 신하들이 국동대혈에 모여 함께 제사를 지냈다.

💡 제시된 자료는 삼한(정확히는 마한)의 초옥토실(초가 지붕이 있는 흙방)에 대한 설명이다.
　①③ 부여 ② 삼한 ④ 위만조선 ⑤ 고구려에 대한 설명이다.

02   **밑줄 친 「하호」에 대한 설명으로 옳은 것은?**

> 그 나라의 대가(大加)는 농사를 짓지 않는 좌식자(坐食者)로서 만여 구(口)가 있었고, 하호(下戶)는 멀리서 쌀과 물고기, 소금을 져다 바쳤다.

① 향과 부곡 등에 거주하였다.
② 주인에게 예속돼 생활하였다.
③ 무기를 갖추고 전쟁에 참여하였다.
④ 신라에서는 이들을 중심으로 골품제가 형성되었다.
⑤ 중앙집권국가 성립 과정에서 평민으로 편제되었다.

💡 ⑤ 부여, 초기 고구려 등 연맹왕국 단계의 신분에 나오는 하호는 일반 농민을 가리키며, 이들은 삼국시대 때 평민으로 편제되었다.
　① 향과 부곡 등은 삼국시대 때 신라에서 나타나기 시작하였다.
　② 노비에 대한 설명이다.
　③ 하호는 전쟁이 일어나면 물자 조달과 보급품 운반 등의 역할만 담당했다.
　④ 골품제는 귀족만을 대상으로 하는 별도의 신분체제로, 「하호」는 일반 농민이므로 골품제에 편제되지 않았다.

03 다음은 고대의 무덤에 관한 내용이다. 이와 관련된 설명으로 옳은 것은?

> (가) 서울 석촌동에 있는 백제 한성 시기의 고분으로 계단식으로 돌을 쌓아 올렸다.
> (나) 김해 대성동 고분, 고령 지산동 고분 등에서 금관, 철제 무기와 갑옷, 토기 등이 출토되었다.
> (다) 압록강 유역에서 발달한 초기 고구려의 돌무지무덤으로, 자연석을 피라미드 모양으로 쌓아 올렸다.
> (라) 경주 지방에 많이 남아 있는 무덤으로, 광을 파서 나무로 덧널을 만들고 그 위에 돌을 덮은 다음 봉토를 쌓아 올렸다.

① (가)는 구조의 특징으로 당시의 생활 모습을 알려 주는 벽화가 남아 있다.
② (나)는 출토 유물로 보아 그 무덤의 주인공이 강력한 고대국가의 군주였음을 알 수 있다.
③ (다)의 대표적인 예로는 각저총과 무용총 등이 있다.
④ (라)가 제작되던 시기에는 「대수장(大首長)」을 뜻하는 왕호를 사용하였다.
⑤ (라)에서는 천마도와 같은 벽화가 발견되었다.

💡 (가) 백제의 계단식 돌무지무덤인 석촌동 고분, (나) 가야의 고분, (다) 고구려의 계단식 돌무지무덤, (라) 신라의 돌무지 덧널무덤에 대한 설명이다.
　① 돌무지무덤에는 벽화가 남아 있지 않다. ② 가야는 고대국가로 성장하지 못하였다.
　③ 각저총과 무용총은 굴식돌방무덤이다.
　⑤ 돌무지 덧널무덤에서도 벽화가 발견되지 않는다. 천마총에서 발견된 천마도는 벽화가 아니라 말 배가리개의 그림이다.

04 다음 내용의 비석을 세웠던 왕에 대한 설명으로 바른 것은?

> 5월에 고구려 대왕이 상왕공(上王公)과 함께 신라의 매금(왕)을 만나 영원토록 우호를 맺기 위해 중원(中原)에 왔으나 신라 매금이 오지 않아 실행되지 못하였다. 이에 고구려 대왕은 태자공(太子公) 전부(前部), 대사자(大使者) 다우환노(多于桓奴)로 하여금 이곳에 머물러 신라 매금을 만나게 하였다. … 12월 23일에 신라 매금이 신하와 함께 고구려의 대사자 다우환노를 만났으며, 이곳에 주둔하고 있던 고구려 군대로 하여금 신라 국내의 중인(衆人)을 내지(內地)로 옮기게 하였다.

① 부족적 5부를 행정적 5부로 전환시켰다.
② 서안평을 점령하여 낙랑과 대방을 축출하였다.
③ 중국 남북조와 교류하고, 평양으로 천도하였다.
④ 북부여를 정복하고 고구려 최대 영토를 확보하였다.
⑤ 유교 교육기관인 태학을 설립하고, 율령을 반포하였다.

💡 제시된 자료는 5세기 장수왕 때 건립된 중원고구려비이다. 장수왕은 고구려의 전성기를 이끌었던 왕으로, 광개토왕의 유업을 이어받고 평양 지역으로의 천도를 단행하는 등 국가 체제의 변화를 도모하였다.
　① 2세기 고국천왕 ② 4세기 미천왕 ④ 5세기말 문자왕 ⑤ 4세기 소수림왕에 대한 설명이다.

🎯 1. ② 2. ⑤ 3. ④ 4. ③

05 **(가), (나)에 해당하는 인물의 저서를 올바르게 짝지은 것은?**

> (가) 은(는) 이미 계를 범하고, 아들 (나) 을(를) 낳은 후로는 속인의 옷으로 바꾸어 입고, 스스로 소성거사(小性居士)라 일컬었다. 우연히 광대들이 가지고 노는 큰 박을 얻었는데, 그 모양이 괴이했다. 그 모양대로 도구를 만들어 「무애호(無㝵瓠)」라 하며 노래를 짓고 세상에 퍼뜨렸다. 무애호라는 말은 화엄경의 「모든 것에 걸림이 없는 사람이라야 곧바로 삶과 죽음에서 벗어난다」라는 글에서 딴 것이다. … 가난하고 무지몽매한 무리들까지도 모두 부처의 이름을 알게 되었고, 나무아미타불을 부르게 되었다.
>
> － 「삼국유사」

① (가): 화엄일승법계도, (나): 대승기신론소

② (가): 십문화쟁론, (나): 화왕계

③ (가): 금강삼매경론, (나): 계원필경

④ (가): 왕오천축국전, (나): 화엄일승법계도

⑤ (가): 화엄일승법계도, (나): 금강삼매경론

💡 (가) 원효, (나) 설총이다. 《화엄일승법계도》는 의상의 저서이고, 《대승기신론소》, 《금강삼매경론》과 《십문화쟁론》은 원효의 저서이다. 그리고 《화왕계》는 설총, 《계원필경》은 최치원의 문집이며, 《왕오천축국전》은 혜초의 저서이다.

06 **밑줄 친 왕의 업적으로 옳지 않은 것은?**

> 왕이 배를 타고 산으로 들어가니 용이 검은 옥띠를 바쳤다. 왕이 같이 앉아 물었다. 「이 산과 대나무가 어떤 때는 갈라지고 어떤 때는 맞붙고 하니 무슨 까닭인가?」 용이 대답하였다. 「비유로 말씀드리면 한 손으로 치면 소리가 나지 않고 두 손으로 쳐야 소리가 나는 것과 같습니다. 이 대나무는 합쳐야만 소리가 납니다. 폐하께서 소리로써 천하를 다스릴 징조입니다. 이 대나무로 피리를 만들어 불면 천하가 화평해질 것입니다. 지금 아버님께서 바다 가운데 큰 용이 되시고 김유신도 천신이 되셨습니다. 두 분 성인이 마음을 합하여 이같이 값으로 헤아릴 수 없는 큰 보물을 만들어 저를 시켜 바치는 것입니다」 … 왕이 행차에서 돌아와 대나무로 피리를 만들게 하였다. 이 피리를 불면 적이 물러나고 병이 나았다. 가뭄에는 비가 오고 장마가 개고 바람이 자고 파도가 그쳤다. 이 피리를 「만파식적(萬波息笛)」이라 부르고 국보로 삼았다.
>
> － 「삼국유사」

① 불국사와 석굴암을 건립하였다.

② 문무 관리에게 관료전을 지급하였다.

③ 유학사상을 강조하고, 국학을 설립했다.

④ 군사 제도를 9서당 10정으로 정비하였다.

⑤ 지방 행정구역을 9주 5소경으로 완비하였다.

💡 제시된 자료는 만파식적(거센 물결을 자게 하는 피리) 설화이고, 밑줄 친 「왕」은 신문왕이다.
　① 불국사와 석굴암은 경덕왕~혜공왕 때 건립되었다.

07 밑줄 친 「이 대장경」에 대한 설명으로 옳은 것은?

> 이 대장경은 강화 시절 최우가 선원사에 대장도감을 설치하고 남해에 분사도감을 설치하여 간행하였다. 이규보의 문집 《동국이상국집》에는 그가 지은 「대장경판 군신기고문」이 전하는데, 이 글에 의하면 부처의 힘으로 몽골군을 격퇴하기 위해 이 대장경을 조판하였음을 알 수 있다.

① 몽골군의 3차 침략 때 판목이 완전히 소실되었다.
② 2007년 유네스코 세계기록유산에 등재되었다.
③ 이를 간행하기에 앞서 목록인 〈신편제종교장총록〉을 작성하였다.
④ 독일의 구텐베르크보다 200년이나 앞서 이루어진 금속활자이다.
⑤ 개경에 보관하였다가 대구 팔공산 부인사로 이관해 보관하였다.

💡 밑줄 친 「이 대장경」은 재조대장경(팔만대장경)이다.
　① 몽골군의 3차 침략 때 소실된 것이 아니라 그때 조판된 것이다.
　③ 교장 ④ 상정고금예문 ⑤ 초조대장경에 대한 설명이다.

08 밑줄 친 「이 시기」에 해당하는 문화적 사실을 〈보기〉에서 모두 고르면?

> 이 시기에는 지배층인 문벌귀족의 특성이 반영된 귀족적이고 보수적인 성격의 문화가 발달하였다.

보기

㉠ 법상종, 화엄종 등 교종 종파가 번성하였다.
㉡ 문헌공도를 비롯한 사학 12도가 융성하였다.
㉢ 독창적 기법인 상감법을 개발하여 자기를 만들었다.
㉣ 충남 논산에 관촉사 석조 미륵보살 입상이 건립되었다.
㉤ 고대의 설화나 전래 기록을 수록한 《삼국유사》가 편찬되었다.

① ㉠, ㉡, ㉢　　　　　　　　② ㉠, ㉡, ㉣
③ ㉡, ㉢, ㉣　　　　　　　　④ ㉢, ㉣, ㉤
⑤ ㉠, ㉡, ㉣, ㉤

💡 「이 시기」는 고려 중기에 해당한다. ㉣은 고려 초기 ㉤은 고려 말기에 대한 설명이다.

09 다음은 고려시대 때 일어난 사건들을 나열한 것이다. 이를 시간순으로 바르게 나열한 것은?

> (가) 재조대장경이 조판되기 시작하였다.
> (나) 국가재정 확보를 위해 소금의 전매제도를 실시하였다.
> (다) 국호를 대위, 연호를 천개라 하면서 난이 일어났다.
> (라) 공주 명학소에서 망이, 망소이가 신분 해방을 외치며 봉기하였다.

① (나)-(가)-(라)-(다)
② (다)-(라)-(가)-(나)
③ (다)-(가)-(나)-(라)
④ (라)-(다)-(가)-(나)
⑤ (라)-(가)-(나)-(다)

💡 (다) 인종 → (라) 무신정권 초기 → (가) 최씨 무신정권(고종 때 최우) → (나) 충선왕 때 있었던 사건들이다.

10 (가), (나)에 관한 설명으로 옳은 것은?

(가)

(나)

① (가)는 불교계에서 결사운동이 활발하던 시기에 조성되었다.
② (가)가 있는 사찰에는 고려시대에 세워진 목조 건축물이 남아 있다.
③ (나)는 불상의 양식 면에서 석굴암 본존불에 영향을 미쳤다.
④ (나)가 있는 사찰에는 고려시대에 제작된 조사당 벽화가 남아 있다.
⑤ (가)와 (나)는 미래불의 출현을 염원하는 미륵 신앙과 관련이 깊다.

💡 (가) 고려시대의 관촉사 석조 미륵보살 입상(충남 논산) (나) 고려시대의 부석사 소조 아미타 여래 좌상(경북 영주)이다.
　④ 부석사의 조사당 벽화는 고려시대의 대표적인 사찰 벽화이다.
　① (가)는 고려 초에 조성되었으나 불교 결사운동은 무신집권기에 활발하게 일어났다.
　② (가)가 아니라 (나)에 대한 설명이다. 부석사에는 고려 후기에 지어진 무량수전이 현재까지 남아 있다.
　③ (나)는 통일신라 석굴암 본존불의 영향을 받아 조형미가 잘 나타난다.
　⑤ (가)는 미륵보살이지만, (나)는 극락정토에 계신 아미타여래와 관련이 있다.

11 밑줄 친 「그」와 관련된 사실로 바르지 못한 것은?

> 그가 새벽에 권람·한명회·홍달손을 불러 말하기를, 「오늘은 요망한 도적을 소탕하여 종사(宗社)를 편안히 하겠으니, 그대들은 마땅히 약속과 같이하라. 내가 깊이 생각해보니 간당(姦黨) 중에서 가장 간사하고 교활한 자로는 김종서 만한 자가 없다. 저자가 만일 먼저 알면 일은 성사되지 못할 것이다. 내가 한두명의 역사를 거느리고 곧장 그 집에 가서 선 자리에서 베고 달려 아뢰면, 나머지 도적은 평정할 것도 없다. 그대들은 어떻게 생각하는가?」 하니, 모두 말하기를, 「좋습니다」라고 하였다.

① 계유정난을 통해 정권을 장악하였다.
② 태종이 실시하였던 6조 직계제를 부활시켰다.
③ 집현전과 경연을 부흥시키며 학문 활동을 강화하였다.
④ 불교에 귀의하여 왕실 사찰과 탑을 중수하고, 불교 서적을 간행하였다.
⑤ 과전법의 모순을 시정하기 위해 직전법을 실시하였다.

💡 「그」는 세조(世祖)이며, 제시된 내용은 「계유정난(癸酉靖難)」에 대한 설명이다. 계유정난은 1453년(단종 1년)에 세조가 조카 단종의 왕위를 찬탈하기 위해 일으킨 사건이다.
　③ 계유정난 등을 통해 왕위에 오른 세조는 집권 시기 집현전과 경연을 폐지하며 학문 기관을 약화시켰다.

12 밑줄 친 「시험」에 대한 설명으로 옳은 것을 〈보기〉에서 고르면?

> 이날 새벽에 임금이 집춘문(集春門)으로부터 나가 문묘(文廟)에 이르러서 공자의 신위에 술잔을 올리는 예를 행한 뒤 친히 명륜당(明倫堂)에 나아가 선비를 시험하여 선발하였다.
>
> – 「숙종실록」

보기

ㄱ 3년마다 한 번씩 시행하였다.
ㄴ 합격자는 홍패를 수여받았다.
ㄷ 문과와 무과만 시행하고 잡과는 치르지 않았다.
ㄹ 왕의 즉위 같은 큰 경사를 기념하여 시행되었다.

① ㄱ, ㄴ　　　　　　　　　　② ㄱ, ㄷ
③ ㄴ, ㄷ　　　　　　　　　　④ ㄴ, ㄹ
⑤ ㄷ, ㄹ

💡 밑줄 친 「시험」은 왕이 성균관에 방문했을 때 치르던 「알성시」를 가리킨다. 증광시는 소과·문과·무과·잡과가 모두 시행됐지만, 알성시는 문과와 무과만 시행되었다.
　ㄱ 식년시 ㄹ 증광시에 대한 설명이다.

🎯 9. ② 10. ④ 11. ③ 12. ③

 다음 사건들을 발생순으로 바르게 배열한 것은?

> ㉠ 윤임의 세력에 가담하였던 사람들이 윤원형의 세력에게 화를 입었다.
> ㉡ 김종직의 조의제문을 계기로 김일손 등 그의 문인들이 화를 입었다.
> ㉢ 폐비 윤씨의 폐위와 관련된 사람들이 임금의 노여움을 입어 화를 입었다.
> ㉣ 성리학적 이상정치를 주장하던 조광조 등이 훈구파의 공격으로 화를 입었다.

① ㉠-㉡-㉢-㉣
② ㉠-㉢-㉡-㉣
③ ㉡-㉢-㉣-㉠
④ ㉡-㉣-㉢-㉠
⑤ ㉢-㉠-㉣-㉡

💡 ㉡ 무오사화(연산군) → ㉢ 갑자사화(연산군) → ㉣ 기묘사화(중종) → ㉠ 을사사화(명종)

14 **다음 지도가 처음 제작된 시기의 과학기술에 대한 설명으로 옳은 것은?**

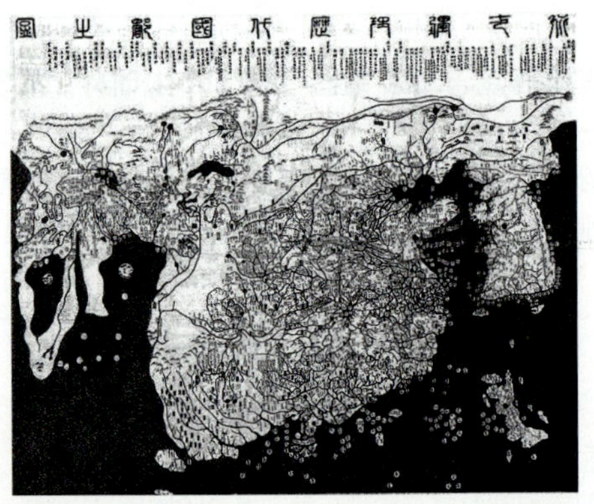

① 금속활자 인쇄술을 발명하였다.
② 김육이 중국에서 시헌력을 들여왔다.
③ 최해산을 등용하여 화약 무기를 개발하였다.
④ 화성을 쌓으면서 정약용이 제작한 거중기를 사용하였다.
⑤ 최고 교육기관에 기술 학부를 설치하고 잡학을 교육하였다.

💡 15세기 조선 태종 때 제작된 「혼일강리역대국도지도」이다.
　③ 최무선의 아들인 최해산은 태종 때 특채되어 화약 무기 제조를 담당하였다.
　① 고려 ②④ 조선 후기에 관한 설명이다.
　⑤ 고려 국자감에 대한 설명이다. 조선의 성균관은 국자감과는 달리 기술학을 가르치지 않았다.

15 조선시대의 사회 시책과 법속에 대한 설명으로 바르지 않은 것은?

① 제생원은 지방민의 구호와 진료를 맡았다.

② 사헌부, 형조, 한성부를 「삼법사」라 지칭하였다.

③ 장예원은 노비 장부와 노비 관련 소송을 담당한 사법기관이었다.

④ 환곡을 의창에서 상평창으로 이관함에 따라 농민의 부담이 감소되었다.

⑤ 지방관은 각각 그 관할구역의 사법권을 가지나, 사형에 대한 권한은 없었다.

💡 ④ 상평창이 이자를 받기 시작하였고 고리대로 변질되면서 농민의 부담이 증가되었다.

16 (가)의 집권 당시 사회 상황으로 옳은 것을 〈보기〉에서 모두 고르면?

> ‎(가) 은(는) 서원 철폐령에 반대하며 시위하는 유생들을 향하여 「실로 백성에게 피해가 되는 것은 공자가 다시 살아난다 하여도 내가 용서하지 않겠다. 하물며 우리나라의 선유(先儒:옛날 유학자)를 제사지내는 곳인데 어찌 이런 곳이 도적이 숨는 곳이 되겠느냐?」라고 하면서, 군졸들로 하여금 유생들을 한강 너머로 축출하게 하였다.　　　　　－ 박제형, 「근세조선정감」

보기
> ㉠ 화폐 가치가 떨어지고 물가가 오르고 있었다.
> ㉡ 조세 평등의 개념이 제도적으로 뒷받침되고 있었다.
> ㉢ 소수 가문이 권력을 장악하는 세도정치가 극에 달해 있었다.
> ㉣ 일본이 운요호 사건을 일으켜 조선 정부의 개항을 압박하고 있었다.
> ㉤ 기득권을 지닌 양반들은 당시 집권 세력에 대해 많은 불만을 가지고 있었다.

① ㉠, ㉡, ㉣

② ㉠, ㉡, ㉤

③ ㉠, ㉢, ㉤

④ ㉡, ㉣, ㉤

⑤ ㉢, ㉣, ㉤

💡 (가)에 들어갈 인물은 흥선대원군이고, 자료는 대원군의 서원 철폐와 관련된 내용이다.
㉠ 경복궁 중건을 위해 발행한 당백전은 상평통보에 비해 액면 가치는 100배였으나 실질 가치는 5~6배밖에 되지 않았으므로 물가 폭등의 원인을 제공하였다.
㉡ 양반에게도 군포를 부과하는 호포제(동포제) 실시는 조세 평등을 뒷받침하기 위한 제도이다.
㉢ 흥선대원군은 안동 김씨 일족을 몰아내고, 당파와 신분을 가리지 않고 인재를 등용함으로써 세도정치를 타파하고 전제왕권을 강화하였다.
㉣ 운요호 사건(1875)은 흥선대원군 하야(1873) 이후의 사건이다.
㉤ 흥선대원군의 서원 철폐와 호포제 실시로 당시 양반들의 불만이 많았다.

🎯 13. ③ 14. ③ 15. ④ 16. ②

17 다음 자료에서 비판하고 있는 학문에 대한 설명으로 옳은 것은?

> 그는 「심즉리(心卽理)」라는 말을 만들어내어 말하기를 「천하의 이(理)는 다만 내 속에 있고 사물에 있지 아니하니, 학자는 다만 마땅히 이 마음을 존양(存養)하기에 힘쓸 것이며, 조금이라도 밖의 사물에서 이(理)를 구할 것이 아니다」라고 하였다. 그렇다면 사물이라는 것이 비록 5륜(五倫)같이 중한 것이 있어도 가하고 없어도 가하니, 이것이 석씨의 교와 다를 것이 있겠는가.
>
> – 「퇴계집」

① 성호학파 형성에 기여하였다.
② 청대에 확립되어 실학에 영향을 주었다.
③ 고려 말 신진사대부에 의해 배척되었다.
④ 유교구신론에서 유교 개혁의 방안으로 제기되었다.
⑤ 인간의 심성과 우주의 원리를 철학적으로 규명하는 학문이었다.

💡 제시된 자료의 「심즉리」를 통해, 또한 자료 출처가 《퇴계집》이라는 것에서 퇴계 이황이 비판했던 양명학임을 알 수 있다.
　④ 1909년 박은식은 《유교구신론》에서 주자학 중심의 유학을 비판하고, 양명학의 지행합일과 사회진화론의 진보 원리를 조화시킨 대동사상을 주창하였다.
　① 실학에 대한 설명이다. 성호 이익은 유형원의 실학사상을 계승·발전시켜 많은 제자들을 양성하여 성호학파를 형성하였다.
　② 고증학에 대한 설명이다. 청에서 전래된 고증학은 「실사구시(實事求是)」를 내세워 학문 연구에서 실증적 방법을 강조하였기 때문에 실학에 일정한 영향을 미쳤다.
　③ 불교 ⑤ 성리학에 대한 설명이다.

18 다음 글을 발표하였던 사람들의 요구사항으로 옳은 것을 〈보기〉에서 모두 고르면?

> 백성은 나라의 근본이니, 근본이 쇠잔하면 나라는 없어지는 것이다. 보국안민의 방책은 생각하지 않고 오직 관직과 재물만을 도둑질하는 것이 과연 옳은 일이라 하겠는가. 우리가 비록 초야의 유민이지만 어찌 나라의 위기를 앉아서 보기만 하겠는가. 팔도가 마음을 합하고 뜻을 모아 이제 의로운 깃발을 들어 굳은 맹세를 하노라.

㉠ 노비 문서를 불태워 버릴 것
㉡ 청상과부의 재가를 허락할 것
㉢ 토지는 평균으로 나누어 경작하게 할 것
㉣ 관리의 채용은 지벌을 타파하고 인재를 등용할 것
㉤ 청에 의존하는 마음을 버리고 자주독립의 기초를 세울 것

① ㉠, ㉡, ㉢　　　　② ㉡, ㉢, ㉣
③ ㉢, ㉣, ㉤　　　　④ ㉠, ㉡, ㉢, ㉣
⑤ ㉡, ㉢, ㉣, ㉤

💡 제시된 자료는 동학 1차 봉기 때 전봉준이 무장에서 발표한 창의문이며, ㉠, ㉡, ㉢, ㉣은 모두 폐정개혁 12조의 내용이다.
　㉤ 갑오 2차개혁 때 반포된 홍범 14조의 내용에 해당한다.

19 다음 모습이 나타난 당시의 사회 모습으로 옳은 것은?

> • 매향(賣鄕)에는 여러 가지 방법이 있다. 돈을 받고 향임(鄕任)에 임명하는가 하면, 사례비를 받고 향안(鄕案)이나 교안(향교의 학생 명단)에 올려 준다. … 한번 향임을 지내거나 향안, 교안에 오른 자들은 대개 군역과 요역에서 벗어난다. — 『정조실록』
> • 전국의 각 고을에는 향안이 있어서 한 고을의 기강이 되고 있으며, 황해도는 율곡 이이의 향약을 고을의 기강으로 삼아 특별히 중요하게 여겼다. 그런데 요즘 몇몇 탐학한 수령이 매향에 방해되는 것을 꺼려, 향전(鄕戰)을 빌미삼아 향안을 불살라 버렸다. 이로 말미암아 고을의 기강이 문란해지고 위아래의 구별이 없게 되었다. — 『일성록』

① 정부는 경재소를 설치하여 유향소를 통제하였다.
② 향회가 수령의 부세 자문기구로 점차 변화하였다.
③ 수령의 권한은 강화된 반면 향리의 권한은 약해졌다.
④ 양반은 촌락 단위보다는 군현 단위의 동약을 실시하였다.
⑤ 수령과 향리의 자의적인 농민 수탈이 사라지게 되었다.

💡 제시된 자료는 조선 후기의 향전에 대한 내용이다.
　① 경재소는 17세기 초 인조 때 혁파되었다.
　③ 수령과 향리의 권한이 강화되었다.
　④ 양반은 군현 단위보다는 촌락 단위의 동약을 실시하였다.
　⑤ 향회의 약화로 인해 수령에 대한 견제 세력이 사라지면서, 세도정치기에 들어서면 수령과 향리의 자의적인 농민 수탈이 격화되었다.

20 다음의 민주화 운동이 일어나게 된 원인으로 바른 것은?

> 우리는 왜 총을 들 수밖에 없었는가? 그 대답은 너무나 간단합니다. 너무나 무자비한 만행을 더 이상 보고 있을 수만 없어서 너도나도 총을 들고 나섰던 것입니다. … 시민 여러분! 우리 시민군은 온갖 방해에도 불구하고 여러분의 안전을 끝까지 지킬 것입니다. 또한 협상이 올바른 방향대로 진행되면 우리는 즉각 총을 놓겠습니다.

① 신군부 세력이 비상계엄을 전국으로 확대하였다.
② 3·15 부정선거에 항의하는 시위가 확산되었다.
③ 직선제 요구를 거부하는 4·13 호헌 조치가 발표되었다.
④ 대학생 박종철이 고문으로 사망하는 사건이 발생하였다.
⑤ 부산 정치파동으로 대통령 직선제 헌법 개정안이 국회에서 통과되었다.

💡 제시된 자료는 1980년 5·18 광주민주화항쟁 당시 광주 시민군의 궐기문이다.
　① 1979년 12월 12일 전두환·노태우 등의 신군부 세력이 쿠데타로 집권하고 군정을 실시하자 이에 반발하며 일어난 것이 5·18 광주민주화항쟁이다.
　② 4·19 혁명(1960) ③④ 6월 항쟁(1987) ⑤ 발췌개헌(1952)에 대한 설명이다.

🎯 17. ④　18. ④　19. ②　20. ①

헷갈리는 우리말 & 띄어쓰기

⬤ 다음 중 옳은 단어를 고르시오. [1~6]

01

가시 돋친 | 가시 돋힌

__________ 그의 말에 아무 것도 할 수 없었다.

💡 '돋치다'는 표준어로, '돋다'의 의미를 강조하는 접사 '–치–'가 붙은 형태다.　　　　**정답: 가시 돋친**

02

단출한 | 단촐한

부담 없는 자리니, __________ 차림으로 오도록 해.

💡 '단출하다'는 ① 식구·구성원이 적어 홀가분함 ② 일·차림이 간편함의 뜻을 갖고 있다.　**정답: 단출한**

03

뇌졸증 | 뇌졸중

선생님께서 __________으로 쓰러지셨다는 연락을 받았다.

💡 '뇌졸중'은 뇌혈관이 막히거나 터져서 근처 뇌 영역이 손상되며 신경학적 증상이 나타나는 질환을 말한다.　**정답: 뇌졸중**

04

신변 | 신병

경찰이 이미 범인의 __________을 확보했다고 합니다.

💡 신변(身邊)은 '몸과 몸의 주위'라는 뜻이며, 신병(身柄)은 '보호나 구금의 대상이 되는 사람'의 몸을 가리킨다.　**정답: 신병**

05

곤두박여 | 곤두박혀

높은 담을 넘다가 땅바닥에 __________ 큰 부상을 입었다.

💡 '곤두박이다'는 '높은 데서 거꾸로 내리박히다'는 뜻이다. '곤두박히다'는 틀린 표현이다.　**정답: 곤두박여**

06

딴지 | 딴죽

이번 일에 자꾸 __________ 거는 건 그만해 줘.

💡 '딴지'는 일이 순순히 진행되지 못하도록 훼방을 놓거나 어기대는 것을 말한다. '딴죽'은 ① 씨름이나 태껸에서 발로 상대편의 다리를 옆으로 치거나 끌어당겨 넘어뜨리는 기술 ② 이미 동의하거나 약속한 일에 대하여 딴전을 부림을 비유적으로 이르는 말이다.　**정답: 딴지**

🔘 ( ) 안에 들어갈 바른 표현은? [7~10]

07 나는 불필요한 소비를 ( )하고 물건 없는 단순한 삶을 실천 중이다.

> 지양 | 지향

💡 '지양'은 하지 않고자 하는 것, '지향'은 하고자 하는 것을 의미한다. 정답: 지양

08 앞으로 너의 미래가 더욱 행복해지길 ( ).

> 바래 | 바라

💡 '바라다'는 생각이나 소망대로 어떤 일이나 상태가 이루어지거나 그렇게 되었으면 하고 생각하다는 뜻이다. 정답: 바라

09 서울을 관통하는 한강의 ( )는 전 세계 대도시 기준으로 봐도 상대적으로 넓은 편이다.

> 너비 | 넓이

💡 '너비'는 평면이나 넓은 물체의 가로로 건너지른 거리를, '넓이'는 일정한 평면에 걸쳐 있는 공간이나 범위의 크기를 뜻한다. 정답: 너비

10 조심하지 않아서 결국 ( )이 났다.

> 사달 | 사단

💡 '사단(事端)'은 사건의 단서 또는 일의 실마리를 뜻하는 말이며, '사달'은 사고나 탈을 줄인 말이다. 정답: 사달

🔘 띄어쓰기에 대한 물음에 답하시오. [11~13]

11 다음 중 띄어쓰기가 옳은 것은?

① 아는체하지 마라.
② 아는 체하지 마라.
③ 아는체 하지 마라.
④ 아는 체 하지마라.
⑤ 아는체 하지마라.

💡 '체'는 의존명사 → 아는 체 / '하지 마라'에서 '마라'는 보조 용언 → 띄어 써야 한다. 정답: ②

12 밑줄 친 부분의 띄어쓰기가 바르지 않은 것은?

① 생각해 볼 만한 문제다.
② 집을 떠난 지 삼 년이 지났다.
③ 비가 올 듯하다.
④ 그 일을 해도 되는지 모르겠다.
⑤ 저 친구가 코치겸 선수도 한다는구나.

💡 ⑤ '겸'은 의존명사이므로 앞말과 띄어 써야 한다. → 코치 겸 선수 정답: ⑤

13 밑줄 친 말 중 띄어쓰기가 바르지 않은 것은?

① 내년 초에 시행할 예정입니다.
② 총무과의 김 과장님을 뵈러 왔습니다.
③ 재경이는 태풍 때문에 막차를 놓쳐 안절부절못했다.
④ 회사에서 공지한 바 이를 알립니다.
⑤ 이번 표결에서는 찬성한 이도 반대한 이만큼이나 많았다.

💡 ④ 어미 '-ㄴ바'는 붙여 써야 하므로, '공지한바'로 고쳐야 한다. 정답: ④

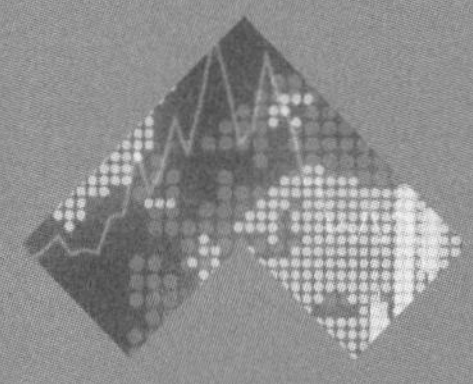

상식 요모조모

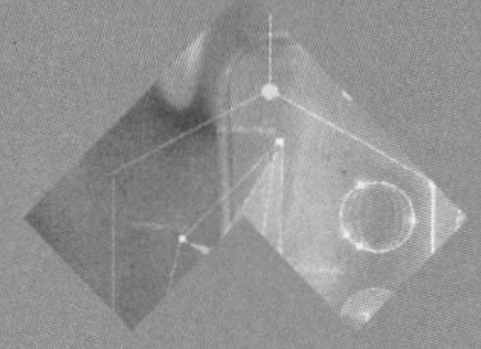

상식 요모조모

뉴스 속 와글와글 / Books & Movies

상식 파파라치

백악관에 세워진 콜럼버스 동상, 트럼프의 지지층 결집 의도?

도널드 트럼프 미국 행정부가 3월 22일 이탈리아 출신의 탐험가 크리스토퍼 콜럼버스(1451~1506)의 동상을 백악관 경내에 설치했다. 이 동상은 2020년 「흑인 생명은 소중하다(BLM·Black Lives Matter)」 시위 때 시위대가 볼티모어의 항구 이너하버에 던진 동상의 복제품이다. 콜럼버스는 미국의 초석을 놓은 영웅으로 평가받기도 하지만, 원주민을 노예화하고 유럽 식민 정복의 문을 열었다는 비판도 받고 있는 인물이다. 이에 BLM 시위 당시 미국 전역의 콜럼버스 동상 30개 이상이 파괴·철거된 바 있다.

한편, 트럼프 행정부의 콜럼버스 동상 설치를 두고 올해 중간선거를 앞두고 미국 인구의 5%를 차지하는 이탈리아계 유권자의 환심을 사기 위한 행보라는 분석이 제기됐다. 트럼프 대통령은 지난해 10월에는 콜럼버스를 미국의 영웅으로 규정하고 기념하도록 하는 포고문에 서명한 바 있다.

크리스토퍼 콜럼버스는 누구? 이탈리아 출신의 탐험가이자 아메리카 대륙의 발견자이다. 그는 1492년 10월 오늘날의 아이티와 쿠바가 속해 있는 바하마 제도의 한 섬에 상륙했다. 그는 이곳을 인도의 서쪽이라 믿었기 때문에 이 일대를 「서인도 제도」라 부르고, 이곳의 원주민을 「인디언」이라 칭했다. 콜럼버스의 서인도 항로 발견으로 담배와 같은 신대륙의 작물이 유럽에 전해졌으나, 에스파냐에 의한 식민지 경영이 시작되면서 수많은 아메리카 원주민들이 살해되고 노예화되는 비극이 발생했다. 여기에 천연두와 같은 감염병이 유럽에서 신대륙으로 퍼져나가면서 문명 파괴를 일으키기도 했다. 

로이터, 「얼굴 없는 화가」 뱅크시 정체 공개 「굳이 알려야 했나?」 비난 여론 속출

로이터가 4월 13일 자체 조사를 통해 세계에서 가장 유명한 익명 예술가 뱅크시(Banksy)가 영국 브리스틀 출신의 그래피티 예술가 로빈 거닝엄(53)일 가능성이 크다고 주장했다. 뱅크시는 전쟁·자본주의·권력 등을 풍자하는 거리 벽화로 세계적 명성을 얻은 그래피티 작가로, 한 번도 공식적으로 정체를 밝힌 적 없이 신비주의를 고수해 왔다.

로이터의 보도에 따르면 거닝엄은 신원이 드러나는 것을 피하고자 2008년 데이비드 존스라는 이름으로 개명했는데, 신원 노출의 결정적 단서는 2022년 우크라이나 키이우 인근 호렌카 마을에서 발견된 벽화 때문인 것으로 알려졌다. 이와 같은 로이터의 보도에 뱅크시 측은 사실 여부에 대한 입장을 밝히지 않았으나, 뱅크시의 변호사는 성명을 통해 조사에 포함된 많은 세부사항이 부정확하다고 반박했다. 여기에 미술계 안팎에서도 익명성 훼손 문제를 들어 로이터를 향해 거센 비난 목소리를 내고 있다.

몽골의 수도는 어디? 울란바토르 아닌 「울란바타르」입니다

문화체육관광부와 국립국어원이 외교부가 요청한 「몽골 수도의 한글 표기 변경 건」을 심의하고, 몽골 수도의 한글 표기를 「울란바토르(Ulan Bator)」에서 「울란바타르(Ulaanbaatar)」로 변경한다고 3월 25일 밝혔다. 그간 몽골 수도의 한글 표기는 러시아어식인 울란바토르로 통용돼 왔으나, 몽골 현지의 표기·발음과 달라 행정상의 불편이 제기돼 왔다. 이에 외교부는 몽골식 표기에 기반한 「울란바타르」로 변경할 것을 문체부에 요청했으며, 문체부와 국어원은 「외래 고유명 심의위원회」를 열고 현지음과 표기에 따른 울란바타르 표기 결정을 내리게 됐다.

대전 오월드 탈출한 늑대 「늑구」, 탈출 9일 만에 포획돼 무사 귀환

4월 8일 대전 오월드 동물원을 탈출한 늑대 「늑구」가 9일 만인 17일 포획돼 오월드로 귀환했다. 늑구는 2008년 러시아 사라토프주에서 한국 늑대 복원사업의 일환으로 들여온 늑대의 3세대 후손으로, 2024년 오월드에서 태어났다. 4월 17일 대전소방본부와 대전도시공사 등에 따르면 수색 당국은 이날 0시 44분쯤 대전시 중구 안영동 대전남부순환도로 안영나들목(IC) 인근에서 늑구를 포획해 오월드로 이송했다. 대전 오월드와 수의사 등에 따르면 탈출 당시 약 40kg이었던 늑구는 2~3kg가량 체중이 줄었지만, 건강에는 큰 이상이 없는 것으로 확인됐다. 한편, 대전 오월드는 기존 2m 높이의 철조망을 추가로 높이고 별도의 철조망도 설치하는 등 향후 동물들의 탈출을 막기 위해 안전시설을 한층 강화할 방침이다. 특히 늑대사의 경우 지하 1m 깊이로 설치된 철조망을 더 깊게 보강하고 동물원 내 원형도로를 따라 이중 철조망을 설치하는 방안도 추진하기로 했다.

> **어디가니 늑구맵** 늑구를 수색하는 과정에서 온라인 커뮤니티에 등장한 늑구의 위치를 추적하는 앱의 명칭이다. 해당 사이트에는 늑구의 탈출 경과와 수색 반경, 포획 트랩 수, 허위 신고 현황 등이 정리된 것을 비롯해 늑구의 안전 귀환을 바라는 메시지, 허위신고 주의 안내, 늑대 생태정보 등 다양한 정보 등이 담겨 화제를 모았다.

기대감이 슬픔으로 변하기까지, 「슬픈 배달음식 증후군」이 뭐야?

최근 1인가구 급증과 배달 앱 확산으로 배달음식 수요가 늘면서, 온라인과 미디어에서 「슬픈 배달음식 증후군」이라는 신조어가 등장했다. 이는 배달음식을 시키기 전에는 매우 기대되고 행복하지만, 막상 먹고 나면 우울감·후회·허탈함을 느끼는 심리 현상을 뜻한다. 즉, 배달음식 주문 전에는 메뉴를 고르고 이를 기다리는 과정에서 설렘이나 기대감이 고조됐다가, 막상 음식이 도착하고 식사를 완료한 뒤에는 남은 음식과 포장 쓰레기 처리, 소비와 과식에 대한 후회가 이어지는 상황이 반영된 것이다. 한편, 「슬픈 배달음식 증후군」이 발생하는 것은 행복 호르몬인 도파민의 영향 때문이라는 분석이 있다. 도파민은 5~10분 내로 빠르게 감소하는 특성이 있는데, 배달음식을 주문하기 전 음식에 대한 기대로 강하게 분비된 도파민이 음식 도착 후부터는 빠르게 줄어들면서 기분이 급격히 가라앉기 때문이라는 것이다.

BOOKS & MOVIES

책 BOOKS

반대편 사람 주의 조경란 著

올해로 등단 30주년을 맞은 소설가 조경란의 아홉 번째 소설집으로, 2024년 이상문학상 대상 수상작인 「일러두기」와 같은 해 김승옥문학상 대상 수상작인 「그들」을 포함한 모두 7편의 작품이 수록됐다. 소설은 평범한 일상을 살아가는 누구나가 겪을 법한 고독과 불안, 그럼에도 관계에 의지해 미묘한 변화를 겪으며 하루하루 살아내는 이들의 이야기를 담아냈다.

「은천에서」와 「그녀들」에서는 대학강사인 영서가 자신과 가족, 그리고 한때 사랑했으나 더는 가까워질 수 없었던 이들과의 관계에서 겪는 단절과 이해의 과정이 담담히 그려진다. 또 「그들」과 「빗방울 하나 마른잎을 두드리네」, 「절차」에는 영서처럼 홀어머니와 단둘이 사는 중년의 대학강사 종소가 등장한다. 그는 안정적인 교수로서의

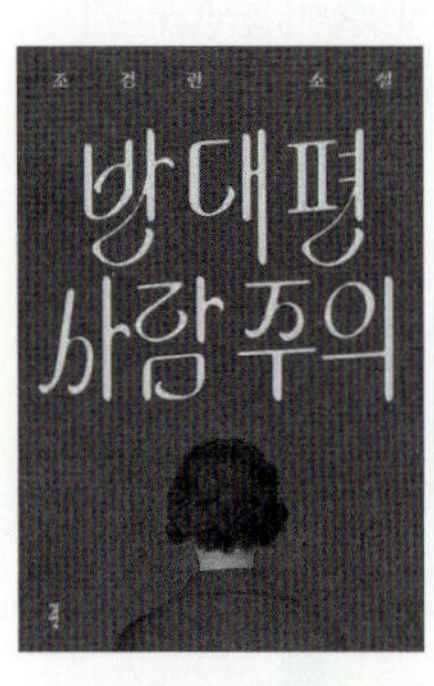

삶을 꿈꾸지만 이는 좀처럼 이뤄지지 않고, 이에 자신에게 기회를 줄 것처럼 속였던 최교수에게 복수하려는 마음으로 그의 아내가 운영하는 카페를 찾게 된다. 하지만 종소는 화장실 문을 밀고 들어가다 사고를 내는데, 최교수의 아내인 영주의 도움을

받으면서 그의 복수극은 어이없이 끝나게 된다. 그리고 「검은 개 흰말」에서의 양지는 아무도 이해할 수 없는 불안에 시달리고 있는 조카를 보면서 과거 목숨을 끊으려고 했던 자신을 겹쳐 보게 된다.

나쁜 의도는 없었습니다 손원평 著

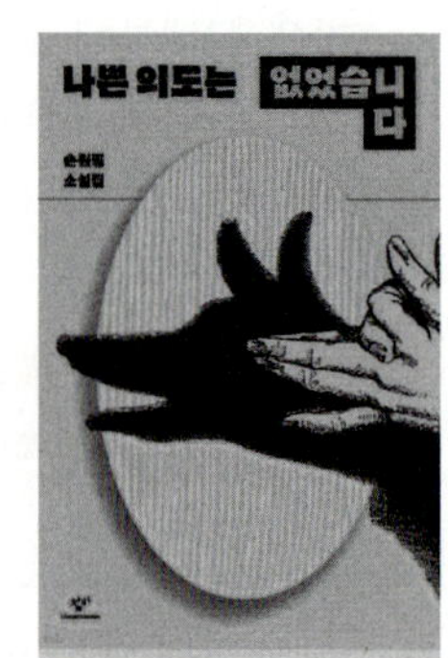

감정을 느끼지 못하는 소년의 성장기를 다룬 장편소설 《아몬드》로 화제를 모았던 손원평 작가의 두 번째 소설집이다. 소설집은 프리미엄 문화센터, 호텔, 공부방, 명품매장, SNS 등을 배경으로 펼쳐지는 10편의 단편을 통해 현대인들의 다채로운 모습을 그리고 있다.

소설집의 문을 여는 「당신의 손끝」은 문화센터에서 일하는 미술강사 효원이 자신을 열렬히 신뢰하고 응원하는 수강생 주영 덕분에 폐강 직전의 강좌를 지키게 되는 데서 시작된다. 이후 효원은 무리해서 문화센터 근처 낡은 건물에 화실을 열지만 믿었던 주영은 어쩐지 자신에게 싸늘해지고, 곧 친밀하다고 믿었던 관계의 실체를 뼈저리게 느끼게 된다. 「태양 아래 반짝이는」의 나는 최고급 호텔 수영장에서 일하며 남루한 현실을 벗어나고 싶어한다. 그는 투숙객과의 일탈을 통해 잠시나마 자신이 호화로운 세계에 발을 들였다는 착각에 빠지지만, 결국 돌아온 것은 더 깊은 상처와 모욕뿐이다. 이 밖에 「그 아이」는 사치품의 가치 앞에서 무력해지는 인간의 모습을, 「통행증은 마스크」는 자극적 가짜뉴스를 생산하는 데 거리낌 없는 수습기자의 하루를 그려낸다. 작가는 이와 같은 등장인물들을 통해 「나쁜 의도는 없었다」는 말로 스스로를 정당화해온 자신을 돌아보게끔 만들며, 「우리는 과연 서로를 다치게 하지 않고 살아갈 수 있는가」를 질문한다.

 영화 MOVIES — 힌드의 목소리

감독 _ 카우타르 벤 하니야
출연 _ 사자 킬라니, 모타즈 말히스,
클라라 코우리

팔레스타인 가자지구에서 숨진 6세 소녀의 실화를 기반으로 한 영화로, 지난해 베니스국제영화제에서 심사위원대상을 수상한 작품이다. 특히 영화는 당시 베니스영화제 역사상 최장 기록인 23분간의 기립박수를 받으면서 화제를 모은 바 있다.

영화는 이스라엘군이 가자지구 텔알하와 지역에 대피 명령을 내린 2024년 1월 29일, 이슬람권 구호단체인 적신월사에 한 통의 전화가 걸려오는 데서 시작된다. 전화의 내용은 피란하던 한 가족의 차량이 총격을 당해 대부분이 숨졌는데, 6살 아이인 힌드가 홀로 차 안에 갇혀 있다는 것이다. 이에 적신월사 콜센터 직원들은 가족의 시신 사이에 갇힌 힌드와 통화를 이어가며 구조를 시도한다. 구조대와 힌드는 불과 8분 거리에 있었지만, 구조대가 적십자사를 통해 이스라엘군과 협의해야만 구조 차량이 안전하게 목적지로 이동할 수 있어 출동은 계속 늦어진다. 특히 영화는 사건 당시 콜센터 직원과 힌드가 주고받은 실제 통화 녹음파일을 그대로 사용해 당시의 충격을 고스란히 전한다. 여기에 적신월사 직원

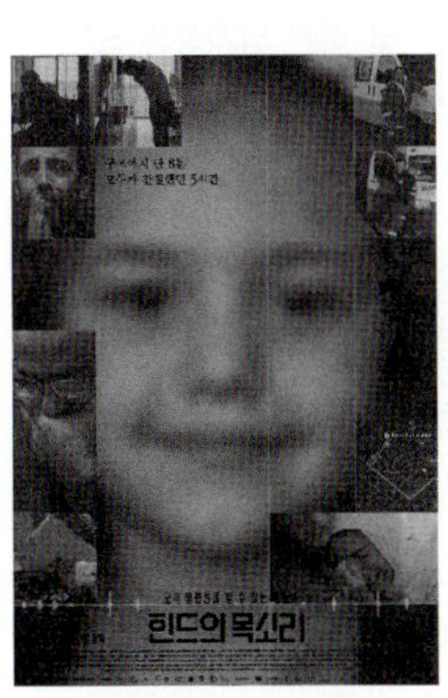

들이 찍은 실제 영상이 극적으로 재연된 장면과 섞이면서 현실과 재현의 경계는 모호해진다.

한편, 힌드는 자신의 마지막 목소리를 남긴 그곳에서 이스라엘군의 총격을 받고 목숨을 잃었다. 추후 현장의 차량에서는 총탄 355발과 힌드를 포함한 시신 6구가 발견된 것으로 알려졌다.

영화 속 톡!톡!톡!

"제발 나를 버리지 말아요. 가족 전부 죽었어요."

내 이름은

감독 _ 정지영
출연 _ 염혜란, 신우빈, 최준우, 박지빈

영화 〈부러진 화살〉, 〈남영동 1985〉 등을 통해 한국 현대사의 이면을 조명해 온 정지영 감독의 신작으로, 제주 4·3사건을 배경으로 자신의 이름을 가슴에 묻고 살아야 했던 여인 정순(염혜란)의 삶을 그려낸 작품이다. 제주 4·3사건은 1947년부터 1954년까지 제주도에서 발생했던 무력충돌과 그 진압 과정에서 수많은 주민이 희생된, 우리 현대사의 비극이다.

영화는 1998년 제주도를 배경으로 정순과 그의 아들 영옥(신우빈) 모자의 삶을 포착한다. 정순은 9세 이전의 기억이 없지만 그런대로 살아가고 있고, 영옥은 친구들과 어울리기 좋아하는 밝고 평범한 고등학생이다. 그러던 어

느날 정순은 서울에서 온 정신과 의사의 권고로 오랜 세월 가슴에 묻어뒀던 1949년 어느 봄날의 슬프고 충격적인 기억을 다시 꺼내게 되고, 영옥은 전학생 경태(박지빈)로 인해 교실의 권력 구조가 바뀌는 변화를 맞게 된다. 정순은 자신의 진짜 이름을 찾는 과정에서 자신의 기억에서 지워진 4·3이라는 국가폭력을 마주하게 된다. 특히 영화는 정순의 비극적 과거와 학교폭력에 노출된 1998년 영옥의 현재를 교차시키면서 그날의 진실에 다가서고, 폭력이 어떻게 대물림되는지를 효과적으로 전달한다.

한편, 이 영화의 탄생을 가능하게 해준 9778명 시민 후원자들의 이름이 5분간 스크린을 채우며 올라가는 엔딩 크레디트는 영화의 먹먹함과 여운을 오래도록 잇는다.

영화 속 톡!톡!톡!

"이제 엄마 이름으로 살아갑서."

👍 중동·아랍·이슬람권, 뭐가 다른 거야?

지난 2월 28일 미국과 이스라엘의 이란 공습으로 중동에서 전쟁이 발발하며, 전 세계의 이목은 다시 중동으로 집중됐다. 대규모 석유가 매장돼 있는 중동 지역은 전 세계 에너지 시장과 경제에 미치는 영향이 매우 큰 곳이어서, 평시에도 주요 이슈로 다뤄지는 지역이기도 하다. 한편 흔히 「중동」하면 「아랍」이나 「이슬람권」이라는 용어와 동일하다고 생각하는 사람이 많지만, 이는 틀린 사실이다. 과연 중동, 아랍, 이슬람권 국가의 의미와 그 차이는 무엇일까?

「중동」은 지리적 개념 중동(中東, Middle East)은 일반적으로 지중해 동쪽부터 아라비아만(페르시아만)까지 이르는 지역을 뜻하는 말이다. 이는 그 범주가 뚜렷하게 정해져 있지는 않지만, 전통적으로 이집트에서부터 아라비아반도 및 이란 등을 포함한다.

중동이라는 용어는 1900년경 유럽을 중심으로 동양(Orient)을 지정학적으로 ▷근동(Near East) ▷중동(Middle East) ▷극동(Far East) 등으로 구분한 데서 유래한 것이다. 그러다 19세기 말 미국의 해군전략가였던 알프레드 마한의 저서 〈The Influence of Sea Power upon History〉에 언급되며 그 사용이 확산돼 현재에 이르고 있다. 하지만 이러한 구분은 유럽 중심의 사고에서 비롯된 것으로, 해당 지역의 역사적·문화적 차이를

▲ 중동의 위치

충분히 반영하지 못한다는 한계가 있다.

한편, 중동 지역은 ▷걸프연안 및 아라비아반도 ▷레반트 지역 ▷비옥한 초승달 지역 ▷마그레브 지역으로 세분화하기도 한다. 또 중동 지역의 민족으로는 아랍인, 페르시아인, 유대인, 쿠르드족, 아르메니아인, 베르베르인, 누비아인 등이 있다.

중동 지역 내 구분(출처: 외교부)

걸프지역 (The Gulf)	아라비아반도와 이란 사이 만 일대의 연안국으로, 아랍에미리트·사우디아라비아·카타르·바레인·쿠웨이트·이란·이라크·오만 등이 해당된다.
마그레브 (Maghreb)	아랍어로 「해지는 장소」라는 뜻으로 아라비아반도 기준 서쪽에 위치한 북서아프리카 지역(이집트, 모로코, 알제리, 튀니지, 리비아 등)을 지칭한다.
레반트(Levant)	역사적으로 지중해 동쪽 지역을 의미하며, 1920년 프랑스의 시리아·레바논 점령 후부터 요르단, 레바논, 시리아, 이스라엘, 팔레스타인 등을 지칭한다.
비옥한 초승달 (Fertile Cresent)	초승달 모양으로 형성된 비옥한 땅을 지칭하며, 이라크·시리아·레바논·이스라엘·팔레스타인 및 이란 남서쪽과 요르단 일부 지역을 포함한다.

세계 에너지 시장을 좌우하는 중동 중동은 세계 최대의 석유 매장 지역이라는 점에서 전 세계 경제에 있어 매우 중요한 역할을 하는 곳이다. 중동의 대표적 산유국으로는 사우디아라비아·이란·이라크·쿠웨이트·아랍에미리트(UAE) 등이 있으며, 카타르의 경우 세계 최대 액화천연가스(LNG) 수출국 중 하나로 꼽힌다.

또한 중동 지역은 주요 해상 교통로가 위치해 있다는 점에서도 전략적 중요성을 지니고 있는데, 대표적으로 수에즈 운하와 호르무즈 해협, 바브엘만데브 해협이 꼽힌다.

「아랍(Arab)」은 민족·문화적 개념

중동이 지리적 개념이라면 아랍은 혈통과 언어적 정체성이 기준으로, 아랍어를 모국어로 사용하는 사람들과 그 문화를 공유하는 국가들을 가리킨다. 일반적으로 아랍은 1945년 이집트 카이로에서 창설된 아랍국가들의 연합기구인 「아랍연맹(League of Arab States)」 22개국을 지칭한다. 이 22개국에는 ▷팔레스타인 ▷이라크 ▷요르단 ▷이집트 ▷레바논 ▷알제리 ▷모로코 ▷튀니지 ▷리비아 ▷아랍에미리트 ▷사우디아라비아 ▷오만 ▷카타르 ▷쿠웨이트 ▷바레인 ▷예멘 ▷수단 ▷모리타니 ▷소말리아 ▷지부티 ▷코모로공화국 ▷시리아 등이 포함된다.

아랍어의 특징은? 아랍연맹 국가들 모두 아랍어를 사용하지만, 이 아랍어도 차이가 있다. 흔히 알려져 있는 아랍어는 「푸스하(Fusha)」(표준 아랍어)로, 이는 이슬람의 성서 꾸란(코란)에 있는 아랍어이다. 이는 모든 아랍국가에서 공통적으로 사용되는 것으로, 문법이 매우 엄격하고 복잡하며 공식 석상 및 뉴스에서 사용된다는 특징이 있다. 이에 반해 일상적인 대화에서 사용되는 「암미야(Ammiyya)」라는 아랍어 방언이 있는데, 이는 지역마다 차이가 있다. 이처럼 아랍어는 문어체와 방언 간의 격차가 크고, 문서 목적에 따라 표준어를 쓰되 실제 사용은 지역 방언이 강하게 반영되는 언어라는 특징이 있다.

이란은 아랍 국가가 아니다? 이란은 중동에 위치하고 이슬람 국가이지만, 아랍 국가에는 해당하지 않는다. 이란은 아랍어가 아닌 페르시아어(이란어)를 사용하는데, 이는 아랍어와 전혀 다른 인도유럽어족 언어에 속한다. 또 종교적으로도 이란은 이슬람 시아파가 주류인 반면, 대부분의 아랍 국가는 수니파가 주류를 이루고 있다. 이 밖에 중동에 속하는 튀르키예도 튀르키예어를 사용하고 이스라엘도 히브리어를 사용하는 등 아랍 국가에 해당하지 않는다.

💡 이란은 본래 페르시아로 불렸는데, 이는 역사적으로 서구에서 이 지역을 지칭하는 명칭이었다. 그러다 1935년 당시 팔레비 왕조가 국호를 「이란」으로 공식 변경하면서 국제적으로도 이란이 널리 쓰이게 되었다.

중동이지만 아랍이 아닌 대표적 국가는?

국가	특징
이란	페르시아인, 페르시아어 사용
튀르키예	튀르크인, 튀르키예어 사용
이스라엘	유대인, 히브리어 사용

이슬람권은 종교적 개념

이슬람권은 이슬람교가 국교이거나 무슬림이 다수 거주하는 국가를 가리키는 종교적 개념이다. 이는 중동, 북아프리카와 동남아시아(인도네시아, 말레이시아) 등 지구촌 전역에 분포한다. 예컨대 사우디아라비아는 아랍 국가이면서 이슬람 국가이며 중동에 위치해 있지만, 이란은 이슬람 국가이지만 아랍 국가가 아니며 중동에 위치해 있다. 그리고 인도네시아의 경우 이슬람 국가이지만 아랍 국가나 중동에 포함되지 않는다. 이처럼 중동은 지리적 범위(서아시아·북아프리카 일부), 아랍은 아랍어·문화권(아랍연맹 등), 이슬람은 종교(무슬림·이슬람 국가)로 분류되는 개념이라는 점에서 그 차이가 명확하다.

수니파와 시아파(Suunis & Shiis) 이슬람교를 양분하는 분파로, 이슬람 창시자 무함마드 사후(632년)에 그의 후계자 선정 방식을 놓고 충돌하며 분열했다. 현재 전 세계 이슬람교도 가운데 수니파가 전체의 90%를 차지하는 다수파이고, 나머지 10%가 시아파이다. 수니파의 종주국은 사우디아라비아이며, 시아파의 종주국은 이란이다.

알고 싶은
석유 이야기

지난 2월 28일 미국과 이스라엘의 이란 공습으로 중동전쟁이 발발하면서, 국제 유가 시장은 대혼란 속으로 빠져들었다. 특히 중동 각국의 에너지 생산시설 타격과 중동 원유 수송의 주요 통로인 「호르무즈 해협」 봉쇄가 이어지면서, 유가는 나날이 급등하며 우리나라는 물론 전 세계 경제에 치명타를 미쳤다. 이처럼 석유는 핵심 에너지 자원이자 대부분의 산업에 있어 기본 원료가 된다는 점에서 세계 경제 전체를 흔드는 변수로 자리하고 있다. 대표적으로 1차 석유파동(1973~1974)과 2차 석유파동(1978~1981)를 들 수 있는데, 당시 오일쇼크로 인해 전 세계적으로 인플레이션과 경기침체가 촉발된 바 있다.

▲ 석유란 무엇인가

석유(Petroleum)는 수백만 년 전 지구에 살았던 생물들의 잔해가 땅속 깊은 곳에서 열과 압력을 받아 생성된 탄화수소(Hydrocarbon)의 혼합물로, 원유(천연 상태)와 정제·가공을 거쳐 만들어지는 석유제품(휘발유·경유·나프타 등)을 통칭해 부르는 말이다. 석유의 기원에 관한 가장 일반적인 견해로는 「유기기원설」이 있는데, 이는 아주 오랫동안 지하에 매몰된 유기물이 지열과 지압, 토양의 촉매작용으로 탄화수소로 변성했다는 설이다. 또 지하의 금속 탄화물과 물이 고온·고압에 반응하여 탄화수소가 되었다는 「무기기원설」 견해도 있다.

유전의 성립 과정 탄화수소가 생성되더라도 유전으로 성립되기 위해서는 근원암, 저류암, 집유구조와 덮개암이 필수적으로 존재해야 한다. 즉, 유전이 생성되기 위해서는 유기물을 함유한 퇴적암이 널리 발달해 큰 퇴적 분지가 형성돼 있어야 하며, 적절한 온도와 압력에 의해 화학 변화가 진행돼야 한다. 또 석유층이 생성되는 사암이나 석회암이 있어야 하며, 지각 변동에 의해 석유가 고이기 쉬운 지층 구조

석유 vs 천연가스

구분	석유	천연가스
상태	액체	기체
주요 성분	다양한 탄화수소	메탄(CH_4) 중심
생성 온도	60~120℃	120℃ 이상
위치	지하 저장층	석유 위쪽에 함께 존재

를 이뤄야 한다. 이처럼 유전 성립은 여러 조건이 동시에 갖추어져야 하는데, 지구상에 이러한 조건을 구비하고 있는 장소는 한정돼 있기 때문에 석유·가스의 매장이 지역적으로 편재돼 있는 것이다.

원유 추출과 정제　지하에서 막 추출해 정제되지 않은 검고 끈적끈적한 액체 상태를 「원유(Crude Oil)」라 하는데, 원유는 생산지와 산출되는 유층에 따라 성분과 품질에 차이가 있다. 우선 미국석유협회가 제정한 비중 표기 방식인 API도(원유의 비중을 나타내는 정도)에 따라 분류하면 ▷API도 30도 이하는 중질원유 ▷API도 34도 이상은 경질원유로 분류된다. 또 화학적 성분에 따라 분류할 때는 석유의 주성분인 탄화수소의 종류에 따라 나프텐기 원유(아스팔트기 원유), 파라핀기 원유, 혼합(중간)기 원유로 분류한다.

이 지하에서 갓 채굴한 원유에는 황화합물, 질소화합물, 산소화합물, 금속염류 등의 불순물이 섞여 있어 이를 정제하는 공정을 거치게 되며, 이러한 정제 공정을 통해 다양한 석유제품이 탄생하게 된다. 정제는 ▷원유의 주성분인 탄화수소의 혼합물들을 비등점 차이에 따라 분류하는 증류 과정과 ▷이를 통해 추출한 여러 가지 유분 내에 포함돼 있는 불순물을 제거하고

원유 정제 과정

1단계(분별증류)	석유를 가열해서 끓는점 차이로 나눔
2단계(개질)	큰 분자를 쪼개거나 구조를 바꿈
3단계(정제 및 처리)	황과 불순물 등 제거

촉매를 첨가해 탄화수소에 반응을 일으켜 성질이 다른 탄화수소를 만들어 내는 전화(분해, 개질) 과정이 있다. 따라서 원유는 원료, 석유는 이 원료로부터 만들어진 다양한 제품군(휘발유, 경유, 중유 등)을 가리키는 것이라 할 수 있다.

석유제품의 종류　원유를 가열하면 끓는점이 낮은 것부터 높은 것 순으로 증발하여 기화가 이뤄진다. 그리고 이것을 식혀 차례로 용기에 담으면 끓는점의 차이에 따라 여러 가지 석유제품이 생산되는데, 이를 「분별증류」라고 한다.

LPG(Liquefied Petroleum Gas, 액화석유가스)　원유의 상압증류장치 최상단에서 추출되는 가장 가벼운 기체 상태의 탄화수소로, 이는 압력을 가해 액체로 만들어 보관한다. LPG는 주로 원유를 정제할 때 발생하는 부생가스와 천연산 혼합가스에서 제조되나 석유화학 공업의 여러 공정 중에서도 만들어진다. 주로 프로판과 부탄으로 나뉘며 ▷가정이나 식당의 취사용이나 난방용 ▷택시 등 LPG 차량의 연료로 사용된다.

휘발유(Gasoline)　휘발유는 비등점 범위가 섭씨 30~200℃ 정도의 휘발성 액체 상태의 석유 유분이다. 이는 일반적으로 자동차용 휘발유, 항공기용 휘발유, 공업용 휘발유의 3가지로 구분된다.

나프타(Naphtha)　나프타는 원유를 증류할 때 LPG와 등유 유분 사이에 유출되는 것으로, 일반적으로 경질 나프타와 중질 나프타로 구분된다. 경질은 주로 용제 및 석유화학의 원료로 사용되며(NCC의 원료), 중질은 개질시설을 통해 휘발유 제조나 B.T.X 생산에 사용된다. 나프타는 연료용의 경우 휘발유·제트유 등의 제조 원료로 쓰이며, 원료용은 주로 석유화학 공업용으로 사용된다. 특히 나프타를 가공하면 에틸렌과 프로필렌 등을 얻을 수 있는데, 이들은 합성섬유(폴리에스터), 플라스틱, 고무, 화장품, 의약품 등을 만드는 핵심 원료가 된다.

등유(Kerosene)　현재 가정용 실내 난방 보일러에 주로 사용되며, 높은 고도의 추운 환경에서도 얼지 않고 잘 타야 하는 항공기(제트기)의 연료(항공유)로 매우 중요하게 쓰이고 있다.

경유(Diesel) 경유는 등유 다음으로 유출되는 유종으로, 휘발유보다 힘을 내는 데 유리하고 연비가 좋다. 따라서 큰 힘이 필요한 트럭, 버스, 굴착기 같은 대형 중장비나 디젤 승용차, 디젤 기관차의 연료로 사용된다.

중유(Fuel Oil) 우리나라 석유제품 중 수요가 가장 많은 제품으로, 상압증류 공정에서 정유탑의 밑바닥에 최후까지 남은 제품이다. 중유는 선박 내연기관·보일러 등의 연료로 사용되지만, 분해 공정의 원료로 투입하고 공정 처리를 하여 경질유(휘발유, 등·경유), 윤활기유, 아스팔트, 왁스, 코크스 등을 제조하기도 한다.

아스팔트(Asphalt) 아스팔트는 도로 포장용이나 건축 재료로 이용되는 석유제품으로, 도로를 포장할 때 모래나 자갈과 섞어서 쓰거나 건물 지붕 등의 방수재로 활용된다.

윤활기유 중유와 아스팔트 사이의 물질을 진공 상태에서 한 번 더 증류해 얻는 것으로, 자동차 엔진의 마찰을 줄여주는 엔진오일이나 기계의 윤활유를 만드는 기본 원료가 된다.

부생연료유 석유화학 공정에서 나프타 및 콘덴세이트를 원료로 한 석유화학제품 생산 시 발생하는 부산물로, 주로 보일러 등의 연료로 사용된다.

원유의 분별증류

LPG(액화석유가스, ~25℃)	끓는점이 가장 낮아 가장 위에서 첫 번째로 분리되는 기체. 주로 가정용 취사·난방, 차량용 연료로 사용
휘발유(가솔린, 40~75℃)	자동차(가솔린 엔진)의 연료로 가장 널리 알려진 성분
나프타(납사, 75~150℃)	플라스틱, 비닐, 합성섬유(나일론 등), 고무, 화장품, 의약품 등 석유화학 산업의 기초 원료
등유(Kerosene, 150~240℃)	항공기(비행기)의 연료나 가정용 실내 난방유로 사용
경유(디젤, 240~350℃)	트럭, 버스, 중장비, 기차 등 디젤엔진 차량의 연료로 사용
중유(Fuel Oil, 350℃ 이상)	대형 선박의 연료나 화력 발전소, 대형 공장의 보일러 연료로 사용
아스팔트(찌꺼기, 350℃ 이상 남은 물질)	원유를 끓이고 증발시킨 뒤 가장 밑바닥에 남는 끈적하고 시커먼 찌꺼기로, 도로를 포장하는 재료나 건축물의 방수재로 활용

석유의 매장량 석유의 매장량은 유층 내에 집적돼 있는 석유를 지표로 끌어 올렸을 때 1기압 15℃ 표준상태에서의 석유의 용적을 말한다. 매장량의 개념 중 일반적으로 가장 많이 쓰이는 것이 「확인매장량(Proved Reserves)」인데, 이는 현재의 기술력으로 퍼 올릴 수 있고 현재의 시장 가격으로 팔았을 때 이익이 남는 확실한 석유의 양을 말한다. 그리고 추정/기대매장량(Probable/Possible Reserves)은 땅속에 석유가 있을 것으로 예상되지만, 아직 기술이 부족하거나 비용이 너무 많이 들어 현재로서는 캐낼 가치가 없는 양을 말한다. 다만 시추기술 등이 발전하게 되면 추정매장량이 확인매장량으로 바뀌면서 매장량이 급증하기도 한다. 무엇보다 석유 매장량에서 최대 관심사는 앞으로 생산 가능한 기간을 뜻하는 「가채년수」이다. 하지만 가채년수가 40년이라고 해서 석유가 40년 후 고갈될 것이라고 속단할 수는 없는데, 확인매장량이라는 것은 현재의 기술로 경제적으로 회수할 수 있는 양을 가리키기 때문이다.

한편, 2025~2026년 기준 최신 에너지 통계에 따르면 전 세계 석유 확인 매장량은 약 1조 6000억~1조 7000억 배럴 수준으로 추산된다. 그리고 주요국별 석유 매장량을 보면 2025년 기준(단위: 십억 배럴)으로 ▷베네수엘라(303.8) ▷사우디아라비아(297.5) ▷캐나다(168.1) ▷이란(157.8) ▷이라크(145) ▷러시아(107.8) ▷쿠웨이트(101.5) ▷UAE(97.8) ▷미국(68.8) 등의 순이다.

▲ 석유의 역사

석유는 수천 년 전부터 인류와 함께한 자원으로, 고대 중동 지역에서는 지표면으로 스며 나온 원유(역청)를 방수재, 접착제, 의약품, 횃불의 연료로 사용했다는 기록이 있다. 또 성경에 등장하는 〈노아의 방주〉에 칠한 역청이나 고대 이집트의 미라 제작 과정에서도 석유의 흔적이 발견된다.

근대 석유산업의 탄생(1859) 상업적 석유산업이 본격적으로 시작된 것은 1859년 미국 펜실베이니아주 타이터스에서 에드윈 드레이크(Edwin Drake)라는 인물이 증기기관을 이용해 지하 21m 깊이에서 원유를 퍼 올리는 데 성공한 것이 계기가 됐다. 드레이크는 최초의 유전 굴착자로서 유전 개발을 통한 석유 대량 공급 가능성의 문을 열었다. 특히 석유에서 얻어진 등유가 등불 연료용으로 우수하다는 것이 알려지면서 등유 램프는 이전에 사용되던 고래기름을 대체하며 전 세계로 확산됐다.

록펠러의 스탠더드 오일 독점과 해체 미국의 사업가 존 D. 록펠러(John D. Rockefeller)는 드레이크의 원유 추출 성공 이후 정제사업에 주목했고, 이에 1870년 오하이오주 클리블랜드에 「스탠더드 오일(Standard Oil Company)」을 설립했다. 스탠더드 오일은 공격적인 인수합병과 운송망 장악을 통해 미국 석유 정제시장의 90% 이상을 독점하게 되는데, 이로 인한 폐해도 함께 늘기 시작했다. 그러다 1904년 탐사보도 기자 아이다 타벨이 스탠더드 오일의 비밀 리베이트, 협박, 스파이 행위 등 온갖 불법적이고 무자비한 관행을 낱낱이 폭로하면서 대중의 분노를 샀고, 당시 시어도어 루스벨트 대통령은 공정한 경쟁을 막는 거대 독점기업을 해체하는 것을 국정목표로 삼고 스탠더드 오일을 상대로 소송을 제기했다. 그리고 1911년 미국 연방대법원은 스탠더드 오일이 「셔먼 반독점법(Sherman Antitrust Act)」을 위반한 불법 독점기업이라며 회사를 34개의 독립된 기업으로 강제 분할하라는 판결을 내렸다. 그리고 이 사건은 이후 엑손(Exxon), 모빌(Mobil), 셰브론(Chevron) 등 오늘날 거대 글로벌 석유기업(슈퍼메이저)들이 탄생하는 직접적인 배경이 되었다.

석유의 핵심 자원 부상 19세기 말 전구의 발명으로 등유 수요가 줄어들었지만, 1885년 독일의 고틀리프 다임러가 휘발유로 작동하는 내연기관을 완성하면서 새로운 전기를 맞게 됐다. 또 1903년 헨리 포드가 자동차 회사를 설립하고, 라이트 형제가 12마력의 휘발유 엔진에 프로펠러를 장착한 글라이더로 비행에 성공함으로써 휘발유는 각광을 받게 된다. 여기에 원유를 가열해 휘발유, 등유, 경유 등을 차례로 생산해 내는 최초의 현대식 정유공장이 1912년 미국에 건설되면서 다양한 종류의 석유제품을 공급할 수 있게 되었다. 이후 1·2차 세계대전에서 자동차·선박·비행기가 전략적 병기로 사용되면서 석유는 이전의 핵심자원이었던 석탄을 대체하는 핵심 자원으로 본격적으로 부상하게 되었다.
한편, 이 시기의 화학자들이 석유 속에 포함돼 있는 많은 불순물들을 분리·식별하는 데 집중하면서 석유화학의 본격적 발전도 이뤄지게 되었다. 그 결과 1930년대에 나일론 섬유와 합성고무가 발명됐고, 1933년에는 네오프렌, 1935년에는 부나N, 1936년에는 레이온 제조를 위한 아세톤의 대량 생산이 이뤄졌다. 그리고 2차 세계대전 이후 석유계 원료로 만들어진 화학제품들이 광범위한 분야에서 대량으로 공급되며 전 세계로 빠르게 확산됐다.

중동의 부상과 석유파동 20세기 중반 이후 거대 유전들이 중동에서 속속 발견된 가운데, 1938년 사우디아라비아에서 대형 유전이 발견되며 사우디는 세계 최대 산유국이 됐다. 하지만 이 시기에는 서구의 석유 기업이 수익의 대부분을 통제했고 산유국은 낮은 로열티만을 받는 구조였다. 그러다 2차 세계대전 이후 석유가 핵심 자원으로 부상하면서, 산유국들은 자원 통제권과 더 높은 수익 등을 요구하며 「자원 민족주의」가 본격적으로 대두되었다. 이러한 상황에서 사우디, 이란, 이라크, 쿠웨이트, 아랍에미리트(UAE) 등 중동의 주요 산유국들은 자국의 이익 보호를 위해 석유수출국기구(OPEC)를 결성하게 된다. 그리고 이후 1973년 1차 석유파동(4차 중동전쟁 발발)과 1979년 제2차 석유파동(이란혁명)을 거치면서, 석유는 단순한 자원을 넘어 세계 경제를 흔들 수 있는 전략 무기로서의 위치를 공고히 하게 되었다.

1차 오일쇼크(1973)   1973년 10월 이집트와 시리아가 이스라엘을 기습 공격하며 4차 중동전쟁(욤키푸르 전쟁)이 발발한 가운데, 미국을 비롯한 서방 국가들은 즉각 이스라엘을 지원했다. 그러자 이에 분노한 중동 산유국들은 이스라엘을 지원하는 서방 국가에 대한 석유 수출을 전면 금지하고, 석유 생산량 자체를 대폭 줄여버렸다. 이로 인해 배럴당 3달러 수준이던 유가는 단 몇 달 만에 12달러로 4배나 폭등했고, 이러한 유가 상승으로 물가도 급등하기 시작했다. 이에 물가가 상승함에도 경기는 불황인 「스태그플레이션(Stagflation)」 공포가 전 세계를 덮치게 되었다.

2차 오일쇼크(1979)   1979년 중동의 주요 산유국인 이란에서 친미 성향의 팔레비 왕조가 무너지고 이슬람 근본주의 정권이 들어서는 이란혁명이 발발했다. 이와 같은 혁명의 혼란 속에서 이란의 석유 생산과 수출은 전면 중단됐는데, 여기에 1980년 이라크가 이란을 침공하며 전쟁까지 일어났다. 앞서 1차 오일쇼크를 겪었던 전 세계 국가들은 이러한 상황에서 앞다퉈 석유 사재기를 단행했고, 그 결과 배럴당 13달러 수준이던 유가는 순식간에 약 40달러에 육박할 정도로 3배 가까이 폭등하게 되었다.

셰일가스의 부상   2000년대 초까지 세계 석유시장은 OPEC 중심의 공급과 중동 의존 구조였으나, 이 시기 수평시추 및 수압파쇄 기술의 혁신으로 미국을 중심으로 셰일가스 개발과 생산이 급등하기 시작했다. 셰일가스는 진흙이 굳어진 퇴적암석층 안에 갇혀있는 메탄가스로, 미국의 셰일가스 대량 생산으로 2014년 중반 이후 국제 유가 수준은 배럴당 100달러 수준에서 40달러 내외 수준으로까지 크게 떨어지기도 했다. 특히 미국은 셰일혁명으로 인해 2018년에는 사우디를 제치고 세계 1위의 산유국이자 에너지 수출국으로까지 부상했다. 이에 위기감을 느낀 사우디 등 OPEC 국가들은 비(非)OPEC 국가들까지

석유의 역사

BC 3000	방수용, 접착제, 설사약 등으로 사용
18~19세기	등화용, 조명용으로 사용
1859년	굴착 통한 석유 발견(드레이크, 미국)
1885년	휘발유로 작동하는 내연기관 발명(다임러, 독일)
1892년	디젤 엔진 발명(디젤, 독일)
1920년	근대 석유 정제법 발명
1940년	석유화학산업 발전
1960년	중동의 대규모 유전 발견과 석유수출국기구(OPEC) 결성
2000년	미국의 셰일가스 생산 본격화

합류시켜 OPEC+(오펙플러스)를 결성하게 되었다. 이 셰일가스는 2020년 코로나19 사태로 수요가 급감했다가 사태 종료 후 다시 증가하기 시작했으나, 친환경 정책과 전기차 확대 등 에너지 전환 변수를 맞아 과거보다는 신중한 투자가 이뤄지고 있다.

> **셰일가스(Shale Gas)**   오랜 세월 모래와 진흙이 쌓여 단단하게 굳은 탄화수소가 퇴적암(셰일)층에 매장돼 있는 가스로, 전통적인 가스전과는 다른 암반층으로부터 채취하기 때문에 비전통 천연가스로 불린다. 이는 일반적 의미의 천연가스보다 훨씬 깊은 곳에 존재하며, 암석의 미세한 틈새에 넓게 퍼져 있는 것이 특징이다. 따라서 기존의 천연가스와 같은 수직시추는 불가능하며, 수평시추를 통해서만 채굴할 수 있다. 따라서 1800년대에 셰일가스가 발견됐음에도 이와 같은 기술적 제약 때문에 오랫동안 채굴이 이뤄지지 못하다가, 2000년대 들어 수평시추와 수압파쇄 등이 상용화되며 신에너지원으로 급부상하게 되었다.

◆ 국제 원유시장과 석유 관련 국제기구

석유가 거래되는 국제 원유시장은 보통 선물시장과 현물시장으로 구분되는데, 이들 시장에서의 거래가 기본적으로 국내 도입 원유 가격에 직접적인 영향을 미치게 된다. 우리가 언론을 통해 많이 접하는 서부 텍사스산 원유(WTI)와 브렌트유(Brent Crude) 등은 선물시장에서 주로 거래되며, 두바이유(Dubai Crude)는 현물시장에서 거래되는 기준 원유이다.

한편, 이와 같은 국제 원유시장은 OPEC(석유수출국기구)와 IEA(국제에너지기구) 등 국제기구의 보고·정책이 큰 영향을 미치며, 이들 기구들은 전 세계 원유시장의 가격과 공급을 좌우하고 있다.

국제 유가의 지표, 세계 3대 원유   현재 전 세계에서 생산되는 다양한 원유 중 WTI와 브렌트유, 두바이유가 국제 원유 가격의 기준이 되는 세계 3대 유종으로 꼽힌다. 각 유종의 명칭은 생산지역과 관련이 깊은데, ▷WTI는 미국 텍사스주에서 ▷브렌트유는 영국 북해에서 ▷두바이유는 아랍에미리트의 두바이 지역에서 생산된다. 이러한 벤치마크 원유는 다양한 국가에서 생산된 원유의 품종과 유통방식에 따라 가격이 천차만별로 산정될 수 있는 혼란을 방지하기 위해 마련된 것이다. 벤치마크 원유는 생산량이 많고 생산이 독점돼 있지 않아 가격 형성이 투명하다는 특징이 있으며, 이에 원유 시황의 선행지표로 사용되고 있다.

서부 텍사스산 원유(WTI·West Texas Intermediate)   미국 텍사스주 서부와 뉴멕시코주 일대에서 생산되는 원유로, 3대 원유 중 가장 품질이 뛰어난 최고급 원유로 꼽힌다. 세계 최대 선물거래소인 뉴욕상업거래소(NYMEX)에서 거래되며, 금융 거래량이 압도적으로 많아 국제 경제동향이나 금융시장의 흐름에 가장 민감하게 반응하는 유종이다. 다만 이는 다른 국제 석유시장 기준유가인 두바이유, 브렌트유와는 달리 미국 내에서만 활용된다. WTI는 초경질유인 데다 황 함유량이 극히 적은(스위트) 특성을 갖고 있으며, 3대 원유 중 품질이 가장 좋기 때문에 이들 중 가격이 가장 비싸게 형성되는 편이다.

브렌트유(Brent Crude)   영국과 노르웨이 사이의 북해에 있는 브렌트 유전에서 생산되는 해상 원유로, WTI보다는 조금 무겁지만 비교적 가볍고 황이 적은 고품질의 경질 스위트 원유이다. 특히 세계에서 거래되는 원유의 약 60~70%가 브렌트유 가격을 기준으로 가격을 매긴다. 브렌트유는 바다에서 생산돼 배로 실어 나르기 쉽기 때문에, 중동전쟁이나 홍해 운항 중단 등의 국제 지정학적 리스크에 가장 즉각적으로 반응한다는 특징이 있다.

두바이유(Dubai Crude)   아랍에미리트(UAE) 두바이 지역을 중심으로 생산되는 원유로, WTI나 브렌트유와 비교하면 무겁고(중질유) 황 함유량이 많아(사워) 상대적으로 품질이 낮은 원유다. 이는 정제시설을 한 번 더 거쳐 황을 걸러내야 하므로, 정제 비용이 더 든다는 단점이 있다. 두바이유는 아시아 지역으로 수출되는 중동 원유의 가격 기준이 되는데, 특히 우리나라가 수입하는 원유의 약 70% 이상이 중동산이라는 점에서 국내 유가에 가장 직접적이고 막대한 영향을 미치는 유종이다. 두바이유는 품질이 상대적으로 떨어지기 때문에 3대 원유 중 가격이 가장 저렴한 편에 속한다.

세계 3대 원유 한눈에 비교하기

구분	서부 텍사스산 원유(WTI)	브렌트유	두바이유
생산지	미국(육상 유전)	북해(해상 유전)	중동 UAE(육상 유전)
품질(비중/황)	최고급(초경질/저유황)	고급(경질/저유황)	보통(중질/고유황)
기준 지역	아메리카 대륙	유럽 및 전 세계(글로벌 기준)	아시아 및 중동
가격대	가장 비쌈	비쌈	상대적으로 저렴함
영향 범주	미국 경제 및 글로벌 금융 동향	국제 지정학적 리스크(전쟁, 봉쇄 등)	한국을 포함한 아시아 각국 물가

💡 **무게(비중)**: 가벼운 원유(경질유)일수록 비싸고 쓰임새 많은 휘발유, 나프타가 많이 나와 고급으로 여겨진다. 무거우면 중질 유라고 한다. / **황 함유량**: 황이 적은 원유(스위트, 저유황유)일수록 정제 비용이 적게 들고 매연이 적어 비싸다.

전 세계 원유시장 좌우하는 국제기구　대표적 원유 국제기구로는 석유 수급·정책을 조정하는 OPEC(석유수출국기구)과 OPEC+, 원유 수요·공급 전망을 제공하는 IEA(국제에너지기구)를 꼽을 수 있다.

석유수출국기구(OPEC·Organization of the Petroleum Exporting Countries)　1960년 당시 서방의 거대 석유기업들이 석유 시장을 장악하고 가격을 마음대로 결정하자, 이에 대항해 산유국들이 자국의 석유 자원 주권을 되찾고 이익을 지키기 위해 창설한 기구다. 회원국은 사우디아라비아·이라크·이란·쿠웨이트·아랍에미리트(UAE) 등 중동 국가들을 주축으로, 베네수엘라·리비아·나이지리아 등 남미와 아프리카의 산유국들이 포함돼 있다. 회원국들은 정기적으로 회의를 열어 회원국들의 원유 생산량(쿼터)을 결정하는데, 예컨대 유가가 너무 떨어지면 생산량을 줄여(감산) 가격을 올리고 유가가 너무 오르면 제한적으로 생산량을 늘려 시장을 조절한다.

오펙플러스(OPEC+)　미국의 셰일혁명에 대항하기 위해 기존 OPEC이 그 규모를 확대한 확장판 산유국 모임이다. 2010년대 들어 미국이 셰일가스를 생산하며 세계 최대 산유국으로 등극하자, 기존 OPEC만의 감산으로는 유가를 방어하기 어려워지면서 결성됐다. 이에 2016년 OPEC 회원국 12개국에 비(非)OPEC 산유국 10개국이 합류하여 설립됐으며, 사우디아라비아와 러시아가 주축이 되어 긴밀하게 생산량을 조절한다. 오펙플러스는 현재 국제 유가를 결정짓는 가장 강력한 공급 통제기구로 자리하고 있다.

국제에너지기구(IEA·International Energy Agency)　1973년 1차 석유파동으로 중동 산유국들이 석유를 무기화하며 가격을 폭등시키자, 큰 타격을 입은 서방 선진국들이 에너지 안보 수호를 위해 1974년 경제협력개발기구(OECD) 산하에 설치한 기구다. 기구는 전쟁이나 자연재해로 석유 공급이 끊기면, 회원국들이 미리 저장해 둔 「전략비축유(SPR)」를 시장에 동시에 풀어 가격 폭등을 막는다. 또한 매월 석유시장 보고서를 발표하여 향후 석유 수요와 공급을 예측하고 있다.

OPEC·OPEC+·IEA, 한눈에 보기

구분	OPEC	OPEC+	IEA
설립년도	1960년	2016년	1974년
설립 목적	석유 생산량 조절을 통한 유가 방어 및 산유국의 이익 극대화	전 세계 원유 공급의 약 40% 이상을 통제하며 강력한 글로벌 유가 결정권 행사	에너지 공급 위기 시 공동 대응(비축유 방출 등), 안정적 에너지 확보
시장 내 위치	전통적 공급자(판매자)	확장된 공급자 연합	주요 소비자